August Thalhamer

Der Heilungsweg des Schamanen im Lichte westlicher Psychotherapie und christlicher Überlieferung

August Thalhamer

Der Heilungsweg des Schamanen im Lichte westlicher Psychotherapie und christlicher Überlieferung

ENNSTHALER VERLAG STEYR

Bibliographischer Hinweis:
In diesen Text sind längere Passagen eingeflochten aus dem bereits erschienenen Beitrag des Autors: »Jenseits von Luhmann. Über den Systembegriff unserer Vorfahren und seine mögliche Anwendung heute«. In: Mehta, Gerda/Zika, Erik (Hg.): Systemische Grenzgänge. Wirksames und Wirkendes im Zwischenmenschlichen.- Wien, 2006, Krammer

Der Titel der rumänischen Übersetzung lautet: »Arta vindecătoare a şamanului - în lumina psihoterapiei occidentale şi a tradiţiilor creştine« erschienen 2011 bei Editura Har Tios, Botoşani

Dieses Buch ist erstmals 2007 in der edition pro mente erschienen und erscheint jetzt, überarbeitet und erweitert, als 1. Auflage 2014 im Verlag Ennsthaler.

www.ennsthaler.at

1. Auflage 2014

ISBN 978-3-85068-921-2

August Thalhamer · Der Heilungsweg des Schamanen
im Lichte westlicher Psychotherapie und christlicher Überlieferung

Ennsthaler Gesellschaft m.b.H. & Co KG, 4400 Steyr, Österreich
Satz & Umschlaggestaltung: www.traxl-thomas.at
Umschlagbild: Olga Galushko - Fotolia.com
Druck & Bindung: Finidr, Český Těšín

Die Seele des Menschen kann nur geheilt werden,

indem er sich
den Verbindungen mit den sichtbaren Welten der Natur
und der Gemeinschaft zuwendet

wie auch
den Verbindungen mit den unsichtbaren Kräften der
Ahnen und der verbündeten Geister.

Malidoma Patrice Somé,
Brückenbauer zwischen
afrikanischer und westlicher Kultur

Inhaltsverzeichnis

Einleitung (von Dr. Carlo Zumstein)

August Thalhamer und ich sind uns vor über zehn Jahren anlässlich einer Expedition zu den Schamanen in Tuva, Sibirien, das erste Mal begegnet. Eine Erfahrung, die uns beide nachhaltig verändert hat. August erzählt in diesem Buch von seiner tiefen Verbindung mit dem Schamanen Saryglar Borbak Ool. Damals bereits auf den langen Fahrten durch die Steppe und in den nie ganz dunklen sibirischen Nächten, begann zwischen uns ein Dialog über unseren unterschiedlichen Weg auf der Suche nach einem Schamanismus, der sich in unserer westlichen Zivilisation neben Medizin und Psychotherapie gemeinsam mit anderen spirituellen Heilmethoden wirkungsvoll einsetzen lässt. Seither haben wir diesen Gedankenaustausch in lockerer Folge fortgesetzt. Ich liebe schamanisch Tätige, die nicht nur alte Heilrituale anwenden, um wundersame Heilungen zu erwirken, sondern auch verstehend nach den Hintergründen dieses archaischen Heilwissens forschen – in Respekt vor dem Wissen unserer Kultur, das unser Denken, Fühlen und Handeln seit Geburt geprägt hat. August Thalhamer ist ein solcher Heiler, Denker, Forscher, Philosoph und Lehrer. Ich habe sein Buch mit großem Interesse gelesen.

August Thalhamer, ausgebildeter Priester, Psychotherapeut, seit Jahren auf eigenem spirituellen Weg, verwebt seine reichen beruflichen und persönlichen Erfahrungen und sein weit gespanntes Wissen zu einem Teppich von Grundformen des psychospirituellen Heilens. Dabei betitelt der Autor sein Buch *Der Heilungsweg des Schamanen*. Der Weg des Schamanen ist kein Weg in unserem Sinn. Weder erfolgt die Ausbildung der Schamaninnen und Schamanen in vorgegebenen Stufen noch lässt sich ihr heilendes Wirken in eine kausale Abfolge von Handlungsschritten ordnen. Auch die Rituale lassen sich nicht in Gebrauchsanweisungen vereinfachen.

Außerdem betrachtet August Thalhamer den Schamanen im Licht der westlichen Psychotherapie und christlicher Überlieferung.

Die Psychotherapie mit ihrer Vielfalt methodischer Ansätze wirft ein vielfarbiges Streulicht auf die noch eruierbaren Spuren der Schamanen und Schamaninnen in den verschiedensten Naturvölkern und Kontinenten. Zudem ist Schamanismus ein mündlich weitergegebenes Erfahrungswissen. Was wir darüber heute wissen, haben wir meist aus zweiter Hand von Ethnologen und Anthropologen. Die christliche Überlieferung aus dem Mund von Aposteln, Kirchenvätern, Philosophen, Päpsten ist unendlich fassettenreich.

Darum begegnet mir der *Heilungsweg des Schamanen* wie ein Teppich, der sich jedes Mal vor uns ausbreitet, wo immer wir selbst unterwegs sind und in diesem Buch lesen. Er wird dabei zu einem eigenen Kraftplatz, der heilend und klärend in uns wirkt. Oder müsste ich gar sagen, August Thalhamer legt einen Boden, der in den Tiefen des archaischen schamanischen Wissens gründet, die Grundmusterung des Christentums ausbreitet und dazwischen ein vielfarbiges Mosaik der verschiedensten psychologischen und spirituellen Modelle auslegt. Eigentlich ist alles bekannt, was Thalhamer im Laufe seines Weges zusammengetragen hat über den Schamanismus der verschiedensten indigenen Traditionen, bei den Philosophen von der Antike bis zu den heutigen Konstruktivisten, über die psychologischen Schulen von Freud über Jung, die humanistische und transpersonale Psychologie und das Christentum vom Alten Testament bis zu modernen Spirituellen. Doch der Autor gestaltet daraus Muster, die gewollt ineinander übergehen. Dadurch entstehen neue Ansichten und Einsichten des Heilens. Das ist die Herausforderung dieses Buches. Man muss immer seine eigenen Wege über diese Muster gehen, sie nachzeichnen, sie bedenken, in sich aufnehmen. Dann wirken sie auf geheimnisvolle Weise.

Das mutige Bekenntnis zum Schamanen ist die zweite Herausforderung. August Thalhamer nimmt uns mit dem Buch *Der Heilungsweg des Schamanen* auf seinen Heilungsweg mit, seinen Weg als verwundeter Heiler, wie Schamanen auch bezeichnet werden. Weil sie durch ihr Leiden und ihre Heilung selbst Heilkräfte geschenkt bekommen. Das Leiden ist Durchgang durch Sterben,

Tod und Wiedergeburt, ist Initiation, Berufung für ein zweites Leben als Heiler und Schamane. Der Autor beginnt sein Buch denn auch mit seiner magischen Heilung von jahrelangen Rückenbeschwerden durch »Meine Frauen«. Ein ganzes Kapitel widmet er seinem persönlichen schamanischen Weg. Er gewährt uns immer wieder Einblicke in sein eigenes Wirken als Heiler, anhand vieler Beispiele. Er wagt es, sich selbst als Schamane und als Botschafter eines ewigen Wissens zu bekennen, wenn auch mit einem sensiblen Zögern, unser eigenes Zögern erfühlend, von einem aufgeklärten Menschen heute zu hören, dass er von Wesenheiten einer Anderen Welt zu ihrem ewigen Botschafter vergessenen Wissens berufen wurde.

Ich mag dieses Zögern nicht als Grund dafür nehmen, dass August auf seinem Weg so viele lebende Weggefährten und Ahnen um sich schart. Da finden wir alle großen Namen der Psychologie, viele Religiöse und Philosophen aber auch heutige Weggefährten wie Bert Hellinger, Stanislav Grof, Serge Kahilli King, Willigis Jäger, Anselm Grün, Sylvester Walch, Roger Walsh. August Thalhamer würdigt das Wirken anderer, verbindet sie zu einem sich immer weiter spannenden Netz von Menschen. Nur so kann sich immer mehr heiles Wissen und Wirken kristallisieren und so können sich heraufbeschworene Achsen des Bösen aufweichen.

Die dritte Herausforderung dieses Buches ist Thalhamers Leidenschaft fürs Heilen. Heilen ist für ihn Erlösung von Krankheit, Leiden und Schmerz. Fürs Heilen wendet er die Rituale der alten Schamanen an, fürs Heilen weint er, er betet und bittet magische Wesenheiten genauso um Heilkraft wie den christlichen Gott. Er versteht sie alle als Kräfte eines größeren Ganzen. Dadurch gelingt ihm eine Art Transzendenz der Begrifflichkeit. Er findet sich wieder als Schamane, der letztlich nur mit der Kraft des All-Einen Heilung anstößt, unabhängig davon, welche Namen diese Kraft im Dienste von Religionen, Philosophien und Psychologien trägt. Thalhamer durchschlägt gleichsam mit Begriffen, die diese als Mauern gegen die archaischen Heilkräfte der Natur errichtet haben, diese Mauern wieder. Dadurch kann die ursprüngliche Kraft des Lebens wieder wirken. Das sind Herausforderung und Geschenk dieses Buches. Möge es viele Menschen erreichen.

Dr. Carlo Zumstein
29. März 2007
Gründer und Leiter der
Foundation for Living Shamanism and Spirituality,
jetzt: The Art of Bridging TAOB Foundation

Prolog

»Wie bist Du zum Schamanismus gekommen?« »Durch's Essen,« antworte ich.

Ich sitze mit einer Kollegin im »Pro«, und noch vor der Suppe berichtet mir Monika Haslhofer begeistert, dass sie an einem schamanischen Seminar teilgenommen habe. Eine Woche später war ich schon auf dem Grundkurs und bald darauf auf dem Seminar über »Extraktion«.

Ich war fasziniert von der Tatsache, dass ich viele Heilungspraktiken unter anderen Namen bereits seit vielen Jahren kannte und (wenn auch nicht in identischer Form) praktizierte.

Und je weiter meine Ausbildung in der Foundation for Shamanic Studies voranschritt, umso sicherer war ich, nicht nur – aufbauend auf meinen bisherigen Ausbildungen und Erfahrungen – eine wesentliche Erweiterung meiner Heilmethoden, sondern auch eine neue Heimat gefunden zu haben.

Da ich mich aber auch im Christentum beheimatet fühle und von Herzen Psychotherapeut bin, musste ich diese drei, auf den ersten Blick doch sehr unterschiedlich erscheinenden Richtungen auf Kompatibilität prüfen – schon, um innere Konflikte zu vermeiden.

Gibt es – geheime – Verbindungen zwischen den dreien? Was ist ihre Schnittmenge? Sind es am Ende drei verschiedene Sprachen, vom Selben zu reden, dieselben Erfahrungen zu beschreiben? So begann ich darüber zu forschen, zu referieren und zu schreiben. Ein paar Aufsätze finden sich auf unserer Homepage:
www.thalhamer-haase.at.

Angeregt durch Karl M. Fischer habe ich nun in diesem Buch zusammengefasst, wie das alles zusammenpassen könnte. So habe ich versucht, den Wissenden zu bestärken, indem er seine Erfahrungen hier wiederfinden und sie vielleicht in einem neuen Licht wertschätzen kann. Schamanischen Greenhorns wollte ich eine Einführung bescheren, durch die sie vielleicht Verbindungen zu ihrer vertrauten Weltsicht herstellen können. Einerseits sollte das

Buch persönlich und verständlich geschrieben sein, andererseits auch wissenschaftlichen Kriterien entsprechen.

Sollten Sie theoretische Überlegungen anöden, frage ich mich, wozu Sie dieses Buch gekauft haben. Aber extra für Sie habe ich Geschichten und anschauliche Berichte, ob selbst erlebt oder zitiert, in Schrägschrift dargestellt, sodass Sie ungehemmt (und unbemerkt) von Geschichte zu Geschichte hüpfen können.

Im Gegensatz zu katholischen Priestern, deren Berufung ja kirchenamtlicherseits auf Männer beschränkt wird, ist die Berufung bei SchamanInnen und PsychotherapeutInnen auf Männer und Frauen etwa gleich verteilt. Daher wechsle ich männliche und weibliche Formen ab und gelegentlich finden Sie wie hier das berühmte »Innen«. Es sind in jedem Fall beide Geschlechter gemeint.

Ich danke meinen KlientInnen, die mir so viele Erfahrungen ermöglicht haben, und meinen Freunden, die die Entstehung dieses Buches kritisch begleitet haben.

Da ich geschichtlich sehr interessiert bin, habe ich es nicht lassen können, zur leichteren Einordnung hinter jeden Autor das Todesjahr anzufügen, außer Sie sehen den Namen in Großbuchstaben geschrieben: dann finden Sie daneben das Erscheinungsjahr eines Buches, das hinten in der Literaturliste aufgelistet ist.

So berichte ich von meinen schamanischen Erfahrungen (Namen wurden verändert) und zeige auf, wie sie aus psychologischer und christlicher Sicht erklärt werden könnten.

Eine Einladung, auf seine Eingebungen zu hören, ihnen zu vertrauen und ihnen zu folgen – gleich, ob Sie sie als Botschaften der Spirits, der Weisheit des Unbewussten oder als göttlich bezeichnen.

August Thalhamer
Theologe, Psychologe und Stadtschamane
Linz an der Donau, im Februar 2007

Vorwort zur zweiten Auflage

Es strebt das Herz
gern himmelwärts.

Jedoch der Bauch, jedoch der Bauch,
der liebt die Erde auch.

Brigitte Heidebrecht

Es geht, so könnte man sagen, in dem Buch um das alte Bemühen des Menschen, seine himmlische und seine irdische Existenz in Einklang zu bringen.

Ich bin dankbar für die vielen positiven Rückmeldungen. Offensichtlich bin ich auf Fragen eingegangen, die sich viele stellen, und es ist nach wie vor das einzige Buch, in dem Schamanismus, Psychologie und christlicher Glaube zusammen in den Blick genommen werden.

Ich danke dem Ennsthaler-Verlag, dass er meine Darlegungen – ergänzt mit gelegentlichen Erweiterungen – neu auflegt.

Und es würde mich freuen, wenn ich ein wenig dazu beitragen könnte, dass Sie sich dem Leben anvertrauen (oder wie immer Sie es nennen) und sich fallen lassen in der Gewissheit, die Rainer Maria Rilke (†1926) so ausdrückte: »*... und doch ist Einer, welcher dieses Fallen unendlich sanft in seinen Händen hält.*«

August Thalhamer
am 28. August 2013
im 40. Jahr meiner Laufbahn als Trainer und Psychotherapeut

1. Schamanismus

Wenn du die Gärten der Einweihung betreten willst

Wenn du die Schwelle nie überschreiten willst,
wird die Tür nie aufgehen.
Wenn du die Gärten der Einweihung betreten willst,
geht dein Weg am Hüter der Schwelle vorbei.

Es kann vieles sein.
Die Projektion deiner Angst.
Die Emanation deiner Sehnsucht.
Das Spiegelbild deines Egos.
Dein innerer Lehrer.
Dein Schutzengel. Begleiter in das Licht.

Geh vorbei an der Schwelle
und lass dich führen.

Sonia Emilia Roppele

Meine Frauen

Sie entkleiden mich und waschen mich rituell. Dann betrachten sie mein schmerzendes Rückgrat. Sagt die eine: »Das müssen wir reparieren.« Darauf die andere: »Mit Reparieren geht da gar nichts mehr. Diese Teile müssen wir austauschen!« Sie bauen mir drei Wirbel mit den Bandscheiben aus und setzen mir solche aus Wachs und Honig ein. Dann werde ich noch gesegnet. Und die Vision ist vorbei.

Das war 1982. Abgesehen von dem Jahr meiner Scheidung, blieb ich daraufhin bis heute schmerzfrei. Seit meiner Jugendzeit hatte ich immer wieder unter starken Kreuzschmerzen gelitten. Laut Röntgenbild, sagt der Arzt, müsste das nach wie vor so sein.

Als ich gut zehn Jahre später meine erste schamanische Reise machte – so nennt man die Meditation der Schamanen –, erschienen mir die Frauen wieder. Sie waren sehr erfreut, dass ich sie endlich besuchte. Zu ihnen gesellten sich mein Adler, eine Gruppe von Mönchen und höhere Instanzen, die ich nur gelegentlich aufsuche. Damit sind wir schon bei der ersten Grundannahme des Schamanismus:

Erste Grundannahme:
Außer der sichtbaren gibt es noch andere Welten.

Das ist auch wesentlicher Bestandteil aller später entstandenen Religionen. Natürlich werde ich als Theologe erinnert an den Satz des Jesus v.N.: *»Mein Reich ist nicht von dieser Welt.«* (Joh. 18,36; *»aber in dieser Welt«*, wie es an anderer Stelle der Bibel heißt) oder z. B. an Meister Eckharts (†1328) Formulierung: *»Es gibt zweierlei Geburt des Menschen: eine in die Welt und eine aus der Welt«* (zit. in Andreas Schönfeld, 2002).

Ich finde es interessant, dass diese »anderen Welten« üblicherweise nicht näher spezifiziert werden, sondern eben als »anders« bezeichnet werden. Auch das Wort »Übernatur« bedeutet ja nur, dass diese Wirklichkeit über die uns bekannte »Natur« hinausgeht. Das Gleiche bedeutet »Transzendenz« (darüber hinausgehend) im Gegensatz zu »Immanenz« (innebleibend). Man verwendet also Worte, die genau genommen ohne Inhalt sind, sondern bloß ausdrücken, was sie nicht bedeuten, wie auch »Nicht-alltägliche Wirklichkeit«, »Außersinnliche Wahrnehmung«, »Nondualität« oder »Das Unbewusste«. Auch wenn Worte »Das Reich der Himmel«, das bei den australischen Aborigines verwendete Wort »Traumzeit« oder »Trance« einladen können, sich darunter etwas Bestimmtes vorzustellen: schon durch die Wortwahl kommt der Respekt vor dem Mysterium zum Ausdruck, das zu ergründen nicht wirklich möglich ist. Es handelt sich – wie auch in diesem Buch – um unzulängliche Versuche, etwas für uns Irdische Unfassbares zu fassen und zu verstehen. Natürlich erschwert das auch die wissenschaftliche Untersuchung (siehe unten), obwohl man paradoxerweise bei Zurücklassung des Denkens und Erklären-Wollens – in der Meditation – diese Wirklichkeit tatsächlich erfahren kann. Wieder wach, fällt es schwer, diese Erlebnisse zu beschreiben. Im Grunde sind alle philosophischen und religiösen Erklärungsmuster ebenso wie die eindrucksvollen schamanischen Bilder mit Vorsicht zu genießen. Es sind Versuche. Und man sollte nie vergessen, sich zwischendurch vor dem unfassbaren Geheimnis zu beugen.

Angeregt durch die über 30.000 Jahre alten Felsmalereien in der Chauvet-Höhle bei Vallon-Pont-d'Arc an der Ardèche, schreibt der bekannte Schriftsteller John Berger (2006): *»Für Nomaden entspricht die Vorstellung von Vergangenheit und Zukunft der Erfahrung eines Anderswo ... Für beide, Jäger wie Beute, garantiert das Versteck das Überleben. Alles hängt davon ab, dass man einen Unterschlupf findet. Alles versteckt sich. Was verschwunden scheint, ist bloß vor den Blicken verborgen. Eine Abwesenheit – wie die nach dem Tod – wird als Verlust, aber nicht als Verlassensein empfunden. Die Toten verstecken sich bloß woanders.«*

Schon im Schamanismus wird diese andere Welt als bevölkert erlebt: nicht nur von den Toten, sondern auch von Dämonen und von mächtigen Geistwesen, die man kontaktieren und um Schutz und Hilfe, um Kraft, Heilung und Erkenntnis bitten kann. Oft werden dazu besondere Kraftplätze genützt und es gibt auch bestimmte Zeiten, in denen das Tor zur Geisterwelt offener ist als sonst, z. B. die Nächte beim Wechsel der Jahreszeiten.

In den späteren Hochreligionen werden diese Geistwesen oft als »Engel« (griechisch: angeloi) bezeichnet, was wörtlich »Botschafter« bedeutet, also Kommunikatoren zwischen dem unfassbaren Urgrund des Seins und dem Menschen. In der Bibel werden sie auch »Mächte und Gewalten« genannt. Der große Theologe des Mittelalters, Thomas von Aquin (†1274) nennt sie *»Wesenheiten, die keinen Anteil an der Materie haben.«* Gewissermaßen anschaulichere, fassbarere Mittler zwischen dem gänzlich unfassbaren Urgrund, dem Wesen des Seins – bei uns üblicherweise mit der Chiffre »Gott« bezeichnet – und uns Irdischen. (Siehe dazu meine Ausführungen unten: Ist Schamanismus eine Religion?)

Der Freud-Schüler C.G. Jung (1995) begegnete in der außergewöhnlichen Wirklichkeit, die er »Phantasie« nannte, seinem Geistführer, der sich »Philemon« nannte und ihm entscheidende Erkenntnisse vermittelte. Und er betont: *»Wir sind dermaßen in unser subjektives Bewusstsein verwickelt und verstrickt, dass wir einfach die uralte Tatsache vergessen haben, dass Gott hauptsächlich durch Träume und Visionen spricht.«*

Auch Sokrates (†399 v.Chr.) sagt in einem der Dialoge Platons (†347 v.Chr., zit. in Goldberg, 1983): *»Durch die Gunst der Götter stand mir seit meiner Kindheit ein halbgöttliches Wesen zur Seite.«*

Im Schamanismus, der ältesten Form der Medizin und Psychotherapie – wahrscheinlich seit mehr als 30.000 Jahren praktiziert –, nützt man diese Ressourcen der Anderswelt zur Lösung von Problemen aller Art. Der Schamane begibt sich dazu (mit Hilfe von Tanz und Musik, z. B. von Trommeln, Rasseln, Gesängen, in manchen Weltgegenden auch mit Hilfe psychotroper Substanzen) in Trance und reist zu seinen Ahnen, zu seinen verbündeten Geistwesen (sie werden manchmal auch als »Götter« bezeichnet), zu den Kräften der Erde und des Himmels, zu seinen Krafttieren, Lehrerinnen und Führern.

Voraussetzung ist die Annahme einer körperunabhängigen Seele, die den Körper nach dem Tod verlässt, aber auch schon zu Lebzeiten in andere Welten wegfliegen kann. (Manche Forscher vermuten diesen Seelenglauben bereits bei den Neandertalern, die im Mittelpaläolithikum, in der Zeit von ca. 130.000 v.Chr. bis ca. 30.000 v.Chr. lebten, weil einige wenige Bestattungsarten darauf hinweisen könnten, dass schon damals an eine Existenz nach dem Tod geglaubt wurde.)

Gelegentlich wird der Schamane deshalb als »verrückt« bezeichnet, weil er aus dem normalen Bewusstheitszustand in einen veränderten hinüberrückt – in einen Trance-Zustand, sich dann vielleicht auch eigenartig bewegt und spricht, im Unterschied zum bleibend Verrückten (für den ihn westliche Psychologen bis in die 1950er Jahre gehalten haben), aber wieder ins Alltagsbewusstsein zurückrückt, wenn er seine Aufgabe für einzelne oder die Gemeinschaft erledigt hat. Mircea ELIADE (1954) berichtet: *»Wer sich dem Schamanismus als Psychologe nähert, ... wird ihn unfehlbar mit bestimmten Formen seelischer Verirrung vergleichen oder gar unter die geistigen Krankheiten hysteroider und epileptischer Struktur einreihen«* und belegt in seinem Standardwerk als einer der ersten ausführlich, *»warum uns die Gleichsetzung des Schamanismus mit irgendeiner Geisteskrankheit unannehmbar erscheint.«*

Roger N. WALSH (1992), der das Schamanentum mit den Augen des Psychologen durchleuchtet: *»Es hat in der westlichen Psychiatrie Tradition, Mystiker als Irre, Heilige als Psychotiker und Weise als Schizophrene zu betrachten, und dies ungeachtet der Tatsache, dass die großen Heiligen und Weisen möglicherweise den Gipfel menschlicher Entwicklung repräsentieren und den stärksten Einfluss auf die menschliche Geschichte gehabt haben.«*

Es ist ja nicht von vornherein klar, sondern von der Gesellschaft festgelegt, was als wahnsinnig und was als normal gilt. Bekanntlich werden Verrückte (wie Kriminelle oder manche Minderheiten) nicht nur (bewusst) aus Sicherheitsgründen ausgegrenzt oder in entsprechenden Institutionen hinter Schloss und Riegel gebracht, sondern (unbewusst), weil sie eigene Schattenanteile repräsentieren, die man ablehnt.

Während Anthropologen und Psychiater bei SchamanInnen »Geisteskrankheit«, »Epilepsie« oder »Hysterie« diagnostizierten oder sie als »Schwindler und Scharlatane« bezeichneten, als pathologische Persönlichkeiten, deren Verfahren als völlig unwissenschaftlich und wirkungslos abzulehnen wären, behaupteten Priester und Missionare, dass SchamanInnen mit dem Teufel im Bunde stünden, wohingegen die weltliche Macht Schamanen oft deshalb verfolgte und auszurotten suchte, weil sie im Volk hoch geachtet und meist nicht ohne weiteres bereit waren, sich einer unterdrückenden Macht unterzuordnen. Ähnlich wie die Mystiker aller Religionen von ihren religiösen Institutionen und Machthabern oft erhebliche Repressionen zu erleiden hatten, weil sie ja in erster Linie ihrer inneren Führung folgen wollten und sich die Beschreibung ihrer Erfahrungen oft erheblich von der offiziellen Doktrin unterschied. Bisher hat die klassische Ethnologie den Schamanismus meist aus einer fast musealen Perspektive als untergehende Kulturform beschrieben.

Über die Geschichte der Rezeption des Schamanismus im Westen siehe Amélie Schenk (1999), wo sie deutlich macht, wie sehr das Bild des Schamanismus von der jeweiligen Kultur des Betrachters abhing – was natürlich auch auf mich und meine Ausführungen zutrifft.

Das aus dem Tungusischen (Sibirien) stammende Wort »Schamane« (es ist auch dort ein Fremdwort, kommt wahrscheinlich aus dem Sanskrit und bedeutet »der Erregte, Bewegte, Feurige«, vielleicht auch »der Wissende«; manchmal wird es auch mit »der Verrückte« übersetzt – die exakte Bedeutung ist nicht eindeutig eruierbar) wurde von den Anthropologen als Begriff für alle Heiler in den Stammeskulturen eingeführt, die in Trance mit Hilfe von Geistwesen im Dienst der Gemeinschaft Probleme lösen. Eine gute Darstellung findet sich im Standardwerk von Mircea Eliade (1954), einen Eindruck z. B. vom asiatischen Schamanismus erhält man mit beeindruckenden Bildern durch den ungarischen Anthropologen Mihály Hoppál (1994).

Die meisten SchamanInnen üben ihre spirituelle Tätigkeit nicht hauptberuflich aus. Andreas Reimers (2005) berichtet z. B. über Nepal: *»Nach neueren Untersuchungen gibt es ca. 700.000 Schamanen*

..., die neben ihrem eigentlichen Broterwerb als Bauern und Handwerker für die Gesundheit von durchschnittlich fünfzig Personen zuständig sind.«

Die Hauptaufgabe des Schamanen besteht darin, das soziale und wirtschaftliche Leben seines Dorfes, seines Stammes und der einzelnen Stammesmitglieder immer wieder mit der Ordnung alles Existierenden und den anderen Welten in Einklang zu bringen und Störungen zu beheben, die sich auch in Krankheiten ausdrücken können.

Er ist also der erste Systemiker schlechthin: Er sieht und behandelt ein Problem des Einzelnen (oder des Stammes) nicht nur im Zusammenhang mit der Lebensgeschichte und dem Beziehungsgefüge in dem der Betreffende lebt oder gelebt hat, sondern betrachtet auch Zusammenhänge mit der übrigen Natur, die als Geschenk verehrt und als Bedrohung gefürchtet wird, und mit der Welt der Toten, insbesondere der Ahnen, und der Welt der Geister. Er ist auch dafür verantwortlich, dass die Seelen der Verstorbenen verlässlich in der anderen Welt ankommen und nicht in dieser Welt hängen bleiben und z. B. als Gespenster lästig werden.

Schamanen sind also die Mittler und Wanderer zwischen den Welten, gemäß dem Bild des Weltenbaums oder der Weltenachse, das in vielen Kulturen verbreitet ist; auch bei unseren keltischen Vorfahren, wie es Burgstaller (1989) – wahrscheinlich historisch nicht korrekt – aus den Felszeichnungen in der »Notgasse« im oberen Ennstal herauszulesen glaubte: Von den drei Hauptteilen des Baumes, Wurzel, Stamm und Krone, stellt der Stamm die Welt dar, die wir mit unseren Sinnen im Wachzustand wahrnehmen. Darum wird unsere Alltagswirklichkeit schamanisch oft auch als »die mittlere Welt« bezeichnet, wobei man sich die anderen Dimensionen als die obere und die untere Welt vorstellt.

Es ist klar, warum Vertreter anderer Kulturen überhaupt nicht verstehen können, dass viele in unserer (wie wir sie bezeichnen) hochzivilisierten Gesellschaft die sichtbare Welt als einzig existierende ansehen. Ob wir denn nicht wüssten, dass der Stamm alleine nicht leben könnte! *»Es unterliegt keinem Zweifel, dass in diesem geschichtlichen*

Augenblick die westliche Kultur schwer erkrankt ist,« sagt der Afrikaner Malidoma Patrice SOMÉ (1996). Der amerikanische Psychologe und Philosoph William James (†1910, zit. in Holger KALWEIT, 1988) glaubte, der normale Mensch sei nur halb wach und ähnle einem Hysteriker, dessen Wahrnehmungsfeld stark eingeengt ist und der nur in einem sehr begrenzten Ausschnitt seines ganzen Wesens lebt: *»Wir alle haben Lebensreserven, von denen wir nur träumen können.«*

Aus psychologischer Sicht sind die Totemtiere Projektionen, ebenso wie die weisen Kräfte, die uns führen und lehren, und natürlich auch Gott. Das ist m.E. keine Abwertung, da ich ja nur nach außen projizieren kann, was ich in mir habe. Der Kritik des militanten Atheisten Richard DAWKINS (2006), *»dass nicht die Menschen von Göttern, sondern die Götter von Menschen erschaffen wurden,«* kann man so unbedenklich zustimmen. Sagte doch schon Johann Wolfgang von Goethe (†1832):

Wär' nicht das Auge sonnenhaft,
die Sonne könnt' es nie erblicken;
läg' in uns nicht des Gottes eigne Kraft,
wie könnt' uns Göttliches entzücken?

Meiner Erfahrung nach, ist es unerheblich für die Effizienz der Arbeit, ob der Patient psychotherapeutische Ressourcenarbeit macht und Lösungen aus seinem Unbewussten aufsteigen lässt, oder ob er ein Problem schamanisch zu lösen sucht, indem er in Trance seine verbündeten Geistwesen um Hilfe bittet. Da ich ja in beiden Feldern arbeite, bin ich überzeugt davon. Allerdings eben auch, dass unser innerer Reichtum unermesslich und ganz Außergewöhnliches zu leisten im Stande ist.

Im Westen wurde der Schamanismus in den 1960er Jahren durch den amerikanischen Anthropologen Carlos CASTANEDA (1998) weithin bekannt, z.B. durch »Die Lehren des Don Juan«, wo er beschreibt, wie er – zunächst mit Hilfe bewusstseinsverändernder Pflanzen und Pilze – lernte, in die Welt der nicht-alltäglichen Wirklichkeit der Yaqui-Indianer Mexikos zu reisen. Er geht aber v.a. den Weg eines »Mannes des Wissens und der Macht«, was ich nicht unbedenklich finde. Es stellt sich nämlich die viel wichtigere Frage, wofür ich sie einsetze. Wissen und Macht sind wertneutral und kein Selbstzweck und können sowohl zum Schaden wie zum Nutzen der Welt und des Einzelnen eingesetzt werden.

Auf jeden Fall könnte der Drogenboom, der Ende der 1960er mit der Hippie- und Flower-Power-Bewegung begann, als viele Versuche mit Marihuana oder LSD begannen, außer der Flucht aus einer öden Alltagswelt auch die Ahnung und die Sehnsucht nach dieser anderen Dimension bedeutet haben. Für die Allermeisten war eine positive Auswirkung dieser bewusstseinsverändernden Substanzen freilich nicht nachweisbar. Sonst müssten ja alle, die von einem »Rave« kommen, erleuchtet sein, was nicht der Fall zu sein scheint.

Wie entstand der Schamanismus? Wie wird man SchamanIn?

Vielleicht gab es eine große Dürre und die Tiere, von denen der Stamm lebte, vermehrten sich zu wenig. So hungerten auch die Menschen. Eines Morgens, die Leute waren schon recht geschwächt, berichtet ein Mädchen von seinem Traum: »Ich bin über den großen Berg geflogen. Mit meinem Freund, einem riesigen Vogel. Dahinter sind viele Tiere und genug zu essen.« Für die Alten ist es Kinderkram. Als der Vogel das Mädchen aber auch die folgenden Nächte im Traum heimsucht, entscheiden die Alten: Ob wir hier sterben oder dort, spielt auch keine Rolle. Und sie machen sich auf den Weg und finden alles, wie das Mädchen es im Traum gesehen hatte. Glücklich schmatzend feiern sie. Und beim nächsten Problem, das auftritt, fragen sie das Mädchen, ob es nicht wieder träumen könnte, um eine Lösung geschenkt zu bekommen. Vielleicht aber fällt das Mädchen spontan in Trance, als sie abends musizieren, und erhält Antworten. So lernen sie, wie man den Zustand auch absichtlich herbeiführen kann. Und die jeweils dafür Begabtesten üben in der Folge diese Funktion aus. So könnte es gewesen sein. Oder auch nicht.

Vielleicht war es so, dass sich drei Jäger auf den Weg machten, um einen Hirschen für die Sippe zu erlegen. Diesmal hatten sie sich weiter als sonst von ihrer Lagerstätte entfernt. Da hinderte sie ein anhaltendes Hochwasser, zurückzukehren. Hunger, Müdigkeit und Erschöpfung quälen sie und ihre Kräfte schwinden. Einer kriegt Halluzinationen: Ein alter Mann führt sie flussaufwärts und zeigt ihnen einen Baum, auf dem sie übers Wasser gehen können. Da ist der Mann weg und am anderen Ufer erscheint ein hinkendes Mammut. Dann brach es ab und sie sitzen glücklich im Kreise ihrer Sippe, umringt von den Kindern und bewundert von den Erwachsenen. Halb wach, halb in Trance folgen sie dem Flusslauf Richtung Quelle und finden alles, wie es dem Jäger gezeigt worden war. Daheim versucht er später, in Einsamkeit, durch Wachen und Fasten diesen außergewöhnlichen Zustand bewusst herbeizuführen und den alten Mann wieder aufzusuchen, der ihnen den Weg gewiesen hatte. Vielleicht aß der Krieger versehentlich ein wenig von dem Pilz, an dem sein Onkel gestorben war, und sagte darauf in Verzückung wahre Sätze. So entdeckte er die richtige Dosis, die er brauchte, um immer wieder Gesichte zu erhalten, die dem Wohl der Sippe dienten.

Oder es war ein heißer Tag. Der Junge klopfte mit einem Holz auf das Fell, das sein Vater zum Trocknen aufgespannt hatte. Der Ton gefiel ihm. Auf einmal sieht er Bilder und ist fasziniert. Sie sind so schön, dass er gar nicht zurückkehren will. »Das werde ich wieder machen,« sagt er sich. Später baut er die erste Trommel und lehrt auch seine Kinder zu reisen. Vielleicht war es so, dass sich die Menschen im Übergang von ihrer tierischen Vergangenheit ohnehin eine hohe Sensitivität bewahrt hatten und sie, unreflektiert und selbstverständlich, in beiden Zuständen lebten, die sie lange Zeit nicht einmal unterscheiden konnten.

Auf jeden Fall wird die übrige Natur sowohl nährend wie auch bedrohlich erlebt. Kein Wunder, dass die Menschen Ehrfurcht vor ihr hatten, da die Erde Leben geben und zerstören konnte. Insbesondere in Jäger- und Sammlergesellschaften mit der geringen Vorhersagemöglichkeit, ob man genug zu essen erjagen oder finden werde, war es überlebenswichtig, Methoden zu finden, sich die übrige Natur gewogen resp. gefügig zu machen, um so sicherer und angenehmer leben zu können. So gewannen sie eine Fülle von Erfahrungswissen – irdischer Natur, z. B. bei der Herstellung von

Werkzeugen und Waffen und spiritueller Natur, bei der Entwicklung wirksamer Rituale, in denen sie mit den Energien von Pflanzen und Tieren in Kontakt treten konnten. Was sich bewährte, wurde den Nachfahren weitergegeben.

Man geht heute davon aus, dass der Schamanismus nicht in einer bestimmten Gesellschaft entwickelt bzw. entdeckt wurde und sich von dort ausgebreitet hat, sondern dass er in den verschiedenen Weltgegenden gleichzeitig entstanden ist und zum Humanum gehört.

Wie auch immer: Einige sind von Haus aus sehr begabt und erkennen – hellsichtig – sogar im Wachzustand verborgene Zusammenhänge. Manchmal liegt das in der Familie und wird von Generation zu Generation »weitervererbt«, wie z. B. Galsang Tschinag und Amélie Schenk (1998) von einer tuvinischen 19-Jährigen in der Mongolei berichten, die vom Geist ihrer zuvor verstorbenen Großmutter, der großen Schamanin Pürwü, erfasst und zu deren Nachfolgerin als Schamanin berufen wurde.

Andere werden gerufen, in Fieber, in Träumen oder spontanen Visionen. Sieht jemand plötzlich Geister, die sonst niemand sieht, wird er nicht zum Psychiater geschickt, sondern Schamanen überprüfen, ob er nicht zum Schamanen berufen und dazu von ihnen gerufen worden ist.

Andere werden sensitiv durch eine schwere Krankheit oder einen Unfall, der sie an den Rand des Todes brachte. Die Initiation ist aber nie ein Ereignis, sondern ein Prozess der persönlichen Heilung und Reifung und der Prüfung und Ausbildung, der über Jahre geht.

Schamanische Berufung heute

Luise, eine Diabetikerin, die regelmäßig zur Dialyse muss, begegnet bei einer schamanischen Reise (genauere Beschreibung s. u.) ihrer geliebten Großmutter, die seit Jahren tot ist, hält sich aber nicht lange bei ihr auf (Disziplin!), um weiter in die obere Welt zu fliegen. Dort erlebt sie eine wunderschöne und würdevolle Frau, die sich mit dem Namen »Nina«

vorstellt. Bald ist sie umgeben von einer Schar Frauen, die Luise besondere Hochachtung entgegenbringen, ihr ihre Berufung zur Schamanin bestätigen und sie ermutigen: »Du brauchst nicht weiter Angst zu haben, wenn Du reist. Deine körperliche Heilung ist nicht unsere Aufgabe. Aber wir bringen in Dir eine Melodie zum Klingen, die Du nie vergessen wirst. Und die wird bewirken, dass sich auch in der mittleren Welt alles einrenkt.« Luise begann ihrer Berufung zu folgen, begann Heilungsrituale durchzuführen und erhielt später eine Spenderniere, die sie bis zu ihrem Tod nicht wieder abgestoßen hat.

Auch die meisten der klinisch Toten, die reanimiert werden konnten, berichten, dass sie einen Blick in die andere Dimension machen durften, von der sie ungern zurückkehren wollten, und veränderten daraufhin grundlegend ihr Leben. (Ein Vergleich schamanischer Reise-Erfahrungen mit Nahtoderlebnissen findet sich bei Joachim FAULSTICH (2003), der auch den viel beachteten Film »Jenseitsreisen« gedreht hat.) *»Im Angesicht des Todes wird das Selbst des Menschen geboren,«* sagt Augustinus (†430).

Manche erleben in spontanen oder bewusst herbeigeführten Visionen eine Zerstückelung als die entscheidende Initiationserfahrung. Tod und Auferstehung werden dabei meist grausig und realistisch erlebt. Doch wie soll jemand zum Grenzgänger zwischen der Welt der Lebenden und der Welt der Toten werden, wenn er nicht erst den Tod selbst gekostet hat?

Von solch einer spontanen Zerstückelungs-Erfahrung, wie ich sie in meiner Praxis auch immer wieder erlebe, berichtet Winfried PICARD (2006) ausführlich als entscheidendem Wendepunkt in der Leidensgeschichte einer schizophrenen Patientin.

Der Schamane versteht sich als Wanderer zwischen den Welten. Das deutsche Wort »Hexe« kommt wahrscheinlich von »haga zuga« oder »haga zussa«, was soviel bedeutet wie »Zaunreiterin« (die Grenzen überspringt), ein Wort, das angeblich in manchen Gegenden der Schweiz noch verwendet wird. In der keltischen Tradition spielten Grenzen und Übergänge eine besondere Rolle und noch heute drücken manche Naturheiler dies auch rituell aus, indem sie am

Übergang zwischen Tag und Nacht auf der Schwelle des Hauses halb im Tag- und halb im Nachtgewand ihre Zeremonien durchführen. Das erzählte Tom COWAN, der »Die Schamanen von Avalon. Reisen in die Anderswelt der Kelten« (1998) schrieb.

Die »Initiationskrankheit« (wörtlich: »die Krankheit, die einen auf den Weg bringt«) verschwindet oft, wenn man zu schamanen beginnt. Aber nicht immer. Man spricht vom »verwundeten Heiler«.

Der geniale Begründer der neuen Hypnotherapie Milton H. Erickson (†1980), der Psychiater Erwin Ringel (†1994) und der Mathematiker und Physiker Stephen Hawking, den viele für den begabtesten zeitgenössischen Menschen halten, waren/sind durch Behinderungen schwer beeinträchtigt. Haben sie gerade dadurch Außergewöhnliches geleistet, weil sie ihr Leiden nach einiger Zeit annehmen konnten und sich ihre Beeinträchtigung dadurch als Segen erwies?

Gerade bei einem Heilberuf ist selbst erlittenes Leid oder eine überlebte Krise mit dem üblichen Ablauf tiefgehender Gefühle sicher für das Verstehen seiner Klienten von großem Vorteil. Er wird sich bei intensiven Gefühlsäußerungen nicht schrecken. Er kennt das ja von sich selbst – und hat es (hoffentlich) inzwischen bewältigt.

Das erinnert daran, dass das Psychologiestudium oder der Beruf des Psychotherapeuten – unbewusst – wohl deshalb gewählt werden, weil man in Wirklichkeit seine inneren Konflikte und Probleme lösen und sich selbst heilen möchte.

Vor ein paar Jahren kam Sonja zu mir, eine Schülerin der Oberstufe, die seit geraumer Zeit an Epilepsie, u.zw. an dem Grand Mal, litt. Da dies seit alters her oft als Berufungskrankheit erlebt wird, lade ich sie ein zu einem schamanischen Heilseminar.

Bei einer schamanischen Reise erscheint ihr ein Löwe, der zu ihr sagt: »Glaube endlich an Deine Kraft!« Und in einem Nachttraum wollen Lichtgestalten sie wegzerren: Sie wehrt sich.

Dann mache ich mit der Gruppe eine schamanische Heilbehandlung für sie. Kaum mache ich die Augen zu, sehe ich eine Menge mächtiger Frauen über Sonja. Sie sind zuerst überhaupt nicht begeistert, dass ich, ein Mann, daherkomme, sind mir aber dann dankbar, als sie meine weiblichen Seiten erkennen. Ich frage sie, warum sich ihre Heilkraft noch nicht durchgreifend auf Sonja auswirkt. Sie antworten: »Es spießt sich im Kopf.« Das kann ich (rituell) leicht bereinigen. Dann sehe ich das Hindernis in ihrem Herzen, es ist vor allem Sonjas große Angst vor dem vielen Schlimmen, dem sie begegnen wird, wenn sie ihrer Heilberufung folgt.

Die Hauptbotschaft, die ich erhielt und Sonja mitteilen sollte: Wenn Du zu heilen anfängst, werden die Anfälle aufhören. Zum Abschluss der Sitzung sollte ich sie bitten, jeden von uns zu segnen. Was sie auch tat.

Es kam so, wie es mir in der Vision gesagt worden war: Als sie ziemlich widerwillig und ganz selten zu heilen begann, reduzierte sich die Frequenz der Anfälle. Seit sie nun regelmäßig Heilsitzungen hält, hat sie keine epileptischen Anfälle mehr. Als sie einmal wieder eine längere Pause einlegte, kamen in dieser Zeit die Anfälle wieder.

Gemäß der humanistischen Psychologie (nach Abraham Maslow, †1970, Fritz Perls, †1970, Carl Rogers, †1987 etc.) bin ich der Ansicht, dass jeder Mensch die Fülle der Weisheit in sich trägt und diese grundsätzlich für sich selbst und andere fruchtbar machen kann. Auch so gesehen gehören schamanische Fähigkeiten zum Humanum und jeder Mensch ist dazu fähig. So wie jeder – wenn auch in unterschiedlicher Qualität – befähigt ist zu singen.

Francis VAUGHAN (1991), eine der Pionierinnen der Transpersonalen Psychologie, hält Intuition – ein anderes Wort für diese innere Erkenntnisquelle – nicht für eine exotische Fähigkeit einiger Auserwählter, sondern für eine universelle Eigenschaft aller Menschen. Auch Gail Ferguson (zit. in OBERMAYR-BREITFUSS, 2005) betont, *»dass Intuition etwas komplett Normales unter menschlichen Wesen ist.«*

Sicherlich gibt es welche, die von Haus aus sehr begabt sind, und man kann sie auch trainieren. Die Begabtesten des Stammes werden eben SchamanInnen, wobei sich keine/r freiwillig darum bewirbt, sondern oft wie Sonja durch eine Krankheit von den Geistern gerufen und regelrecht gezwungen wird. *»Der Heiler träumt davon, menschlich, d.h. normal zu sein, während der Normale ebenso angesehen sein will wie der Medizinmann,«* berichtet Malidoma

Patrice Somé (1996). Auch von den Propheten wird berichtet, dass sie sich mit Händen und Füßen gegen ihre Berufung gewehrt haben. Der Schweißer Nkongo, der Sohn eines nganga, eines traditionellen Heilers bei den Duala in Kamerun, erzählt dem Forscher Eric De Rosny (1999):

»Ich möchte in einem Unternehmen arbeiten. ... Aber diese nganga-Sache geht mir nach: Falls ich im Traum eine Vision habe, wird mich das bestärken. Dann muss ich akzeptieren. Ich selbst werde aber nicht drauf aus sein, eine Vision zu haben. ... Und ich bin sogar sicher, dass, wenn meine Mutter das alles erführe, sie mir raten würde, davon Abstand zu nehmen.« Auch sein Vater Loe, der ursprünglich Schreiner werden wollte, hatte sich zunächst geweigert, nganga zu werden.

Selten denkt jemand in unseren Breiten beim Wort »Beruf« an die Frage, wer denn da ruft. *»Nicht Ihr habt mich erwählt, sondern ich habe Euch erwählt,«* heißt es auch bei Joh. 15,16.

Oft wird eine schamanische Begabung von anderen Schamanen erkannt. Ein Erlebnis im Frühjahr 2004 ist mir besonders in Erinnerung geblieben:

Drei Monate war die kleine Christa nach ihrer schwierigen Entbindung (Geburtsgewicht 800g) im Inkubator gelegen. Als sie dann endlich heimkam, schrie sie täglich herzzerreißend zwischen 16 und 19 Uhr. Noch länger, wenn sie untertags mit Fremden in Kontakt gekommen war. Sie bekam eine Darmentzündung und hatte viele Infekte. Antibiotika halfen nicht, mehr als hundert Blutabnahmen hatten den Ärzten keine Klarheit gebracht. Ich habe mit der behandelnden Ärztin gesprochen. Die verzweifelten Eltern riefen mich an, ob ich nicht eine Fernbehandlung machen könnte.

Ich dachte mir: Das arme Kind! und spürte eine große Traurigkeit. Aber kaum in Trance, erlebe ich seine Größe: Christa ist/wird eine große Frau und Schamanin. Und ihr schlimmer Start ist ihr Berufungsgeschenk. Die Anderen in der Gruppe erleben es ähnlich. Ich brauche nichts für sie tun. Im Gegenteil: Sie segnet uns und ich solle dazu jeder/m im Kreis die Hände auflegen. Als ich ihren Segen weiterleite, sehe ich, wie sie sich immer mehr aufrichtet und ihre Symptome verschwinden.

Es war eine Ehre, dass sie uns besucht hatte. Für Christa war es nur um die Bestätigung gegangen und dass ihre Begabung erkannt wird.

Die Mutter berichtet mir eine Woche später am Telefon: Ab dem Zeitpunkt der Sitzung hat Christa 24 Stunden nur gelacht und dann sehr lange geschlafen. Und wie es mir gezeigt worden war, ist sie seither symptomfrei und ein besonders heiteres Kind, wie mir die überweisende Ärztin von Zeit zu Zeit berichtet.

Seit ich als spiritueller Heiler bekannt wurde, kommen vermehrt Sensitive zu mir, die aber ihre Begabung nicht als solche deuten, sondern als furchtbare Belastung erleben. Einige von ihnen sind hellsichtig (was ich nicht bin – ich muss in Trance gehen, um zu sehen) und haben Präkognitionen. Für den Psychologen interessant (und fragwürdig) ist freilich, dass sie vorwiegend negative Ereignisse, z. B. Todesfälle, voraussehen, selten aber z. B., dass jemand eine glückliche Liebesnacht haben wird.

Auch bei Schizophrenen ist das Tor zur Anderswelt schon offen.

Roswitha mailte mir: »Ich ging gestern ca. um Mitternacht schlafen und glaubte plötzlich, Außerirdische seien bei mir. Ich hatte das Gefühl: Sie bearbeiten mich.«

Ein Teil der als »schizophren« Diagnostizierten hat sicher eine spirituelle Begabung, die sie aber nicht unter Kontrolle haben und dadurch auch nicht für sich und andere nützen können. Sollten Sie davon betroffen sein: Das kann man üben und lernen. (Ein diesbezüglicher Behandlungsbericht findet sich unten.) Es schaut vielleicht nicht so aus, aber schamanisches Vorgehen ist äußerst diszipliniert:

- Man reist nicht irgendwo hin – wie ein Psychotiker, den es seiner Problematik gemäß irgendwohin verträgt, was er normalerweise nicht steuern kann –, sondern man sucht ausschließlich seine verbündeten guten Mächte auf und lässt sich dann von ihnen führen.
- Man entscheidet, von Ausnahmen abgesehen, selbst über den Beginn des Bewusstseinswechsels und dessen Ende.
- Man geht nicht in die Anderswelt, um aus seiner schlimmen und unerträglichen Situation zu fliehen, sondern im Gegenteil, um die Ressourcen dort für diese Welt fruchtbar zu machen.

Die Foundation for Shamanic Studies

Durch sie erhielt ich die Einführung in den Schamanismus, die Grundausrüstung sozusagen. Die eigentliche Ausbildung erhält man jedoch durch Visionen von Meistern und Lehrern in den anderen Welten. So war das auch bei mir.

Die Foundation for Shamanic Studies wurde gegründet von Michael HARNER (1994). Er erzählte, dass es ihm wie den meisten Anthropologen (z. B. auch Florinda DONNER, 1983) gegangen war: Er durfte als Forscher zwar an schamanischen Heilritualen teilnehmen, konnte aber, abgesehen von Äußerlichkeiten, nicht in Erfahrung bringen, was dabei wirklich vor sich ging und wie die bemerkenswerten Heilungen zustande kamen. (Siehe dazu unten den Abschnitt über wissenschaftliche Forschung. Auch den LeserInnen dieser Zeilen, die sich näher für Schamanismus interessieren, seien eigene Erfahrungen empfohlen. Manches kann man nur verstehen, wenn man es selbst erlebt hat, worauf auch das Wort »Interesse« hinweist, das ja »dazwischen, mitten drin sein« bedeutet.) *»In religiösen Dingen kann man bekanntlich nichts verstehen, das man nicht innerlich erfahren hat,«* sagte Carl Gustav Jung (†1961).

So wurde Harner eingeladen, den »objektiven« wissenschaftlichen Standpunkt (wie man ihn damals verstand) zu verlassen und sich – in einer Form von teilnehmender Beobachtung – selber initiieren zu lassen. Also begab er sich auf Visionssuche, was er auch in seinem Buch »Der Weg des Schamanen« beschreibt. Seine Erfahrungen gingen weit über das bisher verstandesmäßig Erkannte hinaus. Er machte weitere persönliche schamanische Erfahrungen, verließ daraufhin die Universität, forschte aber weiter und initiierte internationale Treffen, wobei er v.a. der Frage nachging: Was ist bei den SchamanInnen in allen Weltteilen gleich? Diesen Core-Schamanismus (das Wesentliche, den Kern des Schamanismus) begann er auch zu lehren – in einer für uns westlich Sozialisierte nachvollziehbaren und zugänglichen Form. So gibt es durch seine und andere Organisationen inzwischen auch in unserer modernen Gesellschaft wieder zunehmend Frauen und Männer, die ihre Berufung erkennen und ihr folgen.

Abgesehen von den »Naturbegabungen« unter den »Geistheilern«, die sich auch in unseren Breiten ohnehin über die Jahrhunderte gehalten haben – so vollständig konnte die spirituelle Heiltradition durch Kirche und Aufklärung doch nicht ausgelöscht werden, wie z. B. der Journalist Paul Uccusic (1984), der spätere Verantwortliche der Foundation in Europa, in seinem schönen Buch berichtet. Der Sozialwissenschaftler und Kulturanthropologe Andreas J. Obrecht (1999 und 2000) forschte nicht nur in anderen Kulturen, sondern auch in Österreich: Im ersten Band erzählen erstmals Heiler und Heilerinnen offen von der Entdeckung ihrer Fähigkeiten und über erfolgreiche Praktiken jenseits der Schulmedizin, im zweiten Band geht es um die Frage:

»Wer sind jene Menschen, die in Zeiten der Krankheit, der Krise, des Schmerzes und des bevorstehenden Todes auf die hilfreichen Kräfte des Gebetes, der heilenden Hände, auf Naturgeister und Krafttiere, auf die Heiligen der katholischen Kirche, auf die Hilfe Verstorbener, auf universale kosmische Kräfte, auf Jesus Christus oder geheimnisvolle Energieplätze, kurz auf christliche und schamanische Heilrituale vertrauen? ... 76% der Klienten geben an, eine eindeutige Verbesserung der subjektiven Befindlichkeit – physisch und psychisch – erfahren zu haben.«

Für diese Arbeit wurden auch ich und eine Reihe meiner KlientInnen befragt.

Ute Moos (1999) stellt vier HeilerInnen aus Österreich (darunter auch mich unter dem Pseudonym »Albert G.«) und jeweils eine/n ihrer PatientInnen ausführlich vor.

Albert Einstein: »Ich vertraue auf Intuition.«

Es tut gut, nach der etwa fünfhundertjährigen Überbetonung der Vernunft und der fast ausschließlichen Wertschätzung des Denkens und Lenkens nun wieder den Wert des anderen Pols zu erkennen. Im Duden finden wir unter »Intuition«: *»unmittelbare ganzheitliche*

Sinneswahrnehmung, ohne Reflexion entstandene Erkenntnis des Wesens eines Gegenstandes«. Manchmal wird sie als »Wissen ohne Wissen« bezeichnet. Wolfgang Amadeus Mozart (†1791) und Johann Wolfgang von Goethe (†1832) berichteten übereinstimmend von Einfällen in Überfülle, die in bestimmten Augenblicken kamen, die sie aber nicht herbeizwingen konnten. Intuition spielt aber nicht nur im Wirken des Künstlers eine entscheidende Rolle:

Manche knifflige wissenschaftliche Probleme wurden auf diesem Weg gelöst, worauf nicht nur Albert Einstein (†1955) verwiesen hat. Zum Beispiel: berichtete der Chemiker August Kekulé (†1896), dass er die Ringstruktur des Benzols durch Bilder von Schlangen, die ihm im Halbschlaf gekommen waren, entdeckt hatte; und auf ähnliche Weise entschlüsselte Melvin Calvin (†1997) die Geheimnisse der Photosynthese. Der Physiker Michael Boris Green entwickelte die Stringtheorie, nachdem ihm unverständliche, verrückte Bilder in den Sinn gekommen waren.

Wenn es stimmt, dass der Mensch vielleicht 100.000 Entscheidungen pro Tag zu treffen hat, wäre dabei das bewusste logische Denken absolut überfordert. Wir entscheiden vorwiegend intuitiv, nachweislich kurz bevor sich unser Denken damit befasst – mit dem »Bauch-Hirn«, das mit seinen etwa 100 Millionen Nervenzellen v.a. im Darm zu lokalisieren ist und laut aktueller Forschung fast 9-mal mehr Informationen nach oben schickt als umgekehrt. Das gilt für kleine tägliche Entscheidungen ebenso wie für die Partnerwahl oder Managemententscheidungen. Interessanterweise heißt es schon in den Psalmen (16,7): *»Selbst des Nachts unterweisen mich meine Nieren.«*

Diese bei jedem Menschen vorhandene Fähigkeit kann man auch bewusst trainieren und nützen. Unsere frühen Vorfahren haben in der Nutzung dieser Erkenntnisquelle über Jahrtausende Erfahrungen gesammelt. Schamanische Arbeit funktioniert nämlich nur, wenn man (wie in anderen spirituellen Traditionen) das Denken reduziert, sein Ich und die eigenen Absichten zurückstellt und sich der Intuition überlässt.

Zum Beispiel: macht der gewiefte Westler vor einer Entscheidung eine Pro- und Contra-Liste für jede Alternative, gewichtet die Argumente, diskutiert mit anderen darüber, macht vielleicht ein Gruppen-Brainstorming und zerbricht sich den Kopf, was die beste Lösung sein könnte. Wenig üblich ist, – vielleicht zusätzlich – sich still hinzusetzen, mit dem Nachdenken aufzuhören und sein Unbewusstes um Hinweise auf die richtige Lösung zu bitten, die auch durch kleine Körpersignale bestätigt werden können.

Wie unsere Altvordern wartet man nicht auf eine spontan auftretende Eingebung, sondern begibt sich in einen veränderten Bewussheitszustand, der intuitive Einfälle ermöglicht – eine natürliche Fähigkeit, die grundsätzlich jeder lernen und üben kann und wohin er sowieso jede Nacht reist. Man könnte auch sagen: es handelt sich um induzierte Träume.

Diese Methoden (in der schamanischen Sprache: Befragung der Geister) könnten wie in den Stammeskulturen nicht nur zur Behandlung von Krankheiten eingesetzt werden, sondern auch zur Lösung politischer, wirtschaftlicher sowie wissenschaftlicher und technischer Fragestellungen. Die Antworten entsprechen allerdings nicht immer dem, was man vorher vermutet und sich gedanklich zurechtgelegt hatte. Aber die Lösungshinweise, die (psychologisch gesprochen) aus der Weisheit des – kollektiven – Unbewussten aufsteigen, bzw. (schamanisch gesprochen) einem in Trance in der Anderswelt geschenkt werden, sind meiner Erfahrung nach verlässlich und stehen im Einklang mit dem Wohl des ganzen Universums. Sie kommen oft nicht in »digitaler« Form, sondern »analog« in Form von Bildern, die erst entschlüsselt werden müssen.

Susanne mailte mir: »Ich sah Würmer unter meinem Weisheitszahn, damit konnte ich nicht wirklich was anfangen. Als ich in der darauf folgenden Nacht träumte, dass sehr viele Ameisen im Mund diese Würmer auffraßen, streckte ich die Fühler nach einem Zahnarzt aus und vereinbarte einen Termin.

Röntgen und Untersuchung ergaben, dass der Zahn ok wäre und ich bestand dennoch drauf, dass er rausgerissen wird. Wir staunten beide nicht schlecht, als am Zahn eine Zyste dranhing, die fast gleich groß war wie der Zahn selbst. ›Höchste Zeit,‹ war der Kommentar des Zahnarztes. Du kannst Dir vorstellen, wie dies mein Vertrauen in meine Intuition gestärkt hat.«

So nähern wir uns einer zweiten Grundannahme, die sich wesentlich von unserer vergleichsweise erheblich eingeschränkten Sichtweise im Westen unterscheidet. Es fragt sich ja:

Wie kann eine Person von einer anderen etwas spüren und wissen, was sie gar nicht wissen kann?

Das lässt den, der zum ersten Mal einer schamanischen Behandlung beiwohnt, ergriffen, aber verwundert den Kopf schütteln.

Doch das Phänomen kennen wir auch aus verschiedenen Richtungen der Psychotherapie: ob in Gestaltarbeit, Psychodrama, in der Familienrekonstruktion, der Part' s Party, bei Familien- oder Strukturaufstellungen – wer mit diesen Methoden arbeitet, hat die Erfahrung gemacht, dass man sich auf die wesentlichen Aussagen der Darsteller/Rollenspieler (von seltenen Ausnahmen abgesehen) verlassen kann.

Es kommt vor, dass vom Spieler sogar dieselben Formulierungen gebraucht werden, die der Fallbringer vom Dargestellten kennt, dessen Symptome er ansatzweise spürt, selbst wenn dieser schon gestorben ist.

Fachleute sagen ja, dass eine Gitarrenseite – einmal gezupft – nie wieder aufhören wird zu klingen, auch wenn wir den Ton mit unseren Ohren bald nicht mehr wahrnehmen. Theoretisch sei es möglich, mit einem sensiblen Messgerät Töne hörbar zu machen, die vor hunderten Jahren erklungen sind. Haben wir in Trance etwa diese Fähigkeit?

Unsere abendländische Kultur ist die einzige auf der Welt und in der Geschichte, die die Individualität in nie gekanntem Maße betont. Wir sind es gewohnt, uns als Einzelwesen, getrennt von allen anderen, zu sehen. Aus schamanischer Sicht wird die Einzelausformung und Unterscheidbarkeit des Einzelnen vom Anderen nicht geleugnet, so wie auch ein Finger sich vom anderen unterscheidet und sogar eigene Namen hat: Zeigefinger, Mittelfinger, Ringfinger ... Was unsere Kultur trotz der Entwicklung der Systemtheorie nicht sehr ernst nimmt, ist, dass Alles mit Allem verbunden ist. Schamanisch wird der ganze Kosmos wie ein einziger Organismus gesehen.

Zweite Grundannahme: Alles ist Teil eines Ganzen.

Wenn ein Finger verletzt wird, spürt dies auch der andere Finger, denn es gibt Verbindungen: Haut, Gewebe, Blut- und Nervenbahnen ... Sehe ich mich also als Teil e i n e s Körpers, gibt mir das nicht nur Kraft durch die Erfahrung des Verbundenseins, sondern ich kann die Verbindung auch nützen und wahrnehmen, was in einem anderen Teil des e i n e n los ist. Ich brauche also keinem eine Ohrfeige zu geben, da kann ich mir ja gleich selbst eine runterhauen; und wenn ich einem anderen Liebes antue, dann beschenke ich dadurch auch mich selbst.

> *»Wir ... wissen auch, dass wir als lebendiger Teil dieser Erde*
> *ihr nicht Gewalt antun können,*
> *ohne uns selbst zu verletzen.«*
>
> Lame Deer, Lakota-Häuptling (†1877)

Diese uralte schamanische Sicht der Einheit aller Lebewesen fand auch Eingang in den Hinduismus, Jainismus und Buddhismus, wo sie einen bedeutenden Impuls für das praktische Leben darstellt.

In der jüdisch-christlichen Tradition wurde oft der Auftrag Gottes: *»Macht euch die Erde untertan!«* (Gen. 1,28) missverstanden, dass man die Natur brutal ausbeuten dürfe.

Wie anders spricht Roy Sesana (2005), der alte San aus der Kalahari-Halbwüste in Botswana, z. B. über die Jagd:

»Ich kann Worte nicht lesen. Doch ich kann das Land lesen und die Tiere. Alle unsere Kinder können dies. Könnten sie es nicht, wären alle längstens schon tot ... Jagen heißt: Zu den Tieren gehen und mit ihnen

zu sprechen. Du stiehlst nicht ihr Leben. Du gehst hin und fragst ... Du spürst der Antilope nach ... Du sprichst zu ihr und schaust ihr in die Augen. Und dann weiß sie, dass sie dir ihre Kraft geben muss, damit deine Kinder weiterleben können.«

Tobee Tcori, wie er auch genannt wird, der bekannteste Sprecher der Buschleute, hat 2005 für den Kampf gegen die Vertreibung seines Volkes, das wegen des Diamantenabbaus aus ihrer Heimat zwangsumgesiedelt worden war, den Alternativen Nobelpreis erhalten.

Der Biologe und Kulturwissenschafter Andreas Weber (2007), der der Frage nachgeht, was wir in uns vernichten, wenn wir die Natur zerstören, präzisiert: »*Lange Zeit haben Biologen und Philosophen zu solchen Themen geschwiegen. Erst seit den letzten Jahren beginnen sie zu begreifen, wie sehr wir mit anderen Wesen verbunden sind ... Ohne lebende Wesen um uns herum ... müssen unsere eigenen Empfindungen verkümmern ... Denn wir sind Tiere. Darum gehört zu dem, was unser innerstes Wesen ausmacht, auch das, was andere Tiere uns zu zeigen vermögen ... In den abgründigen Augen der wilden Kreaturen sehen wir uns selbst ... Alles Seelische hat eine körperliche Kehrseite. Wir sind in unserer Psyche mit der Natur verflochten ... Das heißt freilich zu begreifen, dass es auf diesem Planeten kein Drinnen und kein Draußen gibt, keine Systeme, die exklusiv für den Menschen gelten und nicht für Fische und Vögel, Tauben und Tiger. Genauso wenig existiert ein isoliertes Reich des Geistes.«*

Weber zieht eine besorgte Bilanz: »*Das Ende des ökologischen Zeitalters, so fürchten manche, wird eingeläutet durch die schleichende Machtübernahme von transnationalen Konzernen wie Monsanto, die sich an keine demokratische Errungenschaft mehr gebunden fühlen; durch kapitalistische Diktaturen wie China, die Umwelt- und Menschenrechte gleichermaßen ignorieren und den Abschied von ihnen auch hierzulande zunehmend erzwingen. Der Sibirische Tiger und der Yangtse-Delfin sterben darum nicht allein. Wir sterben jetzt schon mit ihnen.«*

Seit alters werden alle Dinge als Geschwister und Verwandte gesehen, als Abkömmlinge des Großen Geheimnisses:

»*Gott schläft im Stein,*

atmet in der Pflanze,
träumt im Tier,
wacht auf im Menschen,« heißt es in einem alten Spruch, der immer wieder verschieden formuliert wird (z. B. Rudolf Kaiser, 1990).

Alles, was existiert, ist aus der einen Schöpferkraft hervorgegangen (wie immer man sich diese vorstellt) – religiös ausgedrückt: aus Gott – und ist daher gleicherweise göttlich und gleicherweise Geschöpf wie alles andere, was existiert. Das hat natürlich einen ganz anderen, achtungsvollen Umgang mit der übrigen Natur zur Folge. Wenn Tiere oder Pflanzen ihr Leben hingeben, um mich zu ernähren, werde ich mich selbstverständlich bei ihnen dafür bedanken und vielleicht eine Gegenleistung bringen, was manchmal zutreffend, aber meist missverständlich als »Opfer« bezeichnet wird. Das englische »to offer« bedeutet einfach, etwas anzubieten – etwa, wie man selbstverständlich ein Gastgeschenk mitnimmt.

Aus schamanischer Sicht umfasst diese Verbundenheit eben nicht nur alle Menschen, sondern alles, was existiert: auch Tiere, Pflanzen, Materie, den ganzen Kosmos, alles, was existiert hat und existieren wird, vom Anfang bis zum Ende der Zeit:

»Ich war da in vielen Erscheinungsformen, ehe ich die mir gemäße Gestalt fand.
Die schmale Schwertklinge war ich und bin die vergoldete Lanze gewesen.
(Und werde sie wiedererkennen, wenn sie sich mir von neuem zeigen.)
Ich war ein Regentropfen in der Luft und war ein leuchtender Stern am Himmel.
Das Wort in einem Buch war ich und bin im Beginn ein Buch gewesen.
Ich war das Licht in einer Lampe, dreimal in Folge, je eine Zeit.
Eine Brücke war ich und spannte mich über dreimal zwanzig Flüsse.
Als Adler kreiste ich in den Lüften und durchpflügte als Schiff das Meer.
In der Schlacht führte ich die Krieger, war das Band an der Windel des Säuglings.

Das Schwert in einer Hand war ich und das Schild im Kampf.
Eine Harfensaite bin ich gewesen, neun Jahre lang, dann vom
Zauber gebannt für ein Jahr in das Gischten des Meeres.
Ich war der Schürhaken im Feuer und war ein Baum tief
im Dickicht.
Nichts existiert, mit dessen Wesen ich mich nicht verbunden hätte.«

heißt es in dem Gedicht »Cad Goddeu«, das Taliesin zugeschrieben wird, einem vermutlich historischen Barden des 6. Jahrhunderts (siehe Fritz LAUTENBACH, 1991),

»Ich bin alt. Ich bin jung. Ich weiß, was gesagt wurde,« in einem anderen keltischen Lied.

Wer länger meditiert, kennt diese All-Einheits-Erfahrung, in der sich alle Grenzen aufheben, was einen fasziniert und erschüttert zugleich. *»Alles ist eines. Und eines ist alles,«* beschreibt Meister Eckhart (†1328) diese schwer in Worte zu fassende Erfahrung.

Das erinnert an die schöne Beschreibung von Hermann HESSE (1981):

»Siddhartha bückte sich, hob einen Stein vom Erdboden auf und wog ihn in der Hand. ›Dies hier‹, sagte er spielend, ›ist ein Stein, und er wird in einer bestimmten Zeit vielleicht Erde sein, und wird aus Erde Pflanze werden, oder Tier oder Mensch. Früher nun hätte ich gesagt: Dieser Stein ist bloß ein Stein, er ist wertlos, er gehört der Welt der Maja an; aber weil er vielleicht im Kreislauf der Verwandlungen auch Mensch und Geist werden kann, darum schenke ich auch ihm Geltung. So hätte ich früher vielleicht gedacht. Heute aber denke ich: Dieser Stein ist Stein, er ist auch Tier, er ist auch Gott, er ist auch Buddha, ich verehre und liebe ihn nicht, weil er einstmals dies oder jenes werden könnte, sondern weil er alles längst und immer ist – und gerade dies, dass er Stein ist, dass er mir jetzt und heute als Stein erscheint, gerade darum liebe ich ihn, und sehe Wert und Sinn.‹«

Aus dieser ganzheitlichen Sichtweise werden viele Phänomene verständlich, bis hin zu wirtschaftlichen und gesellschaftlichen Vorgängen. Der Zusammenhang des Individuums mit dem Ganzen wird auch schön beschrieben in der taoistischen Geschichte vom Regenmacher:

In einem Dorf in China herrschte eine furchtbare Dürre. Als alle üblichen Methoden nichts fruchteten, holte man den berühmten Regenmacher aus dem fernen Dorfe. Er erbat sich ein kleines Haus am Dorfrand, die Mahlzeiten sollte man außen hinlegen und ihn auch sonst nicht stören. Als es nach Tagen noch immer nicht regnete und die Leute bereits ungeduldig wurden, ging die Tür auf und er trat heraus. Da zogen Wolken auf und ein herrlicher Regen erfrischte das Land. Die Menschen fielen auf die Knie und bewunderten den großen Regenmacher. »Ich bin gar keiner,« antwortete der Fremde. »Aber ich sah, als ich ins Dorf kam, dass alle Leute außer sich und nicht im Tao waren. Auch ich wurde gleich davon ergriffen. So habe ich mich zurückgezogen, die Balance in mir wieder herzustellen. Und als ich soweit war, begann es zu regnen. Man kann den Regen nicht herbeizwingen. Aber ist man mit sich im Reinen, kommt das Wetter, wie es soll.«

Dritte Grundannahme:
Alles Existierende ist beseelt.

Darin drückt sich die Ehrfurcht vor der Natur in allen ihren Ausdrucksformen aus: Nicht nur der Mensch hat demnach eine Seele, sondern alles und jedes hat eine, wenn auch nicht die gleiche – sogar, was in unserer Kultur als »anorganische Materie« bezeichnet wird. Üblicherweise spricht man von »Animismus« (das lateinische Wort »animus« bedeutet: Wind, Hauch, Seele, Geist).

Dieser Respekt drückt sich auch darin aus, dass man nicht einfach die Gaben der Natur nimmt, sondern es ist ein Geben und Nehmen. Z. B. bedankt man sich bei den Tieren und Pflanzen, die man isst – auch dafür, dass man deren Qualitäten in sich aufnehmen darf – und gibt ihnen oder der Erde, wo sie lebten, etwas zurück, sozusagen ein rituelles Gegengeschenk, indem man z. B. einen Tropfen des Getränks, bevor man es zu sich nimmt, nicht nur seinen Ahnen, sondern auch der Erdmutter widmet.

In einer Reihe von Kulturen geht man davon aus, dass der Mensch mehrere Seelen hat (Daan VAN KAMPENHOUT, 2001), von denen eine z. B. in traumatischen Situationen flüchtet, um die Situation erträglicher zu machen und das Überleben zu sichern. Diese Seele, in anderen Traditionen: dieser Seelenteil, fehlt einem aber dann – einer der Auslöser z. B. für schizophrene Schübe oder schwere Depressionen. Behandelt werden sie durch eine »Seelenrückholung« (Sandra INGERMANN, 1998), – in der Gestalttherapie würde man von einer »Reintegration abgespaltener Persönlichkeitsanteile« reden.

Ein peruanischer Schamane erzählte bei einer internationalen Begegnung in Österreich, dass er ein paar Jahre in den Dschungel gegangen sei, um sich von den Bäumen, Pflanzen und Tieren unterrichten zu lassen, welche Mittel wie zubereitet für die Behandlung menschlicher Krankheiten hilfreich seien. Dermaßen ausgebildet behandelt er nun meist erfolgreich sogar Aids- und Krebskranke, was im entfernten Bezirkskrankenhaus bestätigt wird.

Aus schamanischer Sicht löst nicht der Wirkstoff einer Heilpflanze den Heilungsprozess aus, sondern der Geist, die Seele der Pflanze, z. B. der Liane im Ayahuasca-Gebräu oder des San Pedro Kaktus. So sind also auch Medinzinmänner und -frauen nicht materielle Mediziner wie westliche Ärzte, sondern sie nehmen Kontakt auf mit den darin innewohnenden Naturgeistern und arbeiten mit deren Hilfe. Wirksam ist also nicht die Materie, sondern deren Geist oder Seele oder Energie.

Interessanterweise spricht auch die Physik von einer in allem schlummernden Energie, z. B. von der Energie der Atome und dass sich diese von der Struktur her bei allem Existierenden bis auf ihre Größe kaum unterscheiden.

Weit darüber hinausgehend macht man als Schamane aber die Erfahrung, dass man sich mit allem, was existiert, unterhalten kann, nicht nur mit anderen Menschen und Tieren, sondern auch mit Pflanzen und Steinen respektive ihren Seelen.

So begrüßt man zu Beginn schamanischer Rituale die »Herren und Herrinnen der Gegend«, die in dieser Gegend zuständigen Energien der Erde. Wenn man jemanden besucht, geht man ja auch nicht grußlos in die Wohnung, nimmt ein Glas aus dem Schrank und schenkt sich ein Glas Wein ein. Außerdem nimmt man fairerweise ein Gastgeschenk mit.

Ich wende mich dabei in jede Himmelsrichtung, sehe diese Instanzen jeweils in menschlicher Form, begrüße sie und bitte sie um ihre Unterstützung und ihren Segen beim Ritual. Manchmal kommt es aber auch vor, dass z. B. die Herrin im Osten des Ritualplatzes (z. B. durch kontaminierten Boden) krank und geschwächt ist und mich bittet, für sie und ihr Land ein Ritual zu machen – was ich dann auch tue. Manchmal ist der Herr einer Himmelsrichtung todbeleidigt auf uns Menschen, weil auf seinem Boden, für den er zuständig ist, (oft vor Jahrhunderten) von Menschen entsetzliche Gräueltaten begangen wurden, sodass der zuständige Herr den Menschen, die dort wohnen oder arbeiten, nicht mehr gewogen ist.

2010 wurde ich vom Geschäftsführer der deutschen Filiale eines österreichischen Konzerns gefragt, ob ich nicht ein schamanisches Ritual machen könnte, weil die deutsche Tochterfirma seit der Gründung keinen Gewinn gemacht habe. Alle Analysen und bisherigen Maßnahmen seien wirkungslos geblieben. Wenn sie in diesem Jahr nicht in schwarze Zahlen käme, würde sie geschlossen. In dem Haus sei übrigens bisher noch keine einzige Firma erfolgreich gewesen, mehrere seien bereits in Konkurs gegangen. Jetzt seien sie die einzigen Mieter in dem vierstöckigen Gebäude.

Als ich hinkomme, kann ich an dem Gebäude kein Problem erkennen (manchmal führt einen ja schon der Anblick des Gebäudes zu der Hypothese, dass hier irgendetwas nicht stimmt). Auch das versammelte Management wirkt in keiner Weise konfliktbeladen oder unengagiert, im Gegenteil. Ich bin schon gespannt, ob sich eine unbekannte Störquelle zeigen wird und wenn ja, welche.

So beginne ich mit der Kontaktaufnahme zu den Energien der Region. Im Norden des Firmenstandorts sehe ich einen distinguierten älteren Herrn mit graumeliertem Haar und Bart, der aber völlig giftig und destruktiv ist. Er frisst mich. Ich bin eine goldfarbene helle Lichtkugel und als Vertreter des Allerhöchsten in keiner Weise gefährdet. Bald bereut er dies, denn ich gehe nicht wieder raus, sondern beginne, seinen vergifteten Körper immer mehr mit der Einfachheit und Stimmigkeit, die von mir ausgeht, zu bearbeiten und zu entgiften. Er kann sich nicht dagegen wehren. Bald habe ich seinen Bauch gereinigt, dann seine Brust und sein Herz und zum Schluss auch den Kopf, bis er – wenn auch noch unstabil – vollkommen frei ist. Jetzt bedankt er sich bei mir, dass ich ihn von dem alten Fluch befreit habe und verspricht, in Zukunft den Firmenstandort nicht mehr zu schwächen und zu schädigen, sondern im Gegenteil ihn zu segnen und zu unterstützen. Schwere Störungen konnte ich auch im Süden und Westen der Firma feststellen. Ich kann sie bereinigen.

Niemals käme ich als Wirtschaftspsychologe, als der ich sonst in Unternehmen gerufen werde, auf solche Zusammenhänge, die uns naturwissenschaftlich Erzogenen schon äußerst skurril erscheinen. Es wehrt sich alles in uns gegen die Vorstellung, dass von einem Boden respektive seiner Seele destruktive Energien ausgehen könnten.

Allerdings in dem Monat nach dem schamanischen Ritual machte der deutsche Standort über eine Million Euro Umsatz, so viel wie schon lange nicht. Er kam in diesem Jahr erstmals aus den roten Zahlen und besteht – umstrukturiert – heute noch. Nachdem ich immer wieder solche Erfahrungen mache, bin ich gezwungen, solche Zusammenhänge zu respektieren und als mögliche Ursache von Problemen ins Auge zu fassen.

Außer von Träumen kennen wir solche Vorgänge lediglich aus Märchen, wo man sich ebenfalls mit den Elementen der Natur unterhalten und sie um Hilfe bitten kann. Auch hier kann man nicht einfach nur nehmen, sondern muss auch etwas dafür geben. Spätestens seit dem Zeitalter der Aufklärung (18. Jh.) erscheint uns dies als kindliches, prärationales Denken. Aber Märchen zeugen augenscheinlich von dem alten Wissen um die Vernetztheit menschlicher Schicksale mit der übrigen Natur und von der Erfahrung, dass man diese Verbindung auch zur Problemlösung nutzen kann.

Auch die Wissenschaft entdeckt die Vernetztheit

Durch die Entdeckung der Atome machten uns die Physiker klar, dass alle Materie aus winzigen Teilen besteht, die sich im leeren Raum um einen Kern bewegen. Man könnte sagen, dass alle Materie aus Beziehung und Zusammenhängen besteht.

In der Psychoszene hat als erster C.G. Jung (z. B. in »Symbole der Wandlung«, 1995) jeden Menschen als »unbewusst vermischt mit anderen Individuen« beschrieben und das Konzept des »kollektiven Unbewussten« entwickelt, das sich aus Instinkten und Archetypen zusammensetzt und in dem sich die Spuren der Erfahrungen finden, die unsere Vorfahren mit der Tier- und Pflanzenwelt, mit Kräften und Wesen gemacht haben: *»Die instinktiv-archaische Grundlage unseres Geistes bildet eine objektive, vorgefundene Gegebenheit, die weder von individueller Erfahrung noch von subjektiv-persönlicher Willkür abhängt.«*

In der Humanistischen Psychologie spricht man von der »Fülle der Weisheit, die in uns wohnt« oder von der »Weisheit des Unbewussten«.

Der Biochemiker Rupert Sheldrake (1993) untersuchte u.a. die außergewöhnlichen Fähigkeiten von Tieren, z. B., wieso Tauben ihren Besitzer finden, auch wenn er sich gerade meilenweit von seinem Heimatort entfernt befindet, und ging unter anderem der Frage nach, warum man spürt, dass einen jemand von hinten anschaut. Er stellte die These strukturierender und organisierender Felder auf, die er »morphogenetisch« nennt, um die Entwicklung und die Zusammenhänge lebendiger Organismen zu erklären, und hat mit dem Theologen Matthew Fox (2001) sogar ein Buch über »Engel – Die kosmische Intelligenz« geschrieben.

Bert HELLINGER (1994) spricht von der »großen Seele«: *»Was ich in meiner Arbeit versuche, ist, jemand in den Einklang zu bringen mit dieser Kraft. Ich selbst füge mich dieser Kraft, bin mit ihr im Einklang, und so arbeite ich also mit etwas, das durch mich nur hindurchgeht.«*

SPARRER/VARGA VON KIBÈD (2002): *»In den Systemischen Strukturaufstellungen zeigt sich das Wissen zwischen uns. Alle wesentlichen Gedanken fließen letztendlich aus der Quelle dieses Wissens. Wir sind nur Gefäße dafür.«* Andere, wie Albrecht MAHR (2003) nennen es »Das wissende Feld«.

»Es gibt einen Traum, der uns träumt,« sagt man bei den Buschleuten in der Kalahari.

»Niemand kann das richtige Gefühl zum Denken haben, der glaubt, dass das Denken etwas sei, das sich nur innerhalb des Menschen, in seinem Kopf oder in seiner Seele abspiele ... Wenn ich durch Gedanken etwas ergründen kann über die Dinge, so müssen die Gedanken erst darinnen sein in den Dingen,« sagt Rudolf Steiner (†1925), zit. in Regina OBERMAYR-BREITFUSS (2005), die vom »intuitiven Speicher« spricht und auch den Philosophen und Weisheitslehrer Omraam Mikhael Aivanhov (†1986) erwähnt, der diese Erkenntnisquelle den »Kausalkörper« nennt und ihn mit einem Berg vergleicht, von dem aus man die ganze Landschaft überblicken kann.

In der Tradition des indianischen Medizinrades nach Harley Swift Deer und Hyemeyohsts STORM (1990) bedeutet die Position 15 im östlichen Zentrum »die Seele aller Menschen«, wo alles gespeichert ist, was je auf der Welt gedacht und getan wurde.

In den letzten Jahren entdeckten Neurowissenschafter wie G. Rizzolatti et al. (vgl. Joachim BAUER, 2006) als physischen Beleg für Intersubjektivität im Gehirn sogenannte Spiegelneuronen, die vermutlich die Einfühlung in andere ermöglichen. (Bei Schizophrenen, die fremde und eigene Regungen oft nicht mehr unterscheiden können, sind diese ebenso gestört wie bei Autisten, die sich kaum in andere hineinversetzen können.)

So verschieden die Wurzeln und Ausprägungen der genannten Auffassungen auch sein mögen: Diese systemische bzw. transpersonale Sichtweise gehört wesentlich zum schamanischen Weltbild.

Wobei auch diese im Wachzustand erfahrbare Welt, also jeder Stein, jede Pflanze, jedes Tier, natürlich auch jedes Haus und jede Maschine etc. (durch Naturgeister, Elfen u.Ä.) als belebt, »beseelt« und energetisiert aufgefasst werden, wie dies auch der letzte Universalgelehrte Gottfried Wilhelm Leibniz (†1716) in seiner Monadenlehre ähnlich sah.

Interessanterweise sind in unserer Sprache noch immer Reste dieser schamanischen Sichtweise vorhanden, wenn man z. B. von »Eingebung« spricht. WER gibt mir hier etwas? Oder wenn jemand sagt: »Die Landschaft hat mich sehr berührt« oder »Dieses Bild hat mich sehr angesprochen«, »Ich bin ganz angetan«. Niemand hat mich materiell berührt oder mit den Ohren hörbar mit mir gesprochen oder etwas getan. Diese Ausdrücke stammen noch aus einer Zeit, wo man sich – wie in Märchen oder Träumen – sicher war, dass man z. B. mit Tieren oder Bäumen sprechen und von ihnen berührt werden kann. Diese Zeit erleben die meisten von uns als Kind. Die moderne Entwicklungspsychologie leitet die Genese der komplexen Erkenntnisprozesse von den frühen sensorischen Empfindungen ab, wobei die Sprache diese frühen sinnesnahen Erfahrungen metaphorisch nützt. (Über die Zusammenhänge zwischen den Entwicklungsphasen des einzelnen Menschen und der Menschheitsgeschichte siehe weiter unten meine Ausführungen zum Thema: »Ist das nicht Regression?«)

Auch die von uns als »anorganisch« bezeichnete Materie hat aus schamanischer Sicht eine Art von Gedächtnis.

Wie man nicht eine fremde Wohnung betritt und sich ungefragt etwas aus dem Kühlschrank nimmt, beginnt man jedes schamanische Ritual, besonders aber an einem Ort, an dem man noch nie gearbeitet hat, indem man nicht nur die Hilfe der mächtigen Geistwesen aus der Anderswelt, sondern auch die Zustimmung und das Wohlwollen der »Herren und Herrinnen der Gegend« erbittet.

Bei der schamanischen Behandlung eines Unternehmens, in dem es zu zwei Todes- und einer Menge von Unglücksfällen gekommen war, stellte sich heraus, dass es eine unglückliche Verbindung gab zu dem Herrn der Gegend nördlich der Firma, der von den Menschen nichts mehr hielt, seit auf seinem Boden immer wieder so furchtbare Unmenschlichkeiten und Verbrechen begangen worden waren. Eine sensitive Mitarbeiterin, die am Heilritual für das Unternehmen teilgenommen hatte, hatte dabei ebenso wie ich ein Schlachtfeld mit vielen liegen gelassenen Toten gesehen. Seither ist übrigens kein einziger Unfall mehr aufgetreten.

Ähnliche Erfahrungen berichtet auch Regina OBERMAYR-BREITFUSS (2005) aus ihrer Tätigkeit als systemische Supervisorin: *»Auch unverarbeitete Kräfte aus der Vergangenheit eines Firmenortes können den Arbeitserfolg der Belegschaft beeinträchtigen, z. B. ein Gebäude, in dessen Keller noch ›verschlossene Kriegsgeschehnisse‹ sind.«*

Das erinnert auch an die französische Psychodramatikerin und Aufstellerin Anne Ancelin SCHÜTZENBERGER (2003), die in ihrer Arbeit ebenfalls Zusammenhänge zwischen aktuellen Problemen und oft Jahrhunderte zurückliegenden Ereignissen fand.

Natürlich gibt es auch Plätze, die eine starke positive Energie ausstrahlen. Unsere Vorfahren wählten solche Plätze für ihre Rituale und auch die heutigen Gotteshäuser stehen oft auf diesen, schon vorher genutzten Kraftplätzen. Außerdem werden oft Quellen, Höhlen, bestimmte Berge, Bäume oder Tiere etc. als besonders geeignete Tore zum Übernatürlichen erlebt, verehrt und für Rituale genützt.

Schamanisch kann man also die Verbindung zu allen anderen Teilen der Natur herstellen, die man wie Geschwister – hervorgegangen aus dem gleichen unfassbaren Urgrund – auffasst, wobei man darauf achtet, dass in der Beziehung zu ihnen das Geben und Nehmen ausgeglichen ist. Wenn Uncle Les Kuloloio, ein hawaiianisch Ältester und traditioneller Heiler, sagt: »Wir sind Kinder des Meeres,« meint er das wörtlich. Nicht, dass unsere Wissenschafter nicht auch betonten, dass alles Leben aus dem Meer entstanden ist, aber wenn wir an unsere Vorfahren denken, kommen wir meist nicht über unsere Groß- oder Urgroßeltern hinaus. Wir denken nicht an die Unzahl unserer früheren Ahnen bis hin zu den ersten Menschenpaaren, von denen wir alle abstammen, schon gar nicht an unsere tierischen Vorfahren, die Pflanzen oder die sogenannte anorganische Materie, von der wir kommen; wir sehen daher auch die uns jetzt umgebende übrige Natur nicht als Geschwister und Cousins an und behandeln sie auch nicht entsprechend achtungsvoll – obwohl diese uralte Sichtweise auch der Evolutionstheorie entspricht, die 1859 erstmals von Charles Darwin (†1882) formuliert wurde.

Galsan Tschinag, ein Tuvinier aus der Mongolei (in: Amélie Schenk 1998):

»Die Geister meiner Urahnen habe ich überall um mich herum, es ist der Wind, es ist der Sonnenstrahl, es ist die Erde, es sind die Steine, die Bäume, die Menschen, die Tiere, alles, was mich umgibt, ist jeweils Teil der Geister meiner Urahnen ... Bei uns ist die bekannteste Behandlungsmethode eigentlich die Berührung mit der Mutter Erde, die Berührung mit den Brüdern Bäumen, die Berührung mit den Freunden Steinen, die Berührung mit den Schwestern Gewässern. Wenn ich auf der Erde sitze oder liege, spüre ich eine Strömung durch mich hindurchgehen, und ich halte dies für die Kräfte der Geister.«

So wird man auch nicht gedankenlos essen, sondern sich bei dieser Pflanze/diesem Tier bedanken, das sein Leben hingegeben hat, um mich zu nähren. (Eine gute Einführung in diese Denkweise bietet Marlo Morgan, 1995.)

Auf Grund dieser ganzheitlichen Sichtweise ist jede Krankheit (inkl. Unfälle) und jedes Problem als psychosomatospirituell anzusehen, nicht nur die heute als psychosomatisch anerkannten Krankheiten, wie verschiedene Formen von Magen-, Darm-, Herz- und Hautkrankheiten etc. Wiewohl freilich der Schwerpunkt und die Entstehung mehr auf der körperlichen, der seelischen oder der spirituellen Ebene liegen können und damit auch den ersten und vorrangigen Behandlungsansatz indizieren. Aber m.E. sind immer alle drei Faktoren im Spiel.

Der Theologe, Zen- und Yoga-Lehrer Michael Von Brück (2004) drückt es so aus:

»Fast alle alten Kulturen betrachten Medizin, d.h. die Anschauung vom körperlichen und seelischen Befinden des Menschen und die Möglichkeiten des gezielten Eingriffs zur Verbesserung und Gesundwerdung im Falle von Störungen, im Kontext sozialer Systeme und spiritueller Balance.

Zu den sozialen Systemen gehören oft nicht nur die Menschen der nächsten Umgebung, sondern die gesamte Gesellschaft und die Geister der nicht mehr Lebenden, d.h. das soziale Universum umfasst die Umwelt bis in geistige, sinnlich nicht wahrnehmbare Bereiche, nicht selten auch die Tiere und Pflanzen.

Medizinisches Wissen bedeutet demnach, die Faktoren zu studieren, die zu Unausgewogenheit, Ungleichgewicht und Dominanz einzelner Aspekte gegenüber der Harmonie des Ganzen führen, um den Ausgleich wiederherzustellen.

Dabei wird auch den religiös-spirituellen Dimensionen größte Aufmerksamkeit zuteil, denn Krankheit wird häufig betrachtet als Störung des Verhältnisses des Menschen zu sich selbst, zur Gesellschaft und zum göttlich bestimmten Universum. Heilung ist dann Wiederherstellung und Ausgleich des harmonischen Zustandes in allen diesen Dimensionen zugleich. ...

So ist es nicht verwunderlich, dass Buddha wie Jesus die Funktion des Arztes zugeschrieben wurde, weil sie physisch-spirituell zu heilen beanspruchten.«

Und SHAMANISM AND HEALING (2005) ergänzt:

»Bei allen noch intakten Traditionen können auch Irrtümer oder Fehltritte – etwa das Versäumen eines Rituals oder ein Verstoß gegen die gesellschaftlichen Verhaltensregeln – die kosmischen Muster stören und werden als Krankheit betrachtet.

Der Begriff der Krankheit bezieht sich also nicht nur auf körperliche Leiden, sondern auch mangelndes Jagdglück, Unfälle, Probleme in der Familie bedeuten für die Mitglieder dieser Gesellschaften ein Zeichen, dass die kosmischen Kräfte in Disharmonie sind. Das verursacht die Krankheit.

Der Schamane versteht den menschlichen Körper als einen komplexen Organismus, in dem das Sein in allen seinen Manifestationen wohnt: dem Körperlichen, dem Emotionalen, dem Mentalen und dem Spirituellen.

Die schamanische Intervention in Heilungsprozessen ist daher immer holistisch. Sie unterscheidet sich dadurch grundsätzlich von der westlichen traditionellen Medizin und Psychologie, die bei den Patienten meist nur die für krank gehaltenen Teile behandelt.«

Stimmte die klare Trennung, wie sie heute bei uns gängig ist, mit der Wirklichkeit überein, wäre es nicht möglich, dass körperliche Krankheiten, wie z. B. Migräne, auch psychotherapeutisch (z. B. mit Familienrekonstruktion) oder schamanisch erfolgreich behandelt werden können.

Wie geht man auf die schamanische Reise?

Das kann spontan vorkommen: Da ist man auf einmal weggetreten und findet sich in der anderen Welt vor. In unserer Kultur ist es allerdings empfehlenswert, Beginn, Ziel und Ende der Reise selbst zu bestimmen, um nicht als Verrückter in einer Nervenklinik zu landen.

Man geht also auf Visionssuche.

Noch im alten Griechenland war die Tempel-Medizin sehr verbreitet. Man suchte Heilung oder Hinweise durch die Inkubation: Ein Gott erschien dem Patienten im Traum und gab Hinweise zur Heilung der Krankheit, die dann von den Priestern gedeutet wurden. Bei der schamanischen Reise wartet man nicht auf einen Nachttraum. Man könnte sie als induzierten Traum sehen, wobei zwischen Botschaft und Botschafter unterschieden werden kann: Die Inhalte der meisten Nachtträume können als Botschaften der Weisheit des Unbewussten, resp. der guten Geister, verstanden werden. Nur in den »großen Träumen«, wie ich sie nenne, erscheinen einem die Botschafter selbst, z. B. in Form von Lichtwesen, Engeln oder weisen

Tieren, die einem Hinweise geben oder Lösungen vermitteln. Über den schamanischen Weg des Träumens siehe Carlo ZUMSTEIN (2003). Bei uns spricht man von Zentrieren, Kontemplation oder gemäß den fernöstlichen Traditionen von Meditation, was von der lateinischen Wortwurzel her bedeutet: nachsinnen, und was etwas Heilendes hat – wie es auch im Wort »Medizin« zum Ausdruck kommt. Meditierend gelange ich in das Zentrum des Seins, das in vielen spirituellen Richtungen gegenstandslos als Leere resp. Fülle erlebt wird. In der schamanischen Tradition lässt man Bilder und Botschaften aufsteigen und man spricht von Reise, weil man sich ja dazu von einer Welt (der diesseitigen) in eine andere (die jenseitige) begibt, um seinen mächtigen Verbündeten in der Anderswelt zu begegnen – Repräsentanten des unfassbaren Mysteriums, der Leere resp. der Fülle, die man dann auch sehen, hören oder spüren kann.

Der Pionier der modernen Heilkunde, Paracelsus (†1541), dem bereits Naturbeobachtungen und Experimente besonders am Herzen lagen, betonte: *»Jedermann kann seine Vorstellungskraft so schulen und einrichten, dass er in Berührung mit Geistern kommt und von ihnen unterwiesen werden kann.«* Ähnlich wie sich in der christlichen Tradition die Auffassung von einem Schutzengel eingebürgert hat, geht man auch in den Stammeskulturen davon aus, dass jedes Volk, jedes Dorf, jede Familie und jeder Einzelne lebenslang von ganz bestimmten Schutz- und Hilfsgeistern behütet und geführt wird, die man eben in einer schamanischen Reise aufsuchen kann.

Mancherorts begibt man sich hierzu – nach einer Vorbereitung – mit wenig zu essen und zu trinken für ein paar Tage in die Wildnis – mit der Bitte, seinen GeistführerInnen zu begegnen.

Meist geht man in Trance mit Hilfe von Tanz und Musik, z. B. von Trommeln, Rasseln, Didgeridoo, Gesängen etc.

»Ich fliege auf der Trommel zu den Geistern,« sagen sibirische Schamanen. »Wenn Dich einmal der Geist der Trommel berührt hat, wirst Du nie wieder derselbe sein,« heißt es bei den Comanchen in Nordamerika.

»Das Ritual ist der Tanz mit dem Geist, die Art der Seele, mit der anderen Welt zu sprechen. Dadurch wirken sie heilend und unseren

menschlichen Horizont unendlich erweiternd,« sagt der Afrikaner Malidoma Patrice Somé (2001).

Vermutlich ein Viertel der SchamanInnen nehmen zum schamanischen Reisen Halluzinogene ein, in Teilen Südamerikas z. B. einen Lianensaft, gemischt meist mit dem DMT-hältigen Chacruna-Kraut, der »Ayahuasca« genannt wird, was »Liane der Geister/Toten«, »Ranke der Seelen« oder »Trunk der wahren Wirklichkeit« bedeutet, weil er die Illusion des Alltagsbewusstseins zerreißt und den Blick für das Wesentliche öffnet. Oder in Mexiko wird z. B. der Peyote-Kaktus mit dem Wirkstoff Meskalin verwendet, den die Azteken »das Fleisch der Götter« nannten. Selbst bei der nach ca. 5.300 Jahren vom Eis freigegebenen Mumie des »Ötzi« wurde eine Schnur mit getrockneten Pilzen (Birkenporlingen) gefunden, die sich als psychoaktiv herausstellten.

Der Ethnopharmakologe Christian Rätsch (2006):

»In vielen Kulturen werden Pflanzen als Lehrer respektiert und dienen der Bewusstseinserweiterung, der persönlichen Vision, der Erfahrung des Sinnes des Lebens ... Ayahuasca wird nur für rituelle und medizinische Zwecke gebraut. Wenn die Jäger ausziehen wollen, um Wild zu erbeuten, trinkt der Schamane von dem psychedelischen Gesöff. Wenn der Trunk zu wirken beginnt, verfällt der Schamane in konvulsive Zuckungen. Seine Seele strampelt sich frei; sie will den menschlichen Körper verlassen. Sie entschlüpft schließlich durch den ›umgestülpten‹ Magen und nimmt die Gestalt eines mächtigen Jaguars an. Der Jaguar begibt sich nun auf die Reise zur Herrin der Tiere. Sie hält sich in der ›Blauen Zone‹ auf, einem Punkt jenseits von Raum und Zeit, einem ›Ort jenseits der Milchstraße‹.«

Manche führen durch körperliche Anstrengung, Tanzen, Hitze, Fasten, Rezitieren von Mantras oder Hyperventilation, eine Deprivation des Sensoriums herbei. Manche fügen sich sogar Schmerzen zu, um außer diesen nichts mehr zu spüren und so eine hohe Konzentration zu erreichen.

Ich vertrete ja die Auffassung, dass nicht nur wir von den VertreterInnen der Naturvölker viel lernen und Anregungen erhalten können, sondern auch umgekehrt: z. B., dass wir einfachere Formen kennen und praktizieren, das Denken loszulassen und empfänglich für die Botschaften der Spirits zu werden. Jeder Mensch hat in sich eine Andockstelle ans Unendliche. Ist man geübt, reicht es, nur die Augen zu schließen. Manche müssen nicht einmal das.

Die Foundation for Shamanic Studies hat eine vergleichsweise einfache, aber nicht weniger wirksame Form der Visionssuche entwickelt. Sie baut auf den Erfahrungen mit bei uns üblichen Meditationsformen auf:

Zur besseren Vorstellung beschreibe ich hier die Grundzüge einer solchen Reise. Um nicht versehentlich Falsches einzuüben, wird man sie aber wie alle Entspannungs- und Meditationsformen besser unter Anleitung, z. B. in einer Gruppe, lernen.

Anfangs mache ich meine Klienten darauf aufmerksam, dass die Sprache in diesen anderen Bewusstheitszuständen der entspricht, die sie aus Träumen und Märchen kennen. So sind sie dann weniger darüber verwundert, dass z. B. Tiere sprechen können.

Während ein gleichmäßiger, eintöniger Rhythmus auf der Trommel geschlagen wird (kann auch von einem Tonträger kommen), legt man sich auf den Rücken, schließt die Augen und lässt den Schlag der Trommel auf sich wirken. Darauf erscheint vor dem inneren Sensorium (sichtbar, hörbar oder einfach spürbar) ein wunderschöner Platz in der freien Natur, ein Kraftplatz. Dort verweilt man kurz und begibt sich dann – mit dem Wasser in die Erde einsinkend oder durch einen Gang, einen Tunnel oder Ähnliches, auch Beamen ist möglich – nach unten, bis man in der unteren Welt anlangt, in der meistens Landschaften wie auf der Erde mit Wäldern und Flüssen usw. erlebt werden. Dort erscheint das mächtige Tier – schamanisch erlebt man das Zentrum seiner Kraft üblicherweise als Tier. Man vertreibt sich die Zeit mit ihm und kann ihm auch Fragen stellen, bis (z. B. nach einer halben Stunde) das Rückholsignal ertönt, woraufhin man sich bedankt und verabschiedet, auf den Kraftplatz oben und von dort wieder in die mittlere Welt zurückkehrt, den uns am meisten vertrauten Teil der Wirklichkeit.

Zwischendurch kann man sich immer wieder erneut das Ziel der Reise vor Augen halten, damit man genau bei den guten Mächten anlangt, die man kontaktieren wollte, und nicht woanders.

Auf ähnliche Weise reist man in die obere Welt, steigt auf mit dem Rauch eines Feuers, springt, fliegt oder wird von einem Vogel hinaufgetragen, um seiner weisen Führung zu begegnen, die üblicherweise in menschlicher Form erlebt wird – psychologisch gesprochen: man nimmt Kontakt auf mit dem Zentrum der Weisheit in sich. Das spätere Auftreten zusätzlicher Krafttiere oder FührerInnen bringt oft Energie und Hilfe für neue Aufgaben.

Wenn man nichts sieht, hört oder spürt, ist dieses »Nichts« genau das Richtige. »Hat nicht funktioniert,« sagt man dann fälschlicherweise. Aber die Botschaft der Spirits ist dann eben, dass man sich mit dem Grau oder Schwarz anfreunden und es als Geschenk würdigen solle. Viele können sich gar nicht vorstellen, was es in einem auslöst, eine halbe Stunde das Nichts anzureisen. Diese Botschaft ergeht, meiner Erfahrung nach, vor allem an Leute, die sich zu viel Druck machen oder ohnehin häufig durch eine Bilderflut gequält werden.

Verwendet man zum Einstieg immer dieselbe Körperhaltung und Musik oder auch bestimmte Kleidung und sonstige Utensilien, wie Kerzen etc., bewirkt dies eine klassische Konditionierung, sodass die Anfangsrituale, die man sich angewöhnt hat, schnell den schamanischen Bewusstheitszustand auslösen. Da ich selbst schon seit meiner Jugendzeit meditiere, brauche ich nur mit der Absicht die Augen zu schließen und bin schon hinüber.

Es gibt viele verschiedene »schamanische Bewusstheitszustände«, nicht nur je nach Weltgegend, sondern auch bei ein und derselben Schamanin, oft während desselben Rituals: von der leichten Trance bis zu tiefgehenden »Besetzungen«, wo man sich nachher an nichts mehr erinnern kann.

Der experimentelle Psychologe Giselher GUTTMANN (2006) hat übrigens bei schamanisch Reisenden andere Gehirnstrom-Aktivitäten festgestellt, als wenn jemand z. B. gerade Zen meditiert: ein paradoxes Arrousal, einen Zustand hochgespannter Entspanntheit.

Das liegt wahrscheinlich daran, dass man zwar einerseits in gleicher Weise weggetreten ist, aber andererseits zugleich aktiv seiner weisen Führerin eventuell Fragen stellt oder z. B. trommelnd in ihrem Auftrag rituelle Handlungen durchführt. Ähnliches fand der Mikrobiologe, Biochemiker und Anthropologe Erich Roth (2005).

Wie beim luziden Träumen, beim katathymen Bilderleben oder der Oberstufe des Autogenen Trainings, geht es um eine Mischung von Passivität und Aktivität: Die Bilder, die kommen, sind nicht gesteuert und oft fremd und eigenartig. Man geht aber aktiv damit um und beginnt beispielsweise eine Blockade zu entfernen. Aber die Reaktion der Blockade liegt wieder außerhalb der eigenen Kontrolle.

Es ist angemessen, seine verlässlichen Verbündeten zu ehren und dankbar zu würdigen, indem man z. B. Masken anfertigt oder sich tanzend mit ihnen identifiziert. Auch als Psychologe würde ich sagen, dass es gut ist, seine eigenen Ressourcen nicht selbstverständlich zu nehmen, sondern sie dankbar zu würdigen. Als Theologe finde ich sowieso das Dankgebet und den Lobpreis viel angebrachter als das fragwürdige Bittgebet. Muss ich denn um die Schwerkraft bitten? Weiß denn Gott sonst nicht um meine Nöte? Oder verweigert er mir sonst etwa seine Hilfe? Ich bin es, der gebeten werden muss, die Fülle, die mir geschenkt ist, anzunehmen.

Auch in den Religionen werden Hierarchien angenommen, z. B. die verschiedenen Chöre der Engel. Obwohl ich dies früher eigenartig fand, erlebe auch ich in Trance verschiedene Instanzen, die auch für Verschiedenes zuständig sind. Es kommt vor, dass mich die Gruppe der Weisen, die mich üblicherweise wohlwollend, ernst und streng führt, weiterschickt, weil ein bestimmtes Problem ihre Kompetenzen übersteigt. In die höchste Ebene gelange ich persönlich übrigens nur, wenn ich absolut nichts will, auch nicht die Heilung des Klienten. Sonst komme ich gar nicht durch die Pforte.

Die Frage der Anfänger: »Ist das Bild bzw. die Antwort ungesteuert von selbst aufgestiegen oder habe ich es konstruiert?« ist sehr wichtig. Dadurch unterscheiden sich ja die schamanische Reise und ähnliche Methoden von gelenkter Visualisierung, wie sie z. B. im mentalen Training zur Problemlösung eingesetzt wird. Aber sie ist zum Lernen unbrauchbar. Am besten, man ignoriert die Frage einfach und tut so, als ob das Erlebte ungesteuert entstanden wäre: Mit der Zeit tritt die Frage nicht mehr auf, sondern es ist evident und man hat einen Schritt in Richtung »Unterscheidung der Geister« getan, die auch in den mystischen Traditionen, z. B. bei Ignatius von Loyola (†1556), eine wichtige Rolle spielt.

Normalerweise ist das Erste, das mir erscheint, gleich ernst zu nehmen und nicht wegzuschicken, weil ich z. B. etwas anderes sehen wollte oder erwartet habe. Man wertet nicht und deutet nicht und muss auch nicht verstehen. Nach Omraam Mikhael Aivanhov, schreibt Obermayr-Breitfuss (2005), *»verspüren Frauen oft die Schwierigkeit, ein Unterscheidungsvermögen zwischen einem persönlichen Gefühl und einer intuitiven Gefühlswahrnehmung zu entwickeln. In unserer westlichen Kultur haben Männer oft die Schwierigkeit, aus ihrem verstandesmäßigen, kritischen Denken heraus ein intuitives Denken zu entwickeln.«* Und er gibt den praktischen Hinweis, *»dass die Information laut Beobachtungen nur drei Mal empfangen werden kann. Wenn die intuitiven Informationen nicht registriert oder nicht beachtet werden, bleibt die sogenannte ›innere Stimme‹ still.«*

Nach Gail Ferguson wird von Obermayr-Breitfuss (2005) die Intuitionspraxis in ähnlicher Form wie die schamanische Reise angeleitet. Nachdem er bewusst Kontakt mit dem »intuitiven Kanal« aufgenommen und eine klare Frage gestellt hat, *»nimmt der Intuierende die innere Haltung des ›Empfangens‹ ein und bleibt mit der Konzentration bei der Fragestellung. Das bedeutet, der Intuierende denkt nicht nach, er rät nicht, er erinnert sich nicht an Erfahrungen, er wünscht sich nichts und er fantasiert nicht ... Die intuitiven Informationen kommen zu ihm ... wie ›von Wellen gesendet‹ . Für den Übenden wird der Unterschied zwischen ›Selbst gedacht‹ und ›Empfangen‹ bald sehr deutlich ... Die übrigen Gedanken können kommen und gehen, steigen auf und wieder ab; sie erhalten jedoch keine größere Aufmerksamkeit und werden auch nicht abgelehnt oder verboten.«*

Auch in das holotrope Atmen wird in ähnlicher Weise eingeführt. Sylvester Walch (2002):

»Das Wichtigste, was ihr mitzubringen habt, ist die Bereitschaft loszulassen und der Mut, zuzulassen, was euch in der Atemsitzung begegnet. Veränderte Bewusstheitszustände mobilisieren die innere Heilenergie und lassen Bilder, Themen, Gefühle und Inhalte in bewusstes Erleben kommen, die uns zu einer breiteren und tieferen Sicht der Existenz verhelfen. Vertraut eurer inneren Weisheit, kooperiert mit dem, was passiert, und stellt euch nicht gegen die Erfahrung!«

Beispiele

Frappierend, dass die meisten in unserer Kultur ganz ähnliche Erlebnisse beschreiben, wie sie aus den Stammeskulturen bekannt sind. Aber nicht immer gelingt der Kontakt auf Anhieb. Was dann, meiner Erfahrung nach, zu dem Zeitpunkt genau das Richtige ist. Man kann nichts falsch machen, außer man nimmt das nicht an, was kommt.

Franz berichtet: Ich ging in die Untere Welt mit der Erwartung, dass sich jetzt eine unglaubliche Welt vor mir auftun würde, die ich ganz detailliert erkennen würde. Letztendlich habe ich aber nur sehr wenig gesehen und mein Krafttier zuerst nicht gefunden. Die Welt war verschwommen und alle Tiere, die ich fragte, liefen vor mir davon und niemand redete mit mir. Später wurde mir ein Krafttier geschenkt, und in den weiteren Reisen habe ich auch Verschiedenes gesehen und erlebt. Doch konnte ich nicht annähernd solche spektakulären Geschichten erzählen, wie sie einige Kursteilnehmer von sich gaben.

Ich gehe davon aus, dass es nicht von Unfähigkeit o.Ä. zeugt, wenn jemand in der schamanischen Reise nichts sieht, hört oder spürt: Dann braucht der Betreffende eben jetzt nicht einmal seine Schutzgeister zu sehen, sondern erhält von ihnen das kostbare Geschenk des NICHTS. Entsprechend meiner langjährigen Erfahrung mit der Oberstufe des Autogenen Trainings soll der Proband lernen, die Leere, das Nichts zu würdigen und zu genießen und aufhören, Druck zu machen. Kann er das, beginnt er, die Stille zu genießen, und erlebt, dass es absolut unerheblich ist, ob er nun in Trance Bilder sieht oder nicht.

Immer wieder macht man erstaunliche Erfahrungen:

Einmal wurde ich hinauskatapultiert aus allem, was
existiert, dorthin, wo das Universum meine Seele träumt.
Durch das Feuer komme ich – ins NICHTS.
Es war unbeschreiblich.
Ich bin aus dem NICHTS hervorgegangen,
ein leibhaftiger Vertreter des NICHTS.
NICHTS ist wirklich.
NICHTS wirkt.
NICHTS ist wichtig und alles ETWAS verliert an Kraft und
verschwindet wie das Bild, wenn man den Fernseher abdreht.
Das NICHTS sagte: »Du bist ich.
Gehe als NICHTS in die Welt
und teile allen mit: NICHTS ist wichtig!«

Schamanisches Reisen ist keine Entspannungstechnik, sondern oft sehr aufwühlend und man erhält nicht immer Antworten, die einem angenehm sind. Schon der große Theologe Thomas von Aquin (†1274) meinte, ein kräftiger Stoß ins System wäre eine der Ursachen von Heilwundern.

Als ich meinen Weisen einmal erzähle, wie sehr mich ein Problem ärgert und mir zu schaffen macht, beginnen sie zu lachen. Da sage ich: Aber das ist wirklich schlimm für mich, ich bin schon ganz verzweifelt. Da lachen sie noch mehr. Ich: Ihr habt ja hier leicht lachen, aber ich unten auf der Erde … Da biegen sie sich vor Lachen. Einige wälzen sich am Boden, so sehr amüsiert sie das. Ich erkenne ihre Antwort, obwohl ich sie noch nicht nachvollziehen kann: Das Problem ist lächerlich, ich habe es aufgeblasen. Was sich im Nachhinein als zutreffend erwies.

Elfriede begegnet gleich bei ihrer ersten Reise einem riesigen Bären, der zu ihr sagt: »Du musst verzeihen!« Sie weiß genau, worum es geht. Da ihr das gar nicht recht war, reiste sie zu ihrem Götterpaar, das sich ihr als die für sie zuständigen Führer und Lehrer zu erkennen gegeben hatte. Die geben ihr aber dieselbe Antwort.

Manche hören dann auf zu meditieren, weil sie die Hinweise nicht hören wollen.

Oft wird man angeleitet, eine bestimmte Fähigkeit zu lernen:

Im Juli 2003 kommt plötzlich in meinen Computern eine Fehlermeldung nach der anderen, Programme, mit denen ich seit Jahren arbeite, lassen sich nicht mehr benützen, das geht so ein halbes Jahr! Manchmal geht eine Woche lang keiner meiner drei Drucker. Ich hole den Techniker. Daraufhin funktioniert manchmal das Eine, aber dafür ist nun etwas Anderes gestört. Außer der Kaffeemaschine und dem Telefon, spinnen alle meine Elektrogeräte. Selbst mein CD-Player, den ich ständig bei den Trainings bräuchte, sagt mir bei eingelegter CD: No disk. Es ist zum Verzweifeln. Wenn ich meditiere, sagen mir meine Weisen: Es geht nicht um die Geräte, die sind in Ordnung. Es geht um Dich! Du sollst Gelassenheit lernen. Die Geräte werden wieder alle funktionieren, wenn Dir völlig egal ist, ob sie das tun oder nicht. Für mich eine besonders schwere Aufgabe!

Natürlich weiß ich, dass Vertrauen, Hingabe und die Aufgabe des eigenen Ich Ziel aller mystischen Traditionen sind und mir fällt Meister Eckhart (†1328) ein: »Nichts auch macht einen zum wahren Menschen als das Aufgeben des Willens.« Aber das auch tun ...?

Noch nie in meinem Leben habe ich täglich so lange meditiert, wie in diesem halben Jahr. Bis ich zu Weihnachten weichgeklopft war und ich von Herzen zustimmen konnte. Und wie mir gesagt worden war, funktionierten daraufhin alle Geräte wieder, wie wenn nichts gewesen wäre.

Als ich mich wieder einmal über meinen Drucker ärgerte, weil er nicht funktionierte, als ich dringend etwas ausdrucken sollte, erklärten mir meine Weisen in der folgenden Meditation:

Du bist total falsch gewickelt. Alles muss nach Deinem Willen gehen. Sogar bei Deinen Geräten mischt Du Dich ein! SIE haben doch ein Problem und Du hast kein Verständnis für sie und schimpfst mit ihnen, statt sie zu trösten. – Sie fanden mich schon auch bedauernswert, aber ich sollte nicht so rücksichtslos mit den Geräten umgehen.

Ich halte es für möglich, dass die Kausalkette von mir falsch gesehen wird: Ich gehe ja davon aus, dass ich wütend werde, weil die Geräte spinnen. Manchmal fällt mir aber auf, dass sie vielleicht nur widerspiegeln, wie ich selbst gerade drauf bin.

Viele machen sehr beeindruckende Erfahrungen, die das ganze weitere Leben bestimmen.

Cornelia, die besonders aktiv ist und ihr Leben belastet, indem sie immer alles unter Kontrolle haben muss, ist so mutig, sich auf eine schamanische Reise zu begeben. Flugs landet sie in einer schwarzen Schlucht. Sie berichtet: Ich kriege alle Zustände. Ich schreie. Dann gehe ich doch weiter: Es kommt ein Reh daher. Es stellt sich als mein Krafttier vor. Ich denke mir: »Und das soll kräftig sein??« und frage es: »Nun, was tun wir jetzt?« »Gar nichts«, antwortet das Reh, »setz Dich einmal nieder! Bleib liegen! Lass Dich auftanken!« So lege ich mich zum Reh. Ich halte es fast nicht aus, nichts zu tun. Aber langsam werde ich ruhiger. Ich werde wieder hingehen. Was sie auch tat. Auch ihre Lebenslehrerin, die sie als Mutter Maria erlebte, bestärkt sie: »Schau auf Dich!« Durch die wiederholten Reisen wurde sie auch in ihrem Alltagsleben zunehmend ruhiger und fähiger loszulassen.

Man muss sich nicht an die Aufträge halten, die man erhält. Aber man tut sich nichts Gutes dabei.

Einmal, als ich gerade eine Schwerkranke behandelte und die Botschaft kam, dass ich jetzt aufhören solle, dachte ich: Die arme Frau! und rasselte noch längere Zeit weiter. Es lag mir so viel daran, dass die Sitzung wirksam würde. Die Frau wurde wirklich gesund. Aber ich hatte daraufhin in der Hand, mit der ich – mich zu wichtig nehmend – noch gerasselt hatte, eine Sehnenscheidenentzündung. Es war mir eine Lehre, die ich nie mehr vergessen habe.

Hat man einmal den schamanischen Weg eingeschlagen, wird man von seinen guten Geistern weitergeführt und gelehrt, sodass jede/r zur eigenen Form der schamanischen Reise findet.

Emilia berichtet:

Ich befand mich in Bewusstseinsräumen, in denen nur Licht, nur Frieden und Liebe mich umgaben! Alle Zeit war aufgehoben, alles war im Jetzt – ein ewiger Augenblick. In diesen Räumen löste sich die

Egostruktur vollkommen auf, ich spürte mich mit allem verbunden, sah und wusste alles, was ist. Es gab dort kein NEIN, sondern nur ein grenzenloses JA!

Wozu schamanisch reisen?

Man könnte ebenso fragen: Wozu überhaupt meditieren oder z. B. holotrop atmen?

Jeannette M. Gagan (2000) beschreibt die Vorzüge des schamanischen Reisens so:

- *»Erstens appelliert das Reisen direkt an die Weisheit des Unbewussten im Klienten.*
- *Zweitens stellt das Reisen sowohl fixe Antworten als auch die Fragen selbst in Frage ... Wie in Träumen sind die Antworten manchmal wörtlich zu nehmen und manchmal in eine Metapher gehüllt.*
- *Drittens gehen die Entwicklung und Einsichten, die durch die schamanische Interaktion ausgelöst wurden, von der Psyche des Klienten aus, nicht von der Interpretation von Symptomen und einer Diagnose von Seiten des Therapeuten ... Ich sehe als Therapeutin die Schönheit dieser Methode darin, dass die heilenden Bemühungen von dem Klienten eingeleitet werden.*
- *Das bedeutendste Ergebnis ist die schlussendliche Selbstbefähigung des Klienten.«*

Man schöpft sozusagen aus der klaren Quelle. Man kann jederzeit daraus trinken. Und sie ist auch da, wenn ich gerade nicht daran denke (oder ihre Existenz bezweifle). Wie Gagan bin ich begeistert über die lebenslange Anwendungsmöglichkeit, ohne dass man abhängig wird von irdischen Therapeuten und Lehrern:

»Einigen Menschen vermittelt das ständige Genährt- und Gehaltenwerden in dem veränderten Bewusstheitszustand durch die schamanischen Wesen ein Gefühl von nie erfahrener Ganzheit und Verbundenheit. Für andere wiederum bietet die schamanische Arena eine haltgebende und transformierende Umgebung, die die Artikulation

von nie zuvor ausgedrückten Gefühlen von Angst, Scham, Schuld, Trauer oder Zorn fördert.«

Gerade in schweren Stunden ist der spirituelle Halt nicht zu unterschätzen, wie es über Jesus berichtet wird (Luk. 22,43), als er vor seiner Gefangennahme verzweifelt und voller Angst war: *»Da erschien ihm ein Engel vom Himmel und gab ihm neue Kraft.«*

Wer sich so der Welt und dem Leben anvertrauen kann, geht oft auch anders um mit Schwierigkeiten, Konflikten, Enttäuschungen oder gesundheitlichen Beeinträchtigungen, die ebenfalls zum Leben gehören – zumal Verunsicherung, Desorientierung und Bindungslosigkeit (siehe Seligman, 1995) als bedeutende Risikofaktoren für Krankheiten gelten. Der Forscher Eckart R. Straube (2005) ist überzeugt, dass Selbstheilungstendenzen fast automatisch anspringen, wenn wir uns einem überzeugenden Helfer gegenüber sehen, was – durch die schamanischen Rituale – in der Urgeschichte ein Überlebensvorteil war. Auch heute ist es vorteilhaft, wenn man die doch recht engen rationalen Grenzen überschreitet und sich über den Alltag, das Konkrete, Nützliche hinauswagt in das Reich der Kunst, der Musik und der anderen Welten.

Theresia Maria De Jong (2005) berichtet in der Zeitschrift »Psychologie Heute« unter dem Titel »Glaube, Hoffnung, Heilung«: *»Die wissenschaftlichen Belege sind eindrucksvoll: Gläubige Menschen genesen schneller von Krankheiten, sind gegen Depressionen weitgehend gefeit und benötigen weniger Schmerzmittel ... Der Unterschied im Gesundheitszustand von Gläubigen und Ungläubigen ist ähnlich wie der zwischen Rauchern und Nichtrauchern.«* Es ist doch interessant, dass Nonnen und Mönche seltener krank werden und evangelische Pastoren in Deutschland die höchste Lebenserwartung haben. *»Wenn Spiritualität ein Medikament wäre, wäre es längst zugelassen, denn sie wirkt,«* sagt Ellis Huber, der frühere Präsident der Berliner Ärztekammer.

Wer im Westen schamanische Heilung praktiziert, macht meist nicht nur Heilrituale für andere, sondern lehrt seine KlientInnen, auch für sich selbst zu reisen. Das ist in den Stammeskulturen meist nicht üblich. Andererseits gehört in vielen Völkern z. B. die

Kontaktaufnahme mit dem Geist eines Baumes zur Jugend-Initiation, wie es Malidoma Patrice Somé (1996) aus Burkina Faso berichtet. Auch bei Ayahuasca-Ritualen in Südamerika oder beim Peyote-Kult in Mexiko wird immer wieder das ganze Dorf einschließlich der Kinder mit einbezogen, was nicht nur dem Einzelnen gut tut und die Verbindung der Gemeinschaft mit den übernatürlichen Kräften stärkt, sondern auch den Zusammenhalt untereinander.

Wird im therapeutischen Setting durch die Therapeutin eine Atmosphäre hergestellt, in der man sich geborgen fühlt, sich auch an alte Verletzungen herantraut und Gefühlen freien Lauf lassen kann, geschieht dies in der schamanischen Reise durch das geborgene Aufgehobensein in einer guten Ordnung und die wohlwollende Zuwendung seiner verbündeten Geister.

Der Lakota-Schamane Black Elk (†1950) sagt über die indianische Visionsflehung (zit. in Torsten Passie, 2005):

»Der wichtigste Grund zu flehen ist aber wohl, dass es uns hilft, unser Einssein mit allen Dingen zu erkennen, zu wissen, dass alle Dinge unsere Verwandten sind; und dann beten wir im Namen aller Dinge zu Wakan Tanka, er möge uns die Erkenntnis von ihm geben, von der Quelle aller Dinge, die doch größer als alle Dinge ist.«

Interessanterweise betonen auch Biologen die hohe Bedeutung der Tiere und ihrer psychischen Repräsentanz für die seelische Gesundheit, z. B. Andreas Weber (2007): *»Wenn ich ›Mensch‹ sage, denke ich die anderen Wesen, die ihn ausmachen, schon mit ... Wir schauen aus unseren Augen, aber auch aus den Augen des Tieres.«* Weber meint, *»dass wir durch die Tiere unseren Gefühlen einen Namen geben können. Wir erblicken nicht uns in der Natur, sondern die Natur in uns ... Die Menschen früher haben Tiere nicht naiv angebetet, sondern sich mit ihnen identifiziert. Denn gerade unsere würdigsten Eigenschaften liegen in den Tieren geborgen: die makellose Eleganz des Delfins, die Majestät des Löwen, die Stärke des Bisons, die Schläue des Fuchses, die Weitsicht der Eule ... Aspekte unserer eigenen Möglichkeiten ... Andere Lebewesen erscheinen so als ›externalisierte Psyche‹ ... Sie sind, was wir in uns als Innerlichkeit kennen,«* und Weber zitiert den Humanökologen Paul Shepard: *»Wenn alle*

Kreaturen mögliche Ideen, Beziehungen, Emotionen, Empfindungen sind, dann ist ihr Habitat für uns die äußere Form des geistigen Raumes.«

Manchmal wird einem vorgeworfen: Aber so macht ihr ja die Menschen völlig abhängig! – So wie angeblich in den USA viele vor einer Entscheidung immer erst ihren Psychiater fragen, müssten schamanisch Tätige erst ihre Geistführer, Krafttiere o.Ä. befragen. Hinter dem Vorwurf verbirgt sich aber ein Denkfehler: Wir sind nämlich gar nicht so autonom.

Da ziehe ich jetzt nicht die kontrovers diskutierten, aber wiederholt bestätigten Ergebnisse der Hirnforschung heran, die unsere Autonomie in Frage stellen – etwa das Experiment von Benjamin Libet (†2007), das zeigte, dass die Gehirnaktivität, die dazu führte, dass eine Person ihr Handgelenk bewegte, etwa ½ Sekunde vor dem Moment einsetzte, in dem diese Person sich bewusst dazu entschloss.

Es reicht meine Erfahrung, die diesbezüglich die Thesen von Siegmund Freud (†1939) über das Unbewusste bestätigen: Wir sind nicht so autonom, wie wir uns vorkommen, sondern unsere Gefühle, unser Verhalten, selbst die Partner- oder Berufswahl sind wesentlich gesteuert vom Unbewussten, abhängig von dem, was wir früher erlebt haben und sogar von dem, was unsere Vorfahren erlebt haben. Bewusst ist uns nur – vergleichbar mit einem Eisberg – was sich an der Oberfläche zeigt, z. B. Symptome. Zynisch könnte man sagen: Wir sind gesteuert von unseren Neurosen.

Geht man aber davon aus, dass in der Tiefe unseres Unbewussten nicht nur die Wurzeln unserer Probleme zu finden sind, sondern auch eine Fülle der Weisheit, dann fragt sich: Warum lassen wir uns ausgerechnet durch unsere Problemabteilung führen? Wenn wir schon abhängig sind, dann doch besser von der inneren Weisheit als von der inneren Dummheit. Manches Unsinnige würden wir nicht machen, hätten wir vorher nach innen gehorcht, schamanisch gesprochen: unsere weisen Führer befragt.

Dass das Ich nicht Herr im eigenen Haus ist, zählte Freud zu den drei großen Kränkungen der Menschheit. Er meinte damit geschichtliche Ereignisse bzw. Entdeckungen, die den Stolz und das Selbstwertgefühl der Menschheit tief verletzt hätten:

- dass die Erde nicht der Mittelpunkt des Weltalls ist (Nikolaus Kopernikus, †1543),
- dass der Mensch von Tieren abstammt (Charles Darwin, †1882)
- und seine eigene These, dass ein großer Teil des eigenen Seelenlebens sich der Kenntnis und der Herrschaft des Willens entzieht. Man möchte noch ergänzen:
- dass laut Albert Einsteins (†1955) Relativitätstheorie Raum und Zeit nicht so stabil sind, wie man immer geglaubt hatte,
- dass laut Quantenmechanik (z. B. Werner Heisenberg, †1976) vieles nicht sicher, sondern nur wahrscheinlich oder zufällig ist und davon abhängt, wie es gemessen wird
- und umgekehrt erschütterte den Fortschrittsglauben und das Selbstvertrauen der Menschen, die man doch stolz für die Krone der Schöpfung hielt, dass es im 20. Jh. so weit kommen konnte, dass in unvorstellbarer Grausamkeit Millionen Mitmenschen systematisch ermordet wurden.

So gekränkt müsste man über mangelnde Kontrolle wieder auch nicht sein, denn inzwischen (siehe Dirk Revenstorf, 2000) gibt es ja eine Reihe von seriösen Zugängen zu dem, was als »unbewusst« bezeichnet wird. Und ähnlich wie es heilende Wirkung haben kann, wenn die bisher unbewussten Wurzeln und Zusammenhänge ans Licht kommen und so bearbeitet werden, ist es äußerst hilfreich, die Ressourcen des Unbewussten zu heben und zu nützen – was viele westliche Psychotherapierichtungen auf ihre Weise tun. Der schamanische Weg ist darunter die älteste Form von Ressourcen-Arbeit.

Ist das nicht Regression?

Ja und nein.

Nein: Denn es handelt sich nicht um einen Abwehrmechanismus oder um Flucht aus einer problematischen Situation, in der ich in die Position eines Kindes gehe und nicht auf erwachsene Weise reagiere.

Ja: Man könnte sagen, es handelt sich um eine absichtliche und zielgerichtete Regression; man regrediert in frühere Bewusstseinsstufen, um deren Möglichkeiten zur Gewinnung von Erkenntnis zu nutzen, um ein aktuelles Problem konstruktiv zu lösen.

»Bei den ›primitiven‹ Völkern, genauso wie bei den Heiligen und den christlichen Theologen, ist die mystische Ekstase eine Rückkehr ins Paradies, die sich durch Überwindung von Zeit und Geschichte ausdrückt ... und eine Wiederentdeckung des ursprünglichen Zustandes des Menschen darstellt,« schreibt Mircea Eliade (zit. in der hervorragenden Zusammenfassung »Ist Schamanismus Mystik?« von Torsten PASSIE, 2005).

Der mittelalterliche Mystiker Meister Eckhart (†1328) z. B. beschreibt die Auflösung des Ichhaften (»vergizzet da ir selbes«, zit. nach Andreas SCHÖNFELD, 2002) nicht als Abwertung der eigenen Person, sondern als Regression in den eigenen Ursprung, in Gott, aus dem wir hervorgegangen sind:

»Im Vater sind die Urbilder aller Kreaturen.
So bin ich im Vater geblieben ...
Die Seele ... ruht nimmer,
bis sie in das erste Bild kommt,
wo alle Dinge eins sind.«

Es geht um das Bewusstwerden der eigenen – universellen – Identität.

Alle früheren Entwicklungsstufen sind ja auch jetzt gegenwärtig und nicht in jeder Hinsicht vergangen. Ich bleibe immer der, der ich einmal war und kann frühere Phasen im Prinzip jederzeit aktualisieren.

Jean GEBSER (1992): *»Der Ursprung ist immer gegenwärtig. Er ist kein Anfang, denn aller Anfang ist zeitgebunden. Und die Gegenwart ist nicht das bloße Jetzt, das Heute oder der Augenblick. Sie ist nicht ein Zeitteil, sondern eine ganzheitliche Leistung, und damit auch immer ursprünglich. Wer es vermag, Ursprung und Gegenwart als Ganzheit zu Wirkung und Wirklichkeit zu bringen, sie zu konkretisieren, der überwindet Anfang und Ende und die bloß heutige Zeit.«*

Gebser hat fünf Entwicklungsstufen des Bewusstseins unterschieden, die er in ähnlicher Weise sowohl für die Entwicklung des einzelnen Menschen als auch der Menschheitsgeschichte zutreffend fand (zusammengefasst nach einem Vortrag von Carlo Zumstein 1996 in Wien):

1. **Das archaische Bewusstsein:** Dieser Paradieseszustand gleicht der Aufgehobenheit des ungeborenen Kindes im Mutterleib. Der archaische Mensch der Vorgeschichte in seiner Identität mit dem Kosmos ist ohne reflektierendes Bewusstsein. Er ist noch völlig ungetrennt, wir könnten sagen: noch nicht zu seiner Individualität erwacht. Vielleicht ist es jene Erfahrung der All-Einheit, nach der wir uns zeitlebens sehnen.
2. **Das magische Bewusstsein:** Mit dem Ankommen in der Außenwelt bekommt der neugeborene Mensch einen eigenen Ort in der Welt. Das Kind ist noch ganz auf die Verbindung mit der Mutter angewiesen, erlebt sich aber bald nicht mehr identisch mit ihr. Wenn es glückt, ist es eine Phase der magischen Aufgehobenheit in der Welt, der gegenüber man nur seine vitalen Bedürfnisse zu äußern braucht. Der paläolithische Jäger und Sammler holt sich von Mutter Erde, was sie ihm bietet. Zumstein: *»Die Zeit des magischen Bewusstseins ist die Zeit der Entstehung des Schamanismus. Man könnte sagen, dass der paläolithische Mensch auf der Suche nach Fruchtbarkeit, Schutz und Heilkraft aus seiner Einheit mit der Erde regredierte auf die frühere Stufe archaischer Identität. Jetzt aber nicht mehr im Sinne der Auflösung in der Alleinheit, sondern es wird die Einheit mit bestimmten Kraftwesen für bestimmte Zwecke und zu bestimmten Gelegenheiten, wie z. B. Jagd- und Heilritualen, gesucht.«*

3. **Das mythische Bewusstsein:** Der Mensch erwacht zur Polarität, ist sich selbst bewusst und sieht sich der Welt endgültig gegenüber: Ich und Du, Subjekt und Objekt. Zumstein: »*Als von der Welt Abgetrennter, muss der Mensch beginnen zu denken, zu erklären, zu beschreiben und aufzuzeichnen ... Er erklärt sich die Welt und seine Stellung in ihr in Form von Mythen, Märchen, in Epen und entwickelt Kosmologien und Religionen. Die in der Welt wirkenden Kräfte werden mythologischen Figuren oder immateriellen Gottheiten zugesprochen.*«
4. **Das rationale Bewusstsein:** Der Mensch erklärt die Kräfte der Welt naturwissenschaftlich, versucht sie zu reproduzieren und später industriell zu nutzen. Eine bewundernswerte Weiterentwicklung. Aber die Entfernung von seinem Urgrund führte andererseits zu einem hohen Maß egozentrischer Vereinsamung. Nach der Anthropologin und Sozialwissenschafterin Laura Betzig (2006) beginnt hier der männliche Dominanzanspruch mit seiner unbegrenzten Technik- und Fortschrittsgläubigkeit. Angesichts der beiden Weltkriege, der schweren sozialen, wirtschaftlichen und ökologischen Krisen beginnt die Euphorie der Machbarkeit einer großen Nachdenklichkeit Platz zu machen. Viele suchen nun in alten Lehren nach dem verlorenem Wissen und beginnen, magische und mythische Bewusstseinsquellen zu nutzen und in ihr modernes Leben zu integrieren. Vielleicht der Beginn einer neuen Phase:
5. **Das integrale Bewusstsein:** Ego-überschreitend beendet der Mensch die Absolutsetzung des Messens und Quantifizierens, der permanenten Analyse und Bewertung, und des Aufteilens in Gegensätze. Die bisherigen Stufen werden nicht mehr abgewertet und abgespalten, sondern integriert. Zukunftsmusik? Wir könnten damit beginnen.

Von vielen anderen KulturforscherInnen sind ähnliche oder verwandte Ideen bekannt: vom Historikerehepaar Will und Arthur Durant, vom Mythenforscher Joseph Campell, vom Paläontologen und Jesuiten Teilhard de Chardin, von der feministischen

Kulturphilosophin Carola Meier-Seethaler, vom spirituellen Führer Sri Aurobindo oder vom Theologen Hans Küng. Sehr elaborierte Konzepte von Bewusstseins-Ebenen, vom archaisch-instinktiven Überlebensdrang bis zur Nichtdualitätsebene, finden sich bei Ken WILBER (2001) und David R. HAWKINS (2002).

So erhellend und beeindruckend diese Stufenmodelle sind, manche Suchenden lassen sich dadurch verleiten, ihren aktuellen Entwicklungsstand gering zu schätzen und denken: Ich sollte eigentlich schon viel weiter sein. Wir sind es auch gewohnt, von den »primitiven« Amöben oder von Stammeskulturen als den »primitiven« Völkern zu sprechen. Es stimmt, dass das Wort eigentlich nur »die ersten, die ursprünglichen« heißt, aber es hat einen abwertenden Beigeschmack erhalten. Es tut dem Körper und der Seele gut, sich so anzunehmen, wie man gerade ist. Abgesehen davon, dass die weiteren spirituellen Entwicklungsstufen Geschenk und nicht erarbeitbar sind (s.u.), ist es angemessen, nicht auf die nächste Stufe zu schielen und sich anzutreiben, dorthin zu kommen. Denn wie in der Amöbe ist alles Spätere ja jetzt schon da. Sodass Dankbarkeit die angemessene Einstellung ist. Der von mir sehr geschätzte Benediktiner David STEINDL-RAST gab seiner Homepage die Adresse: www.gratefulness.org.

»Wäre ›Danke‹ das einzige Gebet,
das du dein Leben lang sprichst,
es wäre genug,«
sagt Meister Eckhart (†1328).

»Im Spektrum der von den Schamanen zugänglich gemachten Bewusstseinserlebnisse haben mystische Erlebnisweisen sicherlich einen hohen Rang, machen aber dennoch nur einen begrenzten Ausschnitt aus,« schreibt Torsten PASSIE (2005).

Auch wenn Jean Gebsers Zusammenstellung nach neuerem Wissensstand nicht mehr in allen Details zu halten ist, kann einen die grobe Einteilung doch leichter verstehen lassen, was im Schamanismus passiert: Ekstatische Erfahrungen prägen seit Urzeiten das Selbst- und Welterleben des Menschen. Im Verlauf der abendländischen Kulturgeschichte unterlagen sie einer zunehmenden

Dämonisierung und wurden weitgehend marginalisiert. Sie sind oft von großer Intensität und können Menschen läutern und wandeln, Perspektiven, Lebensgefühl und Werte verändern, Sinn gebend wirken und heilende Wirkungen entfalten. Die wissenschaftliche Forschung hat ekstatische Erfahrungen lange nur als Randphänomene seelischen Lebens behandelt.

Aber auch in den meisten Psychotherapierichtungen wird nicht nur verstandesmäßig an die Lösung der Probleme herangegangen, sondern es werden verschiedenste Formen veränderter Bewusstheitszustände genützt (siehe Dirk Revenstorf, 2000). So wird auch schamanisch nicht nur das Denken als Quelle von Erkenntnis genutzt, sondern – in anderen Bewusstheitszuständen – regredierend in uns wohnendes Wissen gehoben. Zusätzlich, und im Sinne von Ken Wilber nicht »prä-rational«, sondern »trans-rational«.

Im Übrigen durchläuft man diese Entwicklungsstufen aus schamanischer Sicht ohnehin jede Nacht: Man schläft und regrediert in frühere Phasen, die doch zugleich als gegenwärtig erlebt werden, und in denen die Geister uns im Traum Botschaften übermitteln. Die Halbschlafphase beim Munterwerden stellt dann den Übergang in das rationale Bewusstsein dar. Wach geworden, werten viele dann die eben noch im Traum als reale Wirklichkeit erlebten Geschehnisse ab (»Träume sind Schäume«), während sich auch in der westlichen Psychologie weithin durchgesetzt hat, Trauminhalte als Botschaften des Unbewussten zu würdigen, die – von der Ratio ernst genommen – das Wachleben wesentlich erleichtern können.

Sicherlich wird in esoterischen Kreisen Spiritualität manchmal (in Ermangelung einer gediegenen Eigentherapie) als Fluchtweg missbraucht: Meiner Ansicht nach, warnt z. B. Bert Hellinger (in: Gunthard Weber, 1994) zu Recht:

»Ein Kind, das sich weigert, seine Eltern zu nehmen, fühlt sich unvollständig und ist mit sich selbst nicht im Reinen. Es sucht diesen Mangel auszugleichen, und oft ist dann die Suche nach Selbstverwirklichung und nach der Erleuchtung nur die Suche nach dem noch nicht genommenen Vater und der noch nicht genommenen Mutter.«

Sozusagen spirituelle Suche, anstatt sich dieser Welt zu stellen. Weil man glaubt, dass von Gott oder von wohlwollenden Geistwesen leichter zu kriegen ist, was man von Menschen dringend bräuchte, sich aber nicht zu holen traut bzw. aus Groll nicht holt. Spiritualität als Flucht – an Stelle handfester Psychotherapie – hängt in der Luft und kann nicht gut gehen.

Andererseits: Stellt man sein Denken und seine Absichten bei der schamanischen Reise wirklich zurück und ist bereit zuzuhören, erhält man oft Aufträge, die einem vielleicht gar nicht angenehm sind und einen genau zu dem hinführen, das man umgehen wollte. Ich halte die Handlungsanweisungen, die jemand aus dem Inneren resp. der Anderswelt erhält, für präziser und verlässlicher, als man sie als Psychotherapeut geben kann.

Franz, ein Mechaniker, traute sich nach Jahren erstmals seinem Meister zu sagen, dass er nicht weiter so geringschätzig von ihm behandelt werden wolle. Besonders ein Spitzname hatte ihn immer verletzt. Der Meister antwortete: »Ist in Ordnung. Das hättest Du mir schon früher sagen können,« und hielt sich auch daran. Dem war nicht etwa ein Selbstsicherheitstraining vorangegangen, sondern »nur« der Rückzug in die Stille, wo er diesen starken Impuls erhalten hatte, dem er nun gefolgt war. Ich als Psychotherapeut hatte gar nicht von diesem Problem gewusst.

Oft werden schamanische Reisen (wie Meditationen etc.) nährend erlebt und geeignet, frühe Verletzungen zu lindern oder auszuheilen: die Geistwesen – manchmal auch streng und konfrontierend – sind oft so zärtlich und liebevoll, dass man am liebsten die Reise gar nicht beenden möchte. Manche KlientInnen fühlen sich erstmals in ihrem Leben so angenommen, wie sie sind und sind zutiefst berührt. Sie lernen und werden dabei unterstützt, sich selbst anzunehmen und zu würdigen – nicht mehr gezwungen, immer von Neuem den perfekten Partner zu suchen, einen Guru nach dem anderen zu verbrauchen oder sich mit materiellen oder anderen Suchtmitteln vollzustopfen, nur um diese alte Leere aus der Kindheit zu füllen. So werden sie auch anderen mehr gerecht und ihre Beziehungen gewinnen. Aus der Selbstdefinition

»zu kurz gekommen« wird so zunehmend »reich beschenkt«, sodass oft Dankbarkeit zum vorherrschenden Gefühl wird.

In der schamanischen Tradition geht man davon aus, dass die guten Mächte unentwegt darauf warten, uns zu helfen. Sie können aber nur, wenn wir sie lassen. Kaum bittet man sie, bringen sie uns eine Medizin.

»Wer bittet, der empfängt;
wer sucht, der findet;
und wer anklopft, dem wird aufgetan,«

heißt es bei Lukas 11,10. Ähnlich Wolfgang Hämmerle (2005), der sich übrigens mit mir und anderen bemüht, schamanisches Wissen auch in der Arbeitswelt anzuwenden: *»Unsere Lebenskraft bahnt sich ihren Weg, wenn wir sie nur lassen. Gelingt es, nicht im Wege zu stehen und alles bestimmen zu wollen, sondern Heilung ihren eigenen Lauf zu lassen, eröffnen sich uns im Gegenzug ganz neue Perspektiven.«*

Wie heilt man schamanisch andere?

Schamanisch reisen kann man nicht nur für sich selber. In den Stammeskulturen reisen Schamanen nicht nur für sich, sondern vorwiegend für andere: zur Lösung von Problemen, zur Behandlung von Krankheiten etc. Man erhebt die Diagnose durch Befragung des Patienten und seiner Familie, durch Vorzeichen- und Traumdeutung, durch Aurasehen, durch Orakelbefragung oder Pulsdiagnose, durch Untersuchung des Patienten mit Hilfe von Kristallen, durch Diagnostik in Ekstase oder Aufspüren von Energieblockaden mit den Händen wie bei Reiki.

Oft wird keine Anamnese gemacht (man sieht ja ohnehin gleich, worum's geht) und manchmal wird vorher nicht einmal festgelegt, wer nun behandelt werden soll, was ich auch manchmal mache und wie ich es bei Hiah Park aus Südkorea erlebt habe (siehe dazu auch Film und Buch von Clemens Kuby, 2003). Man lässt von der Trommel oder tanzend zu der Person im Kreis hinführen, die gerade der Heilung besonders bedarf.

Es gibt in den Stammeskulturen praktisch keine Einzelsitzung. Normalerweise ist immer die eigene Familie dabei, oft die Nachbarn oder das ganze Dorf – weil ohnehin jedes Problem systemisch gesehen wird.

Die schamanische Behandlung erfolgt, nachdem man die Kräfte gerufen hat, üblicherweise in Trance und besteht z. B. in der Befreiung von Besetzern, der Extraktion von störenden Elementen, der Rückholung von Kraft oder eines Seelenanteils, der sich nach einem traumatischen Erlebnis abgespalten hat usw. Oft werden kathartische Reinigungsverfahren wie Schwitzhütten, Magen- und Darmreinigungen angewandt, materielle Heilmittel verabreicht, Massagen gegeben; aber es wird auch mit Worten, Sprüchen und Musik behandelt. Das Ritual wird abgeschlossen, indem man sich bedankt und verabschiedet und wieder in den Alltags-Bewusstheitszustand zurückkehrt.

Manche Völker, z. B. in Sibirien oder der Mongolei, vertreten ein Konzept der vielfachen Seele, wo bei einer Seelenreise eine dableibt, während eine andere wegfliegt. Daan Van Kampenhout (2001): *»Zusammengenommen verkörpern die vielfachen Seelen alle menschlichen Qualitäten und Eigenschaften ... Im Falle einer Krankheit wird jede Seele einzeln untersucht, da eine Krankheit nur durch eine der Seelen verursacht werden kann.«*

Natürlich hat jeder Stamm seine eigenen Rituale und Behandlungsmethoden, die sicher oft auf Jahrtausende alte mündliche Überlieferungen zurückgehen. Jedenfalls werden bei manchen Völkern noch immer dieselben Symbole verwendet, wie sie ihre Vorfahren vor Urzeiten in die Felsen ritzten.

Aber es gibt eine ganze Reihe von wesentlichen Prinzipien und Heiltechniken, die praktisch in allen Kulturen bekannt sind und angewendet werden. Sie wurden insbesondere von Michael Harner (1994) erforscht und werden in der Foundation for Shamanic Studies gelehrt (detailliert beschrieben von meinem Lehrer Paul Uccusic, 1991).

Überall untersucht die Schamanin, spürt und lässt sich von den Spirits die Diagnose/Sachlage erklären. Ich selbst sehe sie fast immer in bildhafter Form. Oft schließe ich die Augen und spüre augenblicklich am eigenen Leib alle Symptome des Patienten, was schon oft entsetzlich, aber nicht gefährlich ist. Der Auftrag lautet oft: »Wenn Du diese Krankheit jetzt bei Dir annehmen und lösen kannst, ist auch der Patient frei davon.«

Auch in indigenen Kulturen müssen Schamanen oft die Leiden und Probleme ihrer Patienten übernehmen, z. B. im nordamerikanischen »Sonnentanz« oder beim »Gefesselten Schamanen«, auch bei extrem heißen Schwitzhütten etc. Nachher allerdings ist man frei, fühlt sich durchgeputzt und energetisiert, ohne jeden bleibenden Schaden.

Überall entfernt der Schamane, was nicht in den Körper und in die Seele des Patienten hineingehört: So werden etwa Eindringlinge herausgesaugt, – operiert und schlimme Geister gebannt. Man lässt z. B. seine Hand (real oder in der Vorstellung) über den Körper bzw. das Energiefeld des Patienten gleiten: Nimmt man eine Störung wahr, die auch als Schnur, ein Holz, ein Eisenstück o.Ä. erscheinen kann, wird sie rituell extrahiert. Ich entferne z. B. die alte Traurigkeit, die das Herz des Patienten bedrückte und die ich als Nägel im Herzen wahrnahm, und entsorge sie in der Donau. Ich werde auch schauen, was den Patienten so schwächte, dass diese eindringen konnten und seine Abwehrkraft rituell stärken.

Als »Besetzer« werden Vorfahren bezeichnet, mit denen der Patient verstrickt ist, oder Geistwesen, die einem Energien absaugen. Sie werden durch Verhandlungen oder auf andere Weise dazu gebracht, den Patienten loszulassen und abzuziehen. Oft müssen sie einen Wandlungsprozess durchmachen, was mich in meiner Auffassung bestärkt, dass es nichts von Grund auf Böses gibt, sondern dass das Böse, so abscheulich, destruktiv und gefährlich es auch ist, nur etwas verirrtes Gutes ist, das der Erlösung harrt. Ähnlich sieht es auch Roberto Assagioli (1993) mit der Entwicklung der »Psychosynthese«, einer der Hauptvertreter der transpersonalen Psychologie. Oder wie Alexander Solschenizyn es ausdrückt: *»Im bösesten Menschen gibt es einen Brückenkopf des Guten.«*

Masaru Emoto (2005), der (s.u.) mit Wasser experimentierte, berichtet:

»Ich hatte mich immer gefragt, wie derart verschmutztes Wasser (nach den Gebeten, Anm. Thalhamer) *solch himmlische Kristalle bilden konnte,«* und kommt zur Vermutung, dass vielleicht Verunreinigungen nur bis zur atomaren Ebene vordringen können, aber nicht in die weiteren, die er »Elementare Ebene« und »Resonanz« nennt. *»Wenn die oben genannte Annahme korrekt ist,«* fasst er die Lehre des Wassers so zusammen: *»Es würde bedeuten, dass der Mensch immer wieder von vorne anfangen kann und dass es im Grunde keine schlechten Menschen gibt.«*

Manchmal müssen die Energieräuber gezwungen werden. Geschützt von den guten Mächten, kann man gefahrlos den zerstörerischsten Kräften gegenübertreten. Oft reicht es, wenn sie meinen Namen hören und mich als Botschafter des Allerhöchsten erkennen.

Manchmal behandle ich eine ganze Sitzung lang nicht den Patienten, sondern einen unglücklichen Ahnen, der erst selbst erlöst werden muss und für sich etwas braucht, bis er von Lichtwesen, die ihn schon erwarten, in das Reich der Toten geleitet wird. Denn vorher wird er, zwar gestorben, aber z. B. durch einen unerwarteten Tod in der mittleren Welt hängen geblieben, seine Nachkommen nicht in Ruhe lassen.

Beispiele

Als wir Engelbert behandeln, sehe ich, dass er zusammengewachsen ist mit einem riesigen Mann, dessen Kopf bis in die Wolken reicht. Ich solle die beiden trennen, aber ganz behutsam. Denn würde man mit einem Mal durchschlagen, wird mir gesagt, wären beide verloren. Es dauert sehr lange, bis Engelbert endlich frei ist und aufstehen kann. Ich bringe ihn in Sicherheit und wende mich dann dem Riesen zu, der sich vor Gott niederknien soll. Er will zunächst nicht. Ich muss meine ganze Autorität einsetzen. Dann heile ich seinen Rücken und renke ihn ein. Daraufhin kann er sich verbeugen und in der Folge gut sterben. Engelbert ist frei.

Oft holt und reintegriert die Schamanin, was dem Patienten fehlt oder verloren gegangen ist – in der Gestalt-Sprache: die abgespaltenen Persönlichkeitsanteile. Sei es, dass sie das verlorene Krafttier aufsucht und wieder in den Patienten einhaucht; sei es, dass sie der Patientin einen Seelenteil zurückbringt, der sich z. B. anlässlich einer traumatischen Erfahrung zurückgezogen hat, um das Trauma aushaltbar und überlebbar zu machen. Siehe dazu mehrere Bücher meiner geschätzten Lehrerin Sandra INGERMAN, z. B. »Auf der Suche nach der verlorenen Seele. Der schamanische Weg zur inneren Ganzheit« (1998).

Als ich die Augen schließe, um Edith zu behandeln, spüre ich sofort eine winzige Kugel in ihrem Bauch: ein kleines Mädchen, total isoliert, allein und verlassen, hilflos und ausgeliefert. »Warum hilft mir denn keiner?« wimmert es. Es kann ihm aber keiner helfen, weil der Herr im Kopf es nicht zulässt. Er ist uneinnehmbar. Ich solle nichts tun, nur warten und ihm so bewusst machen, dass ich noch immer da bin. Nach langem öffnet sich Ediths Kopf. Die GruppenteilnehmerInnen – zu Beginn der Behandlung eingeladen, sich ein Instrument zu nehmen und gemäß ihren inneren Impulsen Musik zu machen – müssen die Veränderung ebenfalls wahrgenommen haben: Sie ändern im gleichen Augenblick Lautstärke und Rhythmus. Ich sehe eine schöne Penthouse-Wohnung. »Und das soll ich alles aufgeben?« sagt der Bewohner. Darauf ich: »Aber denk doch an das kleine Mädchen unten!« »Was geht die mich an?« sagt er. »Die ist mir gleich.« Während wir reden, erscheinen unzählig viele Ameisen, die Edith schon bei einer schamanischen Reise zu Hilfe gekommen waren. »Was machen die alle da?« ruft der Herr entsetzt. »Verschwindet, ihr Viecher!« Aber er versucht es nicht mal, er hat keine Chance. Die Ameisen unterminieren die Mauern, bis alles zusammenfällt und weg ist. Sie grinsen. Der Mann gibt auf und das Kind ist gerettet. Mehrere im Kreis haben es gesehen.

Nach der Sitzung berichtet Edith erstmals von ihrer jahrelangen Missbrauchserfahrung in ihrer Kindheit. Auch wenn am Trauma noch weiter zu arbeiten sein wird – sie ist sichtlich verändert.

Oft löst der Heilungsvorgang beim Patienten entsetzliche Schmerzen, Traurigkeit, Weinen, Schreien und Herumschlagen aus, wie wir es auch von intensiven kathartischen Vorgängen in der Psychotherapie kennen. Der Psychiater und Schamane Heinz Valentin Hampejs (1994) berichtet z. B. von einem »San Pedro-Ritual« in Ecuador, bei dem die schamanische Bewusstseinsekstase durch die Einnahme des Extraktes eines Kaktus herbeigeführt wird. Es ging um Monika, eine schwer depressive 40-jährige Frau:

Als ich ihr einen alkoholischen Extrakt aus einer aromatischen Kräutermischung über ihre zum Gebet gefalteten Hände blies, brach sie unvermittelt darauf in ein derartiges Schluchzen, Wimmern und Weinen aus, dass ich mich neben sie setzte, um sie beruhigend in meine Arme nehmen zu können. Nach etwa einer halben Stunde begann sie sich dann allmählich zu beruhigen und stammelte, noch immer schluchzend, aus sich heraus, dass ihrer Mutter, als sie mit ihr schwanger war, ein anderes Kleinkind weggestorben wäre.

Monika wusste natürlich von diesem tragischen Tod ihres Geschwisterchens, weil man ihr davon erzählt hatte, aber erst durch diese Ritualerfahrung konnte sich das Zellgedächtnis ihres Körpers wieder an die abgrundtiefe Traurigkeit erinnern, der sie bis zu ihrer Geburt monatelang im Mutterleib ausgesetzt war und die ihr auch noch danach mit der Muttermilch eingeflößt wurde. Trotz aller psychiatrischen Hilfen hatte Monika bis zu diesem Ritual viele Jahre lang an Depressionen gelitten, ohne auch nur zu ahnen, warum, und es war auch in diesem Fall nur ein einziges Ritual erforderlich, um ihre Heilung herbeizuführen.

Manchmal erhält man eigenartige Aufträge.

Zweimal wurde mir gesagt, ich solle mich zum Schlafen hinlegen. Wenn die Behandlung zu Ende sei, würde ich wieder geweckt werden. Wenn auch mit einem leicht schlechten Gewissen – »jetzt werde ich schon fürs Schlafen bezahlt« – folgte ich.

Einmal kam Olga, eine Kollegin, zu mir, weil sie seit kurzem immer ausgewachsene Panikattacken kriegte, wenn sie eine Teamsupervision halten sollte. Ich beginne die schamanische Behandlung und kriege sofort den Auftrag, auf keinen Fall etwas zu tun. Es kommt immer wieder einmal vor, dass ich während einer Sitzung vorübergehend keinen Finger rühren darf. Aber diesmal sagten sie mir, dass Olga nur frei werden könne, wenn ich es fertig brächte, die ganze Zeit nichts zu tun. Was mir diesmal besonders schwerfiel. Es dauerte, bis ich den Gedanken loslassen konnte: »Ihr geht's doch so schlecht. Es muss ihr dringend geholfen werden!« Mit der Zeit wurde ich aber wirklich ruhig, tat nichts und wartete, bis mir das Signal zum Ende gegeben wurde.

Als ich Olga, die ebenfalls sensitiv ist, berichtete, dass ich nichts machen durfte, sagte sie, »Ich weiß.« Nachher wurde mir klar, dass ja gerade die übermäßige Sorge um das Team und ob die Supervision hoffentlich etwas bewirken würde, die Panik ausgelöst hatte. Meine Weisen wiesen mich offensichtlich an, ihr ein Modell zu sein, wie sie gelassen, vertrauensvoll und nichts tuend mit den Problemen ihrer Klienten umgehen solle. Ab der Sitzung reduzierten sich ihre Ängste erheblich. Später entschied sie (leider), nur mehr Einzelpersonen Supervision anzubieten.

Nicht immer ist ein Heilungsschritt erreichbar. Auf jeden Fall nicht immer sofort.

Als ich Angelika behandelte, erhielt ich die Botschaft, dass sich ihr Borderline-Syndrom jetzt nicht verändern würde, sondern dass es ihre Aufgabe sei, in den nächsten Zeiten damit leben zu lernen. Ein Jahr später war aber eine spürbare und bleibende Verbesserung möglich.

Bei Lores Fernbehandlung – sie ist nicht transportfähig – sehe ich alles tiefschwarz und muss sofort die Gruppe schützen, weil sich das Dunkle genau in den wunden Punkten der TeilnehmerInnen mit Widerhaken festsetzen will. Ich verhindere auch, dass es auf die Menschen außerhalb des Behandlungsplatzes übergreift. Drei große Erdhörnchen kommen, um als Wächter alles abzusichern, wobei sie fast überfordert sind und ich sie unterstützen muss. Auch ich selbst werde bedrängt, bin aber als Schamane, als Vertreter des Allerhöchsten, immun und nicht gefährdet. Das Dunkle, durch unsere Behandlung immer mehr eingeschränkt und nun zunehmend mit dem eigenen Überleben beschäftigt, kann sich nicht mehr um Lore kümmern, sodass ich die selbstmordgefährdete Patientin langsam und vorsichtig herausziehen kann. Das Schwarze staubt wie ein Bovist-Pilz, wird später in ein kleines Loch in den Boden hineingezogen und dort entsorgt und verwandelt. Es dauert noch sehr lange, bis alle Sporen und Haken aus allem und allen raus sind, auch aus mir, und der ganze Raum clean ist. Lore rekonvalesziert. Auftrag: Sie soll sich schonen und ausrasten. Ihr (sensitiver) Vater soll v.a. Lores Füße und ihre Erdung stärken. Ihre Mutter soll nichts tun, sich tot stellen und Abstand nehmen.

Als ich ein paar Tage später mit Lore telefoniere, berichtet sie, dass sie während der Behandlung aus vollem Halse geschrien habe. Die verstorbene Tante, eine Schwester ihrer Mutter, sei ihr erschienen und habe sie in den Tod gelockt: »Du bist mein Kind. Du musst zu mir kommen!« Und es habe ihren ganzen Körper zusammengezogen, dass sie ganz gekrümmt dagelegen sei. Auch jetzt sei es wieder ganz schlimm und sie höre trotz hoher Dosierung ihrer Medikamente immer wieder Stimmen, die ihr sagen: »Keiner kann Dir helfen. Du musst durch Dich sterben!« »Wenn es mir einmal kurz besser geht, wundere ich mich total,« berichtet sie. »Dann kommt eine riesige Welle und es ist wieder extrem schlecht.«

Ein paar Tage später wird auch Lores Mutter ins Spital eingeliefert. Sie ist wie verbohrt auf die gefährlichen Zwangsgedanken ihrer Tochter fixiert und fragt sich immer wieder: »Wie kann ich helfen?« Als sie wieder zu Hause ist, kann sie sich nur durch Arbeit und in der freien Natur ablenken. Der Vater bemüht sich, ist aber auch am Ende seiner Kräfte. Hat nichts genützt, denke ich. Noch nicht. Es folgen mehrere Telefonate und Mails ähnlichen Inhalts.

Aber zwei Monate später, nach Neujahr, schreibt sie mir ein Mail: »Ich sitze jetzt vor dem Computer – ganz ohne Angst und Selbstmordgedanken. Du kannst dir nicht vorstellen, wie froh ich drüber bin. Das ganze letzte Jahr war ein richtiger Kampf. Aber ich glaub, das Neue wird viel Gutes bringen. Was machst du immer so? Viel Stress? Ich lerne jetzt schon wieder für die Uni und es macht mir Spaß.« Ich empfehle ihr zur Absicherung eine weitere Behandlung.

Man muss es erwarten können. Meine Erfahrungen, auch als Psychotherapeut, haben mich zu der Ansicht geführt, dass eine Behandlung immer etwas nützt, ihre Auswirkung aber zuweilen erst später sichtbar wird.

Auch bei indigenen SchamanInnen geht der Heilungsprozess oft über viele Monate: Sowohl ein afrikanischer wie ein südamerikanischer Schamane berichteten mir, dass sie dafür regelrechte Buschkliniken eingerichtet hätten.

Manchmal soll ich nicht die Gesundung eines Patienten anstreben, sondern ihn zum Loslassen und zu einem guten Sterben begleiten. Dann sehe ich meist schon freundliche, helle Wesen warten, die bereit sind, die Seele hinüberzuführen.

Über die verschiedenen Formen der Diagnosefindung, der Extraktion und der Seelenteilrückholung hinaus gibt es je nach Tradition des Volkes eine Fülle einzelner Rituale, z. B. Medizinrad, Schwitzhütte, Behandlung durch Tanz etc. und spezielle Methoden für die verschiedensten Problemsituationen, um z. B. die Heilung eines Knochenbruches zu unterstützen.

Es gibt Reisen, in denen man sich ein Lied, einen Tanz oder einen Satz schenken lässt, Reisen in den Körper des Patienten, Rituale, in denen man sich dem Tod hingibt, andere, in denen man mit seinem Lehrer verschmilzt oder sich durch die Geister von zuerst angelegten Fesseln befreien lässt. Man reist zu den Geistern seiner Trommel oder sucht Kraftplätze und heilige Orte auf, meist solche mit bestimmter Erd- oder kosmischer Strahlung: einen bestimmten Baum oder Felsen, eine Quelle oder einen Gipfel oder befragt die Elemente und lässt sich von ihnen lehren.

Manchmal wird alles, was man erlebt, gleichzeitig laut gesungen. Oder man legt vorher gar nicht fest, wer behandelt werden soll, sondern lässt sich in Trance tanzend oder durch die Trommel zu den Personen unter den Anwesenden führen, die gerade einer Behandlung besonders bedürfen – was ich auch manchmal mache.

Zum Schamanismus im engeren Sinn gehört auch das Orakel-Legen und Ähnliches, wo ebenfalls mit Hilfe der Geister/des Unbewussten Antworten gesucht werden. Zum Beispiel: beim Steinorakel, wo ich einen Felsen bitte, mir Antworten auf eine Frage zu geben. Ich lasse mich dabei von der Maserung des Steins inspirieren. (»in-spirieren« – man bedenke die Wortbedeutung: »den Geist hereinlassen«!) Wir Psychologen würden sagen: ein projektives Verfahren zur Lösungsfindung.

Möglich sind auch Reisen in der Mittelwelt, z. B. um einen verlorenen Gegenstand oder Vermisste aufzuspüren, oder die Kontaktaufnahme mit den Herrinnen der Wolken, um Regen zu machen oder zu verhindern, und natürlich auch Fernbehandlungen, weil Raum und Zeit ohnehin als relativ erlebt werden.

Man kann auch zum Traum oder zur Vision eines anderen reisen: *Eine Lehrerin macht dies immer, wenn ein Schüler besonders schwierig ist und sie mit ihm überhaupt nicht zurechtkommt. Sie bittet dann abends vor dem Einschlafen darum, geweckt zu werden, wenn dieser Schüler gerade träumt. Wenn sie dann nachts munter wird, schickt sie ihm freundliche Gedanken und wünscht ihm, dass das Problem, dessentwegen er so unausstehlich ist, sich für ihn zum Guten wendet. Regelmäßig ist dann der so behandelte Schüler in der nächsten Unterrichtsstunde wie ausgewechselt.*

So arbeitet man auch in Silva Mind Control (siehe SILVA/STONE, 1990). Natürlich hat die Lehrerin ihre Einstellung und dadurch ihre unbewussten Signale und vielleicht auch ihr Verhalten geändert. Aber ob das allein die ganze Wirkung erklärt?

Während ich nur berufen bin zu heilen und Brücken zu bauen zwischen verschiedenen Heilungstraditionen, haben die Schamanen bei den Naturvölkern nicht nur Krankheiten und Unfruchtbarkeit zu behandeln; sie sind Multifunktionäre. Ihre Hauptaufgabe besteht darin, die Verbindung ihres Volkes mit der übrigen Natur und den transzendentalen Welten aufrecht und in Harmonie zu halten. Obwohl nicht jede Schamanin alles macht und es auch hier Spezialisierung gibt, haben sie meist vielfältige Aufgaben zu bewältigen, auf die hier nicht näher eingegangen wird: Sie haben priesterliche Funktionen, die an den Schnittstellen des Lebens wie Geburt, Erwachsenwerden, Heirat und Tod auf den Plan treten; sie sind Propheten und Schicksalskundige, geistliche Führer und Berater des Häuptlings und des Stammes. Sie beschwören Jagdglück, Wetter und die Fruchtbarkeit der Erde und begleiten ihr Volk durch die Jahreszeiten-Rituale.

»Das Trommeln erfüllte bei der Jagd oder dem Fischfang, beim Treiben der Rentiere oder als ›Kompaß‹ beim Umherziehen auch einen praktischen Zweck,« berichtet z. B. Odd Mathis HAETTA (1994) über die Funktion der SchamanInnen bei den Samen, dem einzigen Volk in Europa, wo der Schamanismus durchgehend bis heute

praktiziert wird (und erst jetzt durch die touristische Erschließung Lapplands gefährdet ist).

SchamanInnen sind das Gedächtnis ihres Volkes, Bewahrer und Vermittler der mündlich weitergegebenen Tradition und einer meist ausgefeilten Entstehungsgeschichte der Welt und ihres Stammes. Sie singen sie oder tragen sie in Versen vor, sie drücken sie durch Tanz und Malen aus. Sie sind die ersten Künstler, die ihre Visionen z. B. durch den Bau von Masken, Tänze etc. darstellen. Die keltischen Barden, Geschichtenerzähler und Harfenspieler hatten etwa die gleiche Ausbildung wie die Stammesheiler, berichtet Tom COWAN (1997).

Zu den Schamanen werden im weiteren Sinn manchmal auch Medizinmänner und -frauen gezählt, die als Fachleute für Heilkräuter mit materieller Medizin behandeln oder Chiropraktiker, Masseurinnen, Hebammen u.v.a. sind. Die Grenze ist insofern fließend, weil auch Medizinfrauen mit den Geistern der Wurzeln etc. Kontakt aufnehmen, sie um Hilfe fragen für die verschiedensten Beschwerden und natürlich fragen, was die Pflanzen dafür von uns Menschen als Gegengeschenk kriegen möchten. So erzählte Don Pedro Guerra Gonzales, ein peruanischer Medizinmann, dass er sich in seiner Lehrzeit für drei Jahre in den Dschungel zurückgezogen hatte, um sich von den Bäumen und Pflanzen sagen zu lassen, welche, wie zubereitet, für welche Krankheit der Menschen heilend sind. Er berichtete, die medizinische Überprüfung seiner Patienten im entfernten Spital habe die außerordentliche Wirksamkeit seiner Heilmittel bestätigt.

Es kommt auch vor, dass Materialien – z. B. Pflanzen – verwendet werden, die gar keine krankheitsspezifischen Stoffe enthalten, die aber vom Schamanen mit Heilenergie aufgeladen werden – ähnlich wie in der Homöopathie z. B. Wasser oder Laktose als Trägerstoff verwendet werden.

Gemäß meiner Berufung, arbeite ich selbst fast ausschließlich mit spiritueller Medizin. Meine Aufgabe ist es, die spirituellen Voraussetzungen für die Genesung des Patienten zu schaffen, indem ich für andere auf die Reise gehe, in Trance meine Verbündeten frage, worum es geht, ob ich etwas für den Patienten tun darf und, wenn ja, was. In der psychologischen Sprache: Ich richte mich hierbei nach den Impulsen, die aus der Weisheit meines Unbewussten aufsteigen. In der religiösen Sprache: Ich lasse mich führen von dem Göttlichen in mir. Ich brauche dann nur den Instruktionen/Eingebungen zu folgen. Daher sollte man andere erst behandeln, wenn man die Verbindung zu seinen guten Geistern verlässlich und grundsätzlich jederzeit herstellen kann.

Besonders angenehm für mich: in einer meiner Initiations-Visionen wurde mir mitgeteilt (weil ich sonst so ein Macher bin?), ich solle und dürfe mir vor einer Behandlung überhaupt keine Gedanken machen über die Diagnose oder welche schamanische Technik jetzt anzuwenden sei: es wird mir alles gesagt und gezeigt werden. Und so ist es auch.

Auch ich erhebe vorher das Thema/Problem. Das wäre aber nicht unbedingt notwendig, weil man dann ohnehin sieht, worum es geht.

Es reicht dazu eine leichte Entspannung, wodurch man sich an die Trance-Erlebnisse anschließend noch erinnern kann. Ich glaube, dass dies in unserer Kultur, die das Denken und Reden so wichtig findet, von Vorteil ist. Daher achte ich eher darauf, im Alpha-Wellenbereich zu bleiben, der typisch ist für ein Gehirn, das gleichzeitig wach und entspannt ist. Die elektrische Aktivität des Gehirns, die durch ein Elektroenzephalogramm (EEG) messbar ist, liegt dabei im Frequenzbereich zwischen 8 und 13 Hz. So kann ich nachher über meine Visionen berichten und der Klient kann das Geschehene leichter auch verstandesmäßig verarbeiten. Dennoch passiert es mir immer wieder, dass ich so tief wegsinke, dass ich mich nachher nicht mehr erinnern kann, was ich erlebt und gemacht habe. Einmal wurde mir berichtet, dass ich die längste Zeit mit meiner geflochtenen Rassel auf den Kopf der Patientin geklopft hätte. Wer weiß, wozu es gut war. Ich konnte mich jedenfalls nachher nicht daran erinnern.

Würde man freilich nur im »Alpha-Zustand« bleiben, würden wohl keine wesentlichen Inhalte zu Tage treten. Dazu ist es notwendig, in den Theta-Wellenbereich (d.s. 4-7 Hz) zu kommen, der z. B. durch monotones Trommeln mit etwa 180-240 Schlägen/Minute herbeigeführt wird. Bei Kindern hat man übrigens auch untertags einen hohen Daueranteil von Theta-Wellen festgestellt. Das merkt man, wenn sie z. B. beim Spielen ganz weggetreten sind. Es ist ein Zustand wie beim Träumen oder im Halbschlaf, wo man bekanntlich besonders suggestibel, lernfähig, kreativ und offen für Lösungen und Inspirationen ist. Ist vielleicht Matthäus 18,3

»Wenn ihr nicht umkehrt und werdet wie die Kinder,
so werdet ihr nicht ins Himmelreich kommen,«

auch s o zu verstehen?

»Der beste Garant für die Veränderung des Klienten ist die Unvorhersagbarkeit des Therapeuten,« sagt Milton H. Erickson (†1980). Das trifft für die schamanische Heilarbeit in besonderer Weise zu. Denn die Dauer eines schamanischen Heilrituals und die Inhalte der Visionen sind nicht einmal mir selber bekannt. Sie werden nicht von mir, sondern von meinen Geistführern festgelegt. Bei mir dauert eine Sitzung meist eine gute Stunde, was üblicherweise einen in der nächsten Zeit wahrnehmbaren Heilungsschritt beim Klienten auslöst. Meist sind zusätzlich – wie in der Psychotherapie – noch weitere schamanische, psychotherapeutische oder medizinische Behandlungen notwendig.

In Gruppen lade ich alle TeilnehmerInnen ein, bei der Behandlung für den/die in der Mitte Sitzende/n mitzumachen und dabei zu üben, die inneren Impulse (schamanisch: die Botschaften der Spirits) wahrzunehmen, ihnen zu vertrauen und ihnen zu folgen; z. B. einen Schrei loszulassen, wenn man spürt, man sollte, auch wenn der Verstand sagt: »Bist Du verrückt? Du kannst doch das Ritual nicht stören!«

Jede/r ist auch eingeladen, ein Musikinstrument zu verwenden, aber nicht einfach drauflos zu spielen, sondern sich von den inneren

Impulsen, resp. den Botschaften der Geister, leiten zu lassen, wann man zu spielen beginnt, wann man wieder aufhört, wie laut und in welchem Rhythmus man z. B. trommelt. So kann man mit zunehmender Erfahrung erkennen, wie verlässlich und hilfreich diese aus dem Unbewussten aufsteigenden Signale sind.

Häufig sehen die meisten Gruppenmitglieder in unterschiedlichen Bildern dasselbe Thema, was viele das erste Mal sehr erstaunt. Manchmal erleben einige eher das Problem, andere den Prozess, wieder andere die Lösung. Nicht immer versteht man alles. Mühsames Nachgrübeln, Analysieren und Deuten ist nicht notwendig und nicht empfehlenswert. Wie beim größten Teil unserer Träume, an die wir uns gar nicht erinnern und daher auch verstandesmäßig nicht begreifen und analysieren können: Das Erlebte wirkt ohnehin.

Wo kommen diese Bilder her?

Schamanisch ist es leicht erklärt (s.o. »Alles ist Teil eines Ganzen.«): Weil alles mit allem in Verbindung steht, kann man diese Verbindungswege natürlich auch nützen, um nachzuschauen, was in jemandem bzw. etwas anderem los ist und kann es auch beeinflussen. Man könnte sagen: Wenn die ganze Festplatte des Seins in mir ist, kann ich im Prinzip jedes einzelne Element aktivieren, z. B. auch die Krankheit eines Patienten. Man muss dazu nur das Denken reduzieren und sich auf den Weg zum Anderen machen. Das würde dem Prinzip des Hologramms entsprechen, wo jedes Element das Ganze enthält.

Wie in jeder Körperzelle alle wesentlichen Informationen des gesamten Organismus gespeichert und prinzipiell abrufbar sind, könnte auch in jedem Teil des Universums die gesamte Information vorhanden sein. In eine ähnliche Richtung führt ja C.G. Jungs Konzept des »Kollektiven Unbewussten«.

Aus naturwissenschaftlich-psychologischer Sicht ist es schwieriger zu erklären. Sind es bildhafte Repräsentationen dessen, was ich vorher beim Klienten mit meinen Sinnen wahrgenommen habe? Wieso kann ich aber dann in Trance z. B. Unterleibsprobleme sehen, von denen ich gar nichts wusste und die ich vorher auch nicht gesehen haben kann? Und wieso kann ich bei einer Fernbehandlung etwas von einem im Koma liegenden Patienten wahrnehmen und verändern, was von den Angehörigen bestätigt wird, obwohl ich ihn noch nie gesehen habe?

Siegfried berichtet nach einer »Reise« zum Krafttier seines Vaters, mit dem er einen schweren Konflikt hatte: »Wie auch immer, als ich dann nach dem Streit das erste Mal wieder heimgekommen bin, war mein Vater wie ausgewechselt. Grad dass er mir nicht um den Hals gefallen ist. Seither haben wir öfter telefoniert und es passt wieder voll zwischen uns.«

Auch KollegInnen berichten immer wieder, dass Angehörige von KlientInnen nach der Therapiesitzung reagieren, als ob sie dabeigewesen wären, dass z. B. nach einer in der Vorstellung vollzogenen Versöhnung mit dem verschollenen Vater dieser erstmals die Klientin anruft. Ähnliche Phänomene kennen wir auch aus der systemischen Aufstellungsarbeit und ähnlichen Methoden.

Ich gehe davon aus, dass es über die wissenschaftlich gut untersuchte verbale und nonverbale Kommunikation hinaus noch andere Kommunikations- bzw. Informationswege gibt, die man beim schamanischen Arbeiten, aber auch in der Aufstellungsarbeit nützt, welche man heute aber noch nicht nachweisen kann. Erste Hinweise gibt es aus dem Bereich der Neurophysiologie (z. B. Bauer, 2006) und der Quantenphysik, wie u.a. die Forschungsarbeiten des Österreichers Anton Zeilinger (2006) über die sogenannten »Verschränkten Teilchen« zeigen, die miteinander verbunden bleiben und sich ähnlich verhalten, auch wenn sie in verschiedene Richtungen auf die Reise geschickt werden. Albert Einstein (†1955) sprach über dieses erstmals von Erwin Schrödinger (1961) beschriebene Phänomen abwertend von einer »spukhaften Fernwirkung«, die weder an Raum noch Zeit gebunden sei.

Aber sagen diese Bilder nicht in erster Linie über mich etwas aus? Und wie kann ich wissen, ob ich überhaupt etwas Fremdes wahrnehme? Und sind die Bilder überhaupt verlässlich? Das ist, wie gesagt, meiner Erfahrung nach eine Frage der Übung. (Aus schamanischer – wie aus radikal konstruktivistischer – Sicht gibt es ja gar nichts »Fremdes«). Zur Praxis siehe oben den Abschnitt »Wie geht man auf die schamanische Reise?«

»Quidquid recipitur, per modum recipientis recipitur« – »Was immer empfangen wird, wird auf die Weise des Empfängers empfangen,« sagten die mittelalterlichen Scholastiker. Dass in Gruppen oft ein größerer Kreis der TeilnehmerInnen genau die Thematik des Patienten und deren Lösung sieht, sie aber in unterschiedlichen Bildern wahrnimmt, erinnert mich an die Tatsache, dass ein und dieselbe Melodie, auf verschiedenen Instrumenten gespielt, schon unterschiedlich klingt, aber eindeutig erkannt werden kann. So sind m.E. die Bilder über andere, die in Trance aufsteigen, in den Hauptlinien absolut zuverlässig, aber in der Ausdrucksform gefärbt von meiner Lebensgeschichte und meinen persönlichen Erfahrungen: Die Melodie des Anderen wird gespielt auf mir als Instrument. Und nicht immer ist es das Bild von mir als Gruppenleiter, das den Patienten am meisten bewegt.

Ich habe die Erfahrung gemacht, dass mit zunehmender Dauer eines Seminars die TeilnehmerInnen und auch ich selbst immer noch sensibler und treffsicherer werden. Ich habe schon öfters erlebt, dass acht von zehn TeilnehmerInnen bei einer schamanischen Behandlung z. B. die Schlange gesehen haben, die der Patientin zu Hilfe kam.

Was sagt dazu schmunzelnd der Schriftsteller Gilbert Keith Chesterton (†1936)?

»Fairy tales are more than true –
not because they tell us dragons exist,
but because they tell us dragons can be beaten.«

Absolutheitsanspruch? Ist ein Schamane im Besitz der Wahrheit?

Gott und der Teufel gehen spazieren. Da fällt dem lieben Gott ein Stückchen Wahrheit auf die Erde. Verwundert fragt Gott, ob der Teufel denn nicht verhindern wolle, dass ein Mensch das Stückchen Wahrheit finde. Darauf der Teufel: »Nein, das lasse ich liegen. Denn der es aufhebt, wird es für die ganze Wahrheit halten und andere damit drangsalieren.«

Es gibt ein höchst berechtigtes Misstrauen gegenüber allen, die sich als Besitzer der Wahrheit ausgeben. Bei uns insbesondere auf Basis der Geschichte mit den jahrhundertelangen Erfahrungen von kirchlicher und weltlicher absoluter Macht bis hin zum Faschismus.

Außerdem fragt man sich: Wie kann jemand, was er individuell wahrnimmt und denkt, als verlässliche Wahrheit betrachten? Wird da nicht Tür und Tor geöffnet für alle jene, die behaupten, Offenbarungen erhalten zu haben – so skurril und/oder gefährlich sie auch sein mögen? Man denke nur an die traditionalistischen evangelikalen Kreise mit ihrer Weltuntergangsideologie und der Einteilung der Menschen in Gute und Böse, die wesentlich die verheerende Kriegspolitik des seinerzeitigen US-Präsidenten George W. Bush mitbestimmt haben. Damit sollen nicht alle »wiedergeborenen Christen«, Mitglieder charismatischer und Erweckungsbewegungen über einen Kamm geschoren werden – wenn auch auffällt, wie viele von ihnen theologisch stockkonservativ und politisch rechtsstehend zu bezeichnen sind.

Wie kann man unterscheiden, was seriös und verlässlich ist und was von seinen Absichten (und Neurosen) gesteuert wurde? In den Stammeskulturen entschieden darüber die alten Schamanen – normalerweise durch Überprüfung in Trance und nicht nur durch Überlegung und Diskussion.

Michael Harner, einer meiner geschätzten Lehrer, erzählte, wie er einmal mit einem Schamanen durch den Urwald gegangen war. Da sah er plötzlich zwischen den Bäumen einen Mann schamanische Rituale machen. Ehrfürchtig fragte er, ob dies ein Schamane sei, den er noch nicht kennengelernt habe. Der Alte antwortete: »Nein, der spinnt, der ist verrückt.« Auch ich sehe gelegentlich in Trance, dass eine Person, die sich spirituell für besonders begabt hält, in Wirklichkeit psychisch gestört ist. Aber es kommt umgekehrt auch vor, dass ich spirituelle Begabungen entdecke, von denen die betreffende Person noch gar nichts gewusst hatte.

Natürlich gilt grundsätzlich auch dafür die Infragestellung durch den Konstruktivismus mit seinem Schlüsselbegriff »Autopoiese« (»Selbsterzeugung« der Wirklichkeit). Allein, in dieser Kritik zeigt sich der fundamentale Unterschied zwischen schamanischem und westlich-naturwissenschaftlichem Weltverständnis:

Auch im Westen hantieren wir nämlich mit »unumstößlichen Fakten«, und zwar dann, wenn sie gemessen und bewiesen wurden bzw., nach Karl Popper (†1994) genauer: wenn sie nicht falsifiziert werden konnten. Obwohl sie dann in seinem Sinne nur als »vorläufige Wahrheiten« und »Wahrscheinlichkeiten« gelten können: Kein Arzt zweifelt am Ergebnis einer Blutdruckmessung oder daran, wenn sorgfältige Untersuchungen ein Geschwür als bösartig anzeigen, wohingegen psychische, soziale und spirituelle Faktoren meist wenig berücksichtigt werden. In unserer Kultur haben wir eben auch Kriterien für Verlässlichkeit, nur (teilweise) andere.

Im schamanischen Weltbild können Erkenntnisse nicht nur mittels des Verstandes und entsprechender Apparaturen gewonnen werden. Will eine Schamanin ihre Geister oder Elemente der Natur befragen, um Erkenntnisse zu gewinnen, geht sie üblicherweise in Trance, d.h. sie geht gerade den entgegengesetzten Weg, indem sie ihr Denken reduziert. Und diese Erkenntnisse werden auf Grund der Erfahrungen als verlässlich angesehen.

»Leben selbst ist ein erkenntnisgewinnender Prozess,« sagt Konrad Lorenz (†1989), und Rupert Riedl (1981) präzisiert, dass in der gesamten Evolution *»das Vorurteil der Wahrscheinlichkeits-Erwartung«* gelte, also für Fortbestand und Weiterentwicklung die Wahrscheinlichkeit ausreiche. Auch nach Popper ist es nämlich nicht sicher, dass morgen die Sonne wieder aufgehen wird, aber wahrscheinlich.

In der schamanischen Tradition (und auch anderen, s.u.) geht man davon aus, dass eben nicht eine subjektive Meinung geäußert wird, sondern dass die Erkenntnis aus einem universellen Pool der Weisheit geschöpft wird, der weit über C.G. Jungs »Kollektives Unbewusstes« hinausgeht. Ich z. B. halte, was ich hier schreibe, für nicht so verlässlich. Zu den Erkenntnissen in Trance habe ich aber volles Vertrauen, das bisher nicht enttäuscht wurde.

Indizien, die mich darin bestärken, sind

- die Tatsache, dass ich immer wieder beim Meditieren oder schamanischen Reisen Anderes erfahre, als ich es mir im Wachzustand zurechtgelegt hatte;
- die erstaunlich hohe Übereinstimmung der inneren Wahrnehmungen der Gruppenteilnehmer, wenn ich zusammen mit anderen Patienten behandle;
- die Übereinstimmung mit Fakten, z. B. bestimmten Krankheiten, Einstellungen oder Erlebnissen des Klienten, von der mein Verstand keine Ahnung hatte sowie
- die bemerkenswerten Auswirkungen des in Trance Gesehenen und Durchgeführten auf den Heilungsprozess.

Manchmal komme ich mir vor wie ein Nachrichtensprecher, der die Nachrichten vom Schirm abliest. Nur sehe ich keinen Text, sondern es sprudelt einfach aus mir heraus, ohne dass ich eingreife – wie man eine Quelle fließen oder eine Herde frei laufen lässt. Gelegentlich kommt es vor, dass ich z. B. eine Herzerkrankung sehe, von der mir der Patient nichts gesagt hatte, oder dass mir z. B. die zwei Männer erscheinen, zwischen denen eine Frau steht – konkrete Symptome oder Lebenssituationen, von denen mein Verstand nichts wissen konnte. Meinen meist allegorischen Bildern vertraue ich voll und ganz, da sie immer wieder nachweisbar etwas Wesentliches vom Patienten ans Licht bringen.

»Wie denn sollten oft über Generationen gehütete Familiengeheimnisse, die sich häufig im Nachhinein als faktisch richtig bestätigen, nur aus der Projektion eines Lösungsuchenden ans Licht kommen, wie verstorbene Familienmitglieder auftauchen, von denen nie jemand

gehört hat?« fragt Heinz Stark (2000) über ähnliche Erlebnisse in der Aufstellungsarbeit und antwortet: *»Solche Erfahrungen machen Vorstellungen zunichte, bei Erscheinungen in Aufstellungen handle es sich lediglich um manifesten Widerschein unserer inneren subjektiven Welt.«*

Diese Ausführungen bedeuten aber nicht, dass die Botschaften, die ja meistens analog ankommen, im Detail verlässlich sind. Hier Beispiele aus der Aufstellungsarbeit, die ja vor derselben Frage steht, wie sicher die hochgekommenen Informationen sind. Der erfahrene Aufsteller Berthold Ulsamer (2003) berichtet unter der Rubrik »Bedenkliches«:

»Die Versuchung liegt oft nahe, mittels Aufstellungen Fakten aus der Familie ergründen zu wollen« und bringt als Beispiel das Ergebnis der Aufstellung einer Klientin, *»... dass der bisher als Vater angesehene Ehemann ihrer Mutter nicht ihr Vater war. Die Klientin war erleichtert, denn sie hatte das schon immer geahnt. Die Frau ließ es jedoch nicht bei dem Ergebnis der Aufstellung.« Sie machte einen Bluttest: »Das überraschende Ergebnis: Er war tatsächlich ihr Vater. Die Erkenntnis aus der Aufstellung war also falsch gewesen. Er erzählte ihr aber, dass die Mutter vor Beginn der Schwangerschaft mehrere Geliebte gehabt hatte, und dass er tatsächlich selbst Zweifel über die eigene Vaterschaft gehabt hatte.«*

Bei der Aufstellung einer Kollegin kam ein sexueller Missbrauch zu Tage. Ulsamer: *»Die Teilnehmerin selbst sagte aber nach der Aufstellung, sie sei nicht missbraucht worden.«* Zwei Wochen später berichtete die Teilnehmerin am Telefon, sie habe ihre Schwester besucht und ihr von der Aufstellung erzählt. Plötzlich sei die Schwester in Tränen ausgebrochen und habe ihr gestanden, vom Vater missbraucht worden zu sein.

Was Ulsamer für Aufstellungen sagt, gilt auch für schamanische Heilarbeit: *»Aufstellungen bringen lediglich Energien ans Licht, die in Familien existieren, zum Beispiel die Energie von Missbrauch. Was tatsächlich geschehen ist, können sie nicht hundertprozentig sicher enthüllen. ... Deshalb halte ich die Behauptung: ›Ich weiß es, weil ich es* *doch sehe‹ für eine Anmaßung. Selbst wenn in 80 oder 90 Prozent aller Fälle die Schlussfolgerungen stimmen sollten – davon gehe ich aus! –, das heißt, der Missbrauch und der Mord sind tatsächlich geschehen, der angebliche Vater ist der falsche, bleibt, wie meine Beispiele zeigen, eine Zahl von Fällen, wo die Schlussfolgerungen falsch sind.«*

Die Details sind nicht verlässlich und ein Anfänger nimmt vielleicht alles für bare Münze. Der Erfahrene erkennt aber, dass etwas Wesentliches und Wirksames zu Tage getreten ist, das sich eben einer bestimmten Form bedient. Denn es steht außer Zweifel, dass sich die Unsicherheit des Mannes, der leibliche Vater zu sein, oder der Missbrauch der Schwester auf die jeweiligen Fallbringerinnen seit Jahren ausgewirkt haben, dass also etwas ans Licht kam, was stimmte und höchst wirksam war – wenn auch nicht in der konkreten Ausformung.

Meines Erachtens ist auch nicht immer klar, ob das aufsteigende Material die Vergangenheit, Gegenwart oder Zukunft betrifft (bei der Fragwürdigkeit, ob es Zeit überhaupt gibt). Ich gehe nur davon aus, dass es wesentlich und wirksam ist. Auch in einem kleinen Kirschkern finden sich die nachweisbaren Spuren seiner Baumvorfahren. Und auch die Zukunft ist in ihm angelegt: der Riesenkirschbaum, zu dem er einst werden wird, und die weiteren, die aus diesem wieder hervorgehen werden. So gesehen existiert in der Gegenwart in gewisser Weise die ganze Vergangenheit und auch die ganze Zukunft. So ist es offensichtlich auch bei uns Menschen.

Im Übrigen: das Wort »Wirklichkeit« bedeutet ja offensichtlich nicht »allgemein gültige Wahrheit«, sondern vermutlich »etwas, das wirkt und wirksam ist«. Das führt mich eben zu der Überzeugung, dass Botschaften, die aus meiner inneren Weisheit, respektive von den guten Mächten aus der Anderswelt kommen, absolut verlässlich sind, wenn auch nicht immer im Detail. Heinz STARK (2000): *»Wenn wir uns so gleichsam einer demütigen Empirie verpflichten, müssen wir nicht erklären.«*

Reinhard WALTER (2004) macht dabei auf einen weiteren Vorteil aufmerksam, wenn man auf das Wesentliche achtet:

»Wenn ich in der Aufstellungsarbeit von der real-persönlichen Ebene wechsle (Gegenüberstellung von Täter und Opfer) auf die seelische Ebene (Seele des Täters und Seele des Opfers), wird das Geschehen eigenartig verdichtet, klarer, ruhiger und emotionsloser. Situationen, die in einer ›normalen‹ Familienaufstellung fast nicht verkraftbar und auch den Stellvertreter(inne)n nicht zumutbar wären, werden auf der seelischen Ebene handhabbar – ohne jede Beschönigung und Verniedlichung, sondern ganz im Gegenteil: in völliger Klarheit über das Ausmaß des Geschehens.«

Ich stimme ihm zu, wenn er betont, dass es in aller Bescheidenheit darum geht, *»die Geschichten zu finden, die heilen. Wirklichkeit ist das, was wirkt. ... Wie könnten wir glauben, dass wir in der Begrenztheit unserer Sinne und unserer Wahrnehmung in der Lage wären, die seelische Welt wahrhaftig zu erkennen und zu verstehen. Was uns möglich ist, ist eine Ahnung – wie der uns vom Wind zugewehte Klang einer fernen Melodie. Und das ist schon sehr viel.«*

Entscheidend ist eben, woher ich diese Erkenntnisse beziehe: aus der neurosendurchwachsenen Oberfläche (im Wachbewusstsein) oder aus der klaren Quelle in der Tiefe, zu der ich durch Reduzierung meines Denkens und Hintanstellung meines Egos Zugang erhalte.

Darüber hinaus wird die egalitäre Einstellung, die als Errungenschaft der Französischen Revolution anzusehen ist, irritiert durch die schamanische Praxis der Stammeskulturen: Warum wird sie nur von so wenigen durchgeführt? Geht es um Elite, die Besitzer der Weisheit und Wahrer des Wissens, derer, die den Durchblick und das Sagen haben? Sind Schamanen »Bessere«, »Edlere«, die sich über andere erheben oder in Gefahr sind, es zu tun?

Nicht, dass nicht SchamanInnen ihre gesellschaftliche Position und ihre Fähigkeiten auch für eigene Interessen missbraucht hätten, das kommt überall vor und ist als Pervertierung anzusehen. Denn schamanische Arbeit, wie ich sie verstehe, besteht ja gerade darin, seine eigenen Wünsche und Absichten hintanzuhalten und sein Ego zurückzustellen. Wie soll ich die Botschaften der Geister hören, respektive die Weisheit des Unbewussten wahrnehmen, wenn meine persönlichen Bedürfnisse so laut schreien? Dem Überheben über andere ist insofern ein Riegel vorgeschoben. Auch weil man ja nur ein Medium ist, das empfängt. Allerdings ist es möglich, aber absolut nicht zu empfehlen (s.u.), auch destruktive Ressourcen aufzusuchen und sie in schwarzmagischer Weise für sich und andere zu nutzen.

Jeder Mensch ist fähig, die innere Quelle der Weisheit aufzusuchen und für sich und andere fruchtbar werden zu lassen. Insofern egalitär. Aber ich gehe auch ins Konzert, weil der Sänger die Arie besser singt als ich. Das hindert mich freilich nicht, auch selbst zu singen. Auch wir im Westen fördern Begabungen und schätzen Spezialisten. Die schamanischen Heilreisen, die im – den Individualismus hochschätzenden – Westen entwickelt wurden, kann grundsätzlich jeder Interessierte lernen.

Wenn ein traditioneller Heiler sagt: »Was der Patient sagt, das kann man vergessen und ist nicht ernst zu nehmen,« entspricht dies nicht unseren Vorstellungen eines respektvollen Umgangs mit PatientInnen. Andererseits müsste man in der schamanischen Arbeit vorher überhaupt keine Informationen vom Patienten bekommen, weil man in Trance ohnehin sieht, worum's geht, was sich de facto oft von den Deutungen der Klienten unterscheidet, die deshalb noch nicht falsch sein müssen.

Auch in der westlichen Heilkunst kennen wir eine Hierarchie von Wirkfaktoren. Zum Beispiel: gibt es materielle/körperliche Gründe einer Kopfverletzung bei einem Unfall. Aber warum sich der Patient immer wieder bei schweren Unfällen verletzt, wird vielleicht verständlich aus seiner Lebensgeschichte. Und diese wiederum durch generationenübergreifende und spirituelle Zusammenhänge.

Als Therapie wird dann sinnvollerweise der Arzt die Kopfverletzung behandeln, der Psychotherapeut durch die Behandlung der lebensgeschichtlichen Kontingenzen die Auftretenswahrscheinlichkeit weiterer Unfälle reduzieren und die Schamanin eine uralte Besetzung lösen, die vielleicht als Ur-Sache anzusehen ist – ohne deren Behandlung die anderen Behandlungsarten, so überlebensnotwendig sie sind, wie Symptombehandlungen erscheinen müssen. Ein Entweder-oder ist nicht angebracht und wäre unseriös.

Das Dritte

Spirituelle Heilungsformen sind vergleichsweise die einfachsten und am wenigsten anstrengenden von allen. Als ich vor vielen Jahren die hohe Wirksamkeit spiritueller Behandlungen erkannte (ich mache ja außer schamanischen auch christliche und Reiki), entdeckte ich, dass ich etwas falsch machen musste, wenn ich nach einer psychotherapeutischen Sitzung erschöpft und mitgenommen war. Was mir in Supervisionen ohnehin schon wiederholt rückgemeldet worden war: Ich hatte mich selbst zu wichtig genommen. Denn wenn ich ermitteln wollte, warum der Fortgang einer Therapie stockte, stellte sich fast immer heraus, dass mir der Heilungserfolg zu wichtig war, z. B., weil ich das Leiden des Patienten nicht mehr mitanschauen konnte und ich dadurch selbst den natürlichen Fluss behinderte – natürlich, ohne dass ich dies wollte.

Seefahrer verwendeten das Wort »Inspiration« für den ersehnten Wind, der in ihre Segel kam, den man aber nicht herbeizwingen konnte.

Es kann schon körperlich anstrengend sein, wenn man z. B. sehr lange trommelt. Auch psychisch, weil oft unbeschreibliches Leid und Schmerzen den eigenen Körper passieren. Dennoch fühle ich mich anschließend meist gereinigt und energetisiert durch die gewaltigen guten Kräfte, die durch mich fließen. Das Wasser, das, von der Quelle kommend, durch das Leitungsrohr fließt, benetzt nicht nur den, der sich die Hände wäscht, sondern auch das Rohr selbst.

Das macht es so leicht: Die Arbeit macht weder der Klient noch der Therapeut, sondern vorsichtig ausgedrückt »etwas Drittes«. Bemerkenswerterweise ist auch die erste Bedeutung des griechischen Wortes »therapeutes« nicht »Heiler«, sondern »Diener«. Man muss nur sein Ego, sein Denken reduzieren, sich leer machen und der inneren Führung anvertrauen. So kommen Meditationsforscher –

sowohl christlicher als auch buddhistischer Tradition – zu dem paradox wirkenden Befund, dass die Heilwirkung der Meditation gerade dann besonders groß ist, wenn sie weder zielgerichtet noch funktional eingesetzt wird (Michael UTSCH, 2008).

Verlangte Sigmund Freud (†1939) »Gleichschwebende Aufmerksamkeit« und Bert HELLINGER (1994), dass man Familienaufstellungen in einer absichtslosen Haltung, ohne eigenes Konzept und ohne den Drang, helfen zu wollen, »aus der leeren Mitte« heraus machen sollte (der Begriff wurde von Rainer Maria Rilke, †1926, entlehnt), so reden z. B. die Schamanen der Lakota vom »Hollow Bone«, dem hohlen Knochen. SPARRER/VARGA VON KIBÈD (2000) bezeichnen »Nichtwissen, Hilflosigkeit und Verwirrung« als die drei großen Helfer für die Aufstellungsarbeit, die einen davor bewahren, die Führung zu übernehmen und eigenmächtig einzugreifen. In der Intuitionsforschung (z. B. OBERMAYR-BREITFUSS, 2005) spricht man ähnlich wie in der buddhistischen Tradition von »Reinheit«, »Geistesstille«, vom »leeren Raum zwischen den Gedanken« oder von der »Loslösung von der Anhaftung des Verstandes«, die den Zugang zum »intuitiven Speicher« ermöglicht.

»Das kräftigste Gebet
und nahezu das allmächtigste, alle Dinge zu erlangen,
und das allerwürdigste Werk vor allen ist jenes, das hervorgeht
aus einem ledigen Gemüt,«

sagt Meister Eckhart (†1328, zit. in Andreas SCHÖNFELD, 2002).

Dazu eine kleine Geschichte aus Indien:

Der große König schimpfte gerade mit seinen Weisen: »Wozu seid Ihr gut, wenn ich doch von Euch nichts lerne?« Das hörte ein Kind und bat den Herrscher, sich auf den Boden zu setzen. Verwundert stieg der große Herr vom Thron. »Nun stelle Deine Fragen wie ein Schüler!« sagte das Kind. Der König schwieg eine Weile, dann erkannte er, dass er bisher als Herr und wie ein Wissender gefragt hatte. Von nun an wollte er zuhören.

»Das Schweigen beginnt zu sprechen,
wenn sich die Worte, die die Bedeutungen verzerren,
endgültig verabschiedet haben,«

sagt der Schamane und Literaturwissenschafter Malidoma Patrice Somé (1996). Und der Philosoph Martin Heidegger (†1976): »*Fragen ist die Frömmigkeit des Denkens.*«

Die Rolle des Schamanen – so gesehen als Medium für weit über ihn hinausgehende Kräfte – ist sehr bescheiden. Das macht die in Stammeskulturen oft große Rivalität und das Kräftemessen, wer der mächtigere Schamane ist, lächerlich.

Geht man aber auf diese tiefere Ebene, ist das im Alltagsleben und in der Therapie unentwegt (und meist unbewusst) stattfindende Spiel von Übertragung und Gegenübertragung aufgehoben. Man kommt sozusagen ans Grundwasser, das nicht mehr getrübt ist von den Vorgängen an der Oberfläche und unseren Neurosen. Man kommt zu einem klaren Sehen. Sympathie oder Antipathie aus dem Wachzustand weichen zur Gänze und machen Platz für ein allumfassendes, einfühlendes und doch nicht anhaftendes Wohlwollen.

Klara erschien auch beim zweiten Mal mit blauen Flecken und einem blauen Auge zur Therapiesitzung. Sowohl sie als auch ihr fünfzehnjähriger Sohn wurden regelmäßig von ihrem neuen Partner geschlagen. Wider Erwarten folgte er meiner Einladung und kam zur nächsten Sitzung: ein Schlägertyp. Ich fand ihn sofort abstoßend. Das verstärkte sich noch, als er mir erklärte, dass er Nazi sei und eben Zucht und Ordnung wichtig finde. Aus war es mit meiner therapeutischen Distanz! Ich war jahrelang im antifaschistischen Kampf engagiert gewesen. Und er hatte mich wohl auch an meine eigene Aggressivität erinnert.

So bat ich um eine Unterbrechung und entspannte mich. Mein Widerwille ging langsam zurück. Ich ging tiefer und tiefer, bis ich die furchtbare Lebensgeschichte des armen Mannes wahrnahm. Ich sah ihn als Opfer, dem schlimm mitgespielt worden war. Mein Herz füllte sich mit Traurigkeit und Mitgefühl und ich spürte tröstende Impulse.

Hätte ich nicht die Alltagswelt verlassen, ich hätte nicht weiterarbeiten können. So aber konnte ich anschließend die Sitzung, alle drei liebevoll begleitend, zu Ende bringen. Drei Wochen später war übrigens die Frau fähig, sich von dem Mann zu trennen.

Als Psychologe würde ich sagen: Schamanische Heilung geschieht, indem man sich von der Weisheit des Unbewussten führen lässt. Ich werde unten noch näher darauf eingehen. Auch in meiner psychotherapeutischen Praxis kommt es vor, dass plötzlich Sätze aus mir hervorsprudeln, die ich nicht geplant hatte und wo ich manchmal zunächst den Zusammenhang gar nicht verstehe. KollegInnen erzählten mir, dass sich auch bei ihnen immer wieder solche aus dem Unbewussten entspringende Sätze für den Fortgang der Therapie als entscheidend erwiesen haben.

In der religiösen Sprache redet man weder von Geistern noch von der Weisheit des Unbewussten, sondern von dem Göttlichen in sich, von dem man sich führen lässt.

»Ich will hören, was Gott redet,« heißt es in Psalm 85,9. Die bekannte Mystikerin Theresa VON AVILA (1960) schreibt in ihrem Hauptwerk über das Innerste der »Seelenburg«: *»Seine Majestät ist da dem innersten Wesen der Seele so nahe und so mit ihr verbunden, dass der Böse sich nicht heranwagen wird.«*

»Im Zentrum
unseres Seins
ist ein Ort des reinen Lichts,
unberührt von Sünde oder
täuschenden Vorstellungen.« formuliert es der zeitgenössische Trappist und Mystiker Thomas Merton (†1968).

In der Tradition der Hochreligionen spricht Gott am häufigsten durch Träume, Engel und Visionen. (Gott selbst wird übrigens höchst selten direkt erlebt: Man ging davon aus, dass man dies nicht überleben würde.)

Das heißt: KlientInnen und SchamanInnen – beide sind Empfangende.

Entgegen dem oben Gesagten gibt es allerdings verlässliche Wahrnehmungen, die ohne die allenthalben, auch von mir, verlangte Sammlung und das Leer-Werden passieren: Bei Familienrekonstruktionen (nach Virginia SATIR, 1975) kommt es immer wieder vor, dass jemand, nachdem er zugestimmt hat, eine bestimmte Rolle zu übernehmen, z. B. noch eine Bemerkung oder einen Witz macht. Meine Erfahrung als Trainer lehrt mich, dies bereits als Aussage in der Rolle zu werten. Das Erstaunliche ist nämlich, dass der Rollenspieler verlässliche Aussagen über die dargestellte Person machte, auf die sich das weitere Geschehen konsistent und folgerichtig aufbaut, obwohl er sie gar nicht so gemeint hatte, und *nicht* »gesammelt« oder gar in Trance war, besonders geschult wäre, geschweige denn hellsichtige Fähigkeiten hätte. Offensichtlich empfangen wir sofort, wenn wir nur die Absicht haben. Dies würde der schamanischen Auffassung entsprechen, dass wir – bewusst oder unbewusst – ohnehin mit allem verbunden sind und dass ich mit dem »Ja, ich spiele die Rolle« sofort sozusagen den Teil meiner universellen Festplatte aktiviere, den ich zu spielen bereit bin.

Dies würde aber auch bedeuten, dass verlässliche Wahrnehmungen über andere noch einfacher zu erhalten sind, als wir es allenthalben gewohnt sind.

Kontraindikationen

Es heißt, Leute, die sich nicht konzentrieren können, schwer Depressive, Grübler, akut Trauernde etc. sollten nicht autogen trainieren oder meditieren, weil sie die Zeit der Stille nur benützen würden, das Belastende weiter hin und her zu wälzen, und ihnen dadurch keine Hilfe zuteil würde, ganz im Gegenteil. Das trifft aber nicht immer zu und man sollte kein Dogma daraus machen: In jeder Meditationsform übt man doch, nicht zu bewerten und anzunehmen, was jetzt gerade ist. Und gerade das Akzeptieren dessen, was ist, ermöglicht einem oft, es loszulassen.

Aber bei einem Psychotiker, der ohnehin dazu neigt, zu dissoziieren und spontan in andere Welten zu wechseln, würde die schamanische Reise, wie andere Meditationsformen, das verstärken, was ohnehin sein Problem ist, und u.U. sogar einen schizophrenen Schub auslösen. Für ihn ist es im Gegenteil wichtiger, den anderen Pol zu trainieren und zu lernen, sich mit aller Sturheit abzugrenzen, das dritte Auge zu schließen und sich als Individuum zu erkennen. Was real möglich ist.

Sandra Ingerman, eine meiner geschätzten irdischen Lehrerinnen, eine Psychotherapeutin und Schamanin aus Santa Fé, New Mexico, hat damit Erfahrung und ermutigte mich, schamanisch mit Schizophrenen zu arbeiten. *Für* sie ist zu reisen nämlich gänzlich ungefährlich. Wobei ich am Ende der Trance meistens aufgefordert werde, keine Details zu berichten, wohl weil der Klient sie sonst in sein psychotisches Wahngebäude einbauen würde. Zu einem späteren Zeitpunkt sollte es aber möglich sein, dass der Patient selbst seine Schutzmächte aufsucht, was ihm erfahrungsgemäß zunächst nicht gelingt – obwohl er sich bei seinen Schüben schon oft in der anderen Welt herumgetrieben hat.

Für alle anderen ist es völlig ungefährlich, sich in diese anderen Welten zu begeben. Sicher kommt es vor, dass jemand ungern zurückkehrt, weil er sich schwer von einer umwerfend beglückenden Vision lösen kann. Aber, wie gesagt, reist man ja nicht zur Flucht, sondern um die Ressourcen der Anderswelt für unsere Alltagswelt fruchtbar werden zu lassen. Man wird mit Geschenken zurückkehren und den Kontakt zu den anderen Welten nicht mehr abreißen lassen, um so seine Alltagswelt immer bunter und lebenswerter zu machen.

2. Schamanismus und Christentum

Wohin könnte ich fliehen vor deinem Geist,
wohin mich vor deinem Angesicht flüchten?
Steige ich hinauf in den Himmel, so bist du dort;
bette ich mich in der Unterwelt, bist du zugegen.
Nehme ich die Flügel des Morgenrots und lasse mich nieder am äußersten Meer,
auch dort wird deine Hand mich ergreifen
und deine Rechte mich fassen.

Psalm 139, 7-10

Ist Schamanismus eine Religion?

Darüber ist man sich uneinig. Meist wird er als Teil des »Animismus« (weil alles Existierende als beseelt aufgefasst wird) oder unter »Naturreligion« geführt. Auf jeden Fall ist »re-ligio«, die Rückverbindung des Irdischen mit dem Übernatürlichen, zentral in der schamanischen Weltanschauung und Praxis und der Schamane hat so gesehen priesterliche Funktionen. Andererseits fehlt eine Institution mit Leitung etc. So gesehen ist es »bloß« eine weithin verbreitete Weltanschauung. Und es gibt eine Nähe zur späteren Mystik der Hochreligionen: die Reduktion von Denken und Wollen, die Einübung des Loslassens und der Hingabe, kurz der Hintanstellung des Ego macht den Schamanen zum Vorläufer und wohl auch zum Vorbild der späteren Propheten, Gottesmänner und Mystikerinnen. Insbesondere zu jenen, die wie Hildegard von Bingen (†1179) aus der Schau Gottes heraus auch heilend oder wie Katharina von Siena (†1380) auch gesellschaftlich engagiert waren.

Wenn ein Vodounist aus Haiti (zit. in Wade Davis, 1999) seine Heilungsmethode erklärt:

»Der weiße Mann geht in die Kirche und spricht über Gott;
der Indianer isst magische Pflanzen und spricht zu Gott,
wir tanzen im Tempel und werden Gott,« klingt das zwar einleuchtend, stimmt aber nicht ganz. Denn die »unio mystica«, die Erfahrung des Einsseins mit Gott ist erklärtes Ziel der mystischen Traditionen in den Religionen der Weißen. Und nicht nur indianische Schamanen heilen u.a. auch durch Verschmelzung mit den wohlwollenden Krafttieren und Geistführern, den Repräsentanten des Allerhöchsten.

Auch in den Stammeskulturen geht man von einem Schöpfer aus und belegt den Urgrund des Seins mit Namen wie »Der große Geist«, »Hocherhabener Meister«, »Weißes Licht« oder »Wakan Tanka« (»Das große Geheimnis«) usw.

Interessanterweise wenden sich die meisten Schamanen aber in ihren Ritualen meist nicht an diese alles Verstehen und Vorstellen übersteigende Wirklichkeit, sondern an – man könnte sagen – in

Form der eigenen Vorfahren oder von Tieren leichter vorstellbare geistige Mittelwesen zwischen dieser und dem Menschen.

Wohingegen sich die meisten MystikerInnen nicht viel mit Engeln und Geistwesen aufhalten und sich sozusagen direkt auf die Erfahrung Gottes zubewegen. Ausnahmen sind etwa Dionysius Areopagita (†6. Jh.) oder Hildegard von Bingen (†1179).

Folgt man den Heilungsgeschichten in der Bibel, vollbringt auch Jesus seine Heilungen nicht mit Hilfe von Engeln etc., sondern aus der Verbindung mit dem »Vater«. Salopp ausgedrückt: mit Hilfe des Chefs, wogegen SchamanInnen meist mit den Abteilungsleitern vorlieb nehmen. Johannes 14,10:

»Die Worte, die ich rede,
habe ich nicht aus mir selbst.
Der Vater, der in mir wohnt,
er selbst ist am Werke.«

Zwei Zeilen weiter heißt es übrigens – selten zitiert:

»Wer sich mir anvertraut,
wird auch selber die Werke tun, die ich tue,
und noch größere als diese wird er tun.«

Ich habe schon in meinem Aufsatz »Sind Schamanismus, christliche Mystik und westliche Psychotherapie kompatibel?« (1996) vertreten, dass zwischen der materiellen Welt (die im Westen oft als die einzig existierende aufgefasst wird) und dem Unnennbaren (das in unserer Kultur meist mit dem Wort »Gott« bezeichnet wird) eine Zwischenwelt angenommen werden kann: die Welt der Seele d.i. der Geister, zu der wir gehören und deren Teil wir sind, auch in den Tagen unserer Materialisierung auf der Erde:

Welten in Welten in Welten

1. **So könnte man im innersten von konzentrischen Kreisen – gebildet aus Welten in Welten in Welten, wobei die jeweils innere ein Teil der äußeren ist und von dieser geformt wird – die Materie sehen, das Körperliche, die Alltagswirklichkeit mit Raum und Zeit. Die mit den Sinnen wahrnehmbare Welt des**

Bewussten, des eigenen Willens und Denkens. Das Objekt unserer Naturwissenschaften. In vielen Stammeskulturen als die »Mittlere Welt« bezeichnet, oben und unten umgeben von der Anderswelt, wobei alle drei zusammen die Weltenachse, den Weltenbaum darstellen – Wurzeln, Stamm und Krone, das dreiteilige Modell der Welt, wie es von vielen Stammeskulturen bekannt ist als Obere, Mittlere und Untere Welt.

2. Im Kreis darum die Anderswelt, die »Traumzeit«. Das Reich der Geistwesen, der Instanzen zwischen Gott und Mensch, die z. B. in der Bibel als Mächte und Gewalten, Engel und Dämonen bezeichnet werden, in manchen Kulturen als Götter. Das Reich der Toten und der Ahnen. Das Reich der Seele und des Unbewussten. Die Nicht-alltägliche-Wirklichkeit. In vielen Stammeskulturen in die »Obere Welt«, wo oft die weisen, uns lehrenden »höheren« Geistwesen, und die »Untere Welt«, wo oft z. B. die »Krafttiere« erlebt werden, unterteilt. Aber nicht überall: Ljudmila, eine sibirische Schamanin, berichtet z. B., dass sich SchamanInnen in ihrer Heimat Tuva hauptsächlich in der mittleren Welt aufhalten: Die obere Welt ist den Gottheiten vorbehalten und die dürfen nicht belästigt werden. Die untere Welt ist voll von Azalars (den Teufeln) und bösen Geistern und wird selten und nur von sehr starken Schamanen bereist.
Wie von den späteren Hochreligionen übernommen, werden Hierarchien angenommen, von mächtigen Geistern der Himmel (bei den Burjaten z. B. Tenger genannt) über die beeindruckendsten Naturgewalten wie Großvater Sonne usw. bis zu den Naturgeistern wie Elfen usw. Wenn die Kirchen den Götzendienst scharf verurteilten und z. B. behaupteten, dass nordamerikanische Ureinwohner beim Sonnentanz die Sonne anbeteten, erkannten sie nicht, dass der Schöpfergeist angebetet wurde, für den die Sonne ein physisches Symbol darstellt. Auch wir Christen beten ja z. B. nicht die Bilder und Figuren an, sondern was sie darstellen.

3. **Die Wirklichkeit, die wir »Gott« nennen, wäre im dem grenzenlosen Kreis drum herum, alles durchdringend und umfassend. Sie ist per definitionem nicht definierbar – das bedeutet: begrenzbar, sonst wäre sie ja nicht die Wirklichkeit, von der wir reden. Vermutlich auch deshalb denken Schamanen zwar ehrfurchtsvoll daran, heilen aber selten mit Hilfe dieses Großen.**

Interessanterweise kommen auch Anthropologen zu dieser Dreiteilung, indem sie das Reich der Seele mit dem der Geistwesen gleichsetzen. So bezeichnet z. B. Holger KALWEIT (1998) diese als: Körper, Plasmapsyche und reinen Geist. Die Anthropologin Amy SMITH (1999) beschreibt *»the tri-part universe consisting of the everyday realm, the transcendential realm, and the ultimate realm«*.

Diese Sichtweise ist wie jede andere ein Versuch, die Welt zu erklären und zu verstehen. Erklärungen geben uns mehr Sicherheit, uns in der Welt zu bewegen, sind aber (wie z. B. auch das Konzept von Raum und Zeit) »bloß« hilfreiche Konstruktionen. Z. B. wird in dem oben genannten Modell leicht übersehen, dass die Welt in Wirklichkeit EINS ist.

Amy SMITH (1999):

»I believe that, due to the shedding of boundaries between subject and object in the Transpersonal Process, the Transpersonal Self, the Transpersonal Realm, and the Characteristic Shamanic Experience are not actually separate entities but merge into one – into a unity.«

Rainer Maria Rilke (†1926) sagt:

»Es gibt weder ein Diesseits, noch ein Jenseits,
sondern die große Einheit,
in der die uns übertreffenden Wesen, die ›Engel‹, zu Hause sind.«

Geht man von der erwähnten Dreiteilung und ihrer Einheit aus, könnte der Psychologe erkennen, welche unfassbaren Dimensionen der Mensch resp. die Seele des Menschen hat, die er doch glaubte zu kennen und beschreiben zu können. Er würde sich nicht gemäß der Tradition der Aufklärung über Phänomene lustig machen, die der naturwissenschaftlichen Forschung noch schwer zugänglich sind. So hat auch Abraham Maslow (1982) an die oberste Stelle seiner berühmten Bedürfnispyramide (körperliche Bedürfnisse, Bedürfnis nach Sicherheit, sozialen Beziehungen, sozialer Anerkennung und Selbstverwirklichung) gegen Ende seines Lebens das Bedürfnis nach »Transzendenz« gestellt, wie auch schon William James (†1910) außer der materiellen und der sozialen auch die spirituelle Ebene der menschlichen Bedürfnisse beschrieben hatte.

Und umgekehrt würde der Theologe die Trennung von »physisch/psychisch« und »transzendent« fragwürdig finden: Wo sollte sich Gott – der sich nach christlicher Auffassung in dem Menschen Jesus v.N. inkarniert hat – ausdrücken und zu finden sein, wenn nicht in seiner Schöpfung und so auch in jedem Menschen? Der Dualismus wäre aufgehoben, der Vorhang des Tempels zerrissen, der das Heilige vom Profanen trennen sollte (Matth. 27,51) Das würde diese Trennung und die Kritik, dass es sich hier um Psychologisierung religiöser Inhalte handle, als Beschreibung eines weltfernen Gottes und einer gottfernen Welt entlarven. Denn die skizzierte Darstellung besagt: Das Unfassbare ist in uns resp. wir in ihm. »Unfassbar« heißt, dass alle Worte und Bilder versagen – übrigens dann auch (!) bei dem Versuch, unsere menschliche Realität zu erkennen und zu beschreiben.

»Was ist Leben?
Gottes Sein ist mein Leben.
Ist denn mein Leben Gottes Sein,
so musst Gottes Sein mein sein und
Gottes Wesenheit meine Wesenheit.« so Meister Eckhart (†1328, zit. in: Diethmar Mieth, 2004).

Angesichts der Unbeschreibbarkeit des Unermesslichen würde die Eigenartigkeit des Streites offenbar, ob man sich Gott als Person und Gegenüber vorzustellen hat oder ob er mit Eckhart als »mein Leben« und »meine Wesenheit« erfahrbar ist. Man könnte dann, wie ich persönlich es tue, die göttliche Wirklichkeit manchmal – dem Mainstream der schamanischen und christlichen Tradition folgend – als persönliches Du, das mir gegenübersteht, auffassen und dann wieder in der Tradition Meister Eckharts und vieler MystikerInnen als in mir befindlichen Wesensgrund allen Seins, als meine Vitalität, die ich mir nicht als Person vorstelle. Und es könnten in den Religionen beide und noch andere Positionen friedlich nebeneinander vertreten werden. Das ist zwar unlogisch, aber psycho-logisch. Und dieses paradoxe Reden über Gott kommt wohl seiner Realität näher als zu glauben, über ihn Bescheid zu wissen und ihn beschreiben zu können. (Siehe der nächste Abschnitt: »Du sollst dir kein Bild machen von Gott!«)

Auf jeden Fall erleben wir in tiefen Meditationen etwas von diesem Unfassbaren in uns und diese und alle Grenzen aufgehoben, was freilich mit unserer digitalen Sprache zu beschreiben sehr schwer fällt. Ein Jahr vor seinem Tod, nach der Feier der heiligen Messe am Nikolaustag 1273, stellte der berühmte Theologe Thomas von Aquin (†1274) jegliche Arbeit an seinen Schriften ein. Er wird mit der Erklärung zitiert:

»Alles, was ich geschrieben habe,
kommt mir vor wie Stroh
im Vergleich zu dem, was ich gesehen habe.«

Woher wollen wir wissen, dass unsere inneren Augen weniger genau sehen als unsere äußeren, die ja auch »nur« konstruieren? *»Schau, da drüben steht ein Baum!«* Heinz von Foerster (†2002) darauf: *»Woher weißt Du das?«*

Wenn Friedrich Wilhelm Joseph von Schelling (†1854) sagt: *»Wir alle besitzen die geheime, wunderbare Fähigkeit, uns vor den Veränderungen der Zeit ins Innere zurückzuziehen, in unser Selbst, das bloß ist von allen äußeren Eigenschaften, um dort in unserem Inneren die Gestalt des Unveränderlichen zu schauen,«* erinnert dies an die Auffassung nepalesischer SchamanInnen, dass die Mitte des Kosmos und die Mitte des Menschen zusammenfallen, was sie auch in ihrem Altar zum Ausdruck bringen.

Das hier Gesagte, insbesondere der Verweis auf die Ähnlichkeiten mit den Traditionen der Mystik, könnte dazu verleiten, sich SchamanInnen als besonders heilige und hochentwickelte Persönlichkeiten vorzustellen. Das ist oft, aber nicht immer der Fall. Trotz einer normalerweise viel härteren und viel längeren Ausbildung:

Gelegentlich begegnet man erfolgreichen Heilern, die aber persönlich schwer auszuhalten und unausstehlich sind zu ihren Familienmitgliedern. Ähnlich wie wir Psychotherapeuten keine Heiligen sind. Eine gediegene Selbsterfahrung oder Eigentherapie, wie sie bei uns vorgeschrieben ist, wäre sicherlich manchmal hilfreich. Die Wüstenväter z. B. warnten, wir sollten uns nicht von einem beeindrucken lassen, der Tote erwecken könne, sich selber aber nicht beherrsche, erzählt Lorenz Marti (2006) in seinem bemerkenswerten Buch »Wie schnürt ein Mystiker seine Schuhe?«.

Du sollst dir kein Bild machen von Gott! (Ex. 20,4)

Auch Juan K'anchaq Uma aus Peru teilt folgende drei Klassen ein:

- die »Titulares«, die Natur- oder Erdgeister, die uns schützen, mit Hilfe derer in seiner Tradition v.a. geheilt wird,
- die »Entitades«, die Ahnen und unseren Engeln vergleichbare Geister und
- die »Esencia de los hombres«, der Geist, den jeder in sich trägt, den göttlichen Geist.

»Den göttlichen Geist definieren wir nicht in unserer Tradition. Am ehesten nennen wir ihn den ›Schöpfergeist‹. In der Inka-Tradition gibt es gar keinen Namen für Gott. Ihn zu benennen, würde ja bedeuten, ihn festhalten oder beherrschen zu können,« sagte er 2006 bei einem Schamanenkongress in Wien. Was legen islamische Mystiker Allah in den Mund?

> *»Die gesamte Schöpfung kann mich nicht fassen.*
> *Aber ich wohne in den Herzen derer, die an mich glauben.«*

»Du sollst dir kein Bild machen von Gott!« heißt es in Exodus 20,4. Natürlich ist da zunächst gemeint, dass man kein Bildnis anfertigen und z. B. keine Statue von Gott schnitzen solle. Aber es heißt noch weiter: *»und keine Darstellung von irgendetwas am Himmel droben, auf der Erde unten oder im Wasser unter der Erde.«* Wohl, um nicht zu glauben, man könne das Wesen des Seins, das sich

(s.o.) in allen Geschöpfen ausdrückt, fassbar machen und verdinglichen und dann womöglich noch die Darstellung mit dem Dargestellten verwechseln.

Dies ist übrigens der theologische Hintergrund der christlichen Bilderstürmer und des Verbotes jeglicher bildhaften Darstellung im Islam, das übrigens zu einer unglaublichen Hochblüte der Ornamentik geführt hat. Vgl. auch die oft nüchterne Ausstattung von – dem Wort verpflichteten – protestantischen Kirchen im Gegensatz zur Sinnenlust einer Barock- oder gar Rokoko-Kirche. Aus meiner Sicht handelt es sich um unterschiedliche legitime Formen, sich dem Mysterium anzunähern.

In der jüdischen Tradition durfte der biblische Name Gottes »JHWH«, der bedeutet »Ich werde da sein«, gar nicht ausgesprochen werden.

Der Kirchenlehrer Gregor von Nazianz (†390)
(zit. in: Hans Jonas, 2008):
»O jenseits aller Dinge,
mit was kann sich vergleichen, dich zu rufen!
Wie kann die Sprache dich preisen?
Du bist nicht ausdrückbar in irgendeiner Sprache.
Wie kann Vernunft dich aufnehmen?
Denn du bist nicht begreifbar durch irgendeinen Geist.
Du bist allein unaussprechlich,
während du erzeugst alles, was der Sprache offen ist.
Du, der du allein unerkennbar bist,
während du alles erzeugst, was offen dem Denken ist ...
Das Ende aller Dinge bist du
Und eins und alles und nichts.
Nicht bist du eines oder alles, der du alle Namen
beanspruchst, wie soll ich dich nennen?«

Als der Bischof und Kirchenlehrer Augustinus (†430) nach der Legende am Meer entlangging, sah er ein Kind, das aus dem Meer Wasser in eine Grube schöpfte. Als er das Kind fragte, was es denn da mache, antwortete das Kind: »Ich schöpfe das Meer in die Grube.« Als Augustinus meinte, dass dies doch nicht möglich wäre, da das Meer doch viel zu groß für jene kleine Grube sei, erhielt er die Antwort: »So kannst auch Du den großen, dreifaltigen Gott mit Deinem menschlichen Verstand nicht ausschöpfen.«

Dieses unergründbare Geheimnis ist der Boden, auf dem sich SchamanInnen, die verschiedenen Religionen und auch Skeptiker begegnen könnten.

Der Bischof, Mystiker und geniale Vertreter der »negativen Theologie« Nikolaus von Kues (†1464) beschreibt folgenden fiktiven Dialog zwischen einem Heiden und einem Christen (zusammengefasst durch Lorenz Marti, 2006):

»A ist ein Zweifler und möchte gerne klare Auskünfte. B würde diese gerne geben, kann aber nicht, weil sich As Fragen letztlich nicht beantworten lassen.

A: Bruder, was weißt du von dem Gott, den du anbetest?
B: Ich weiß nichts.
A: Wie kannst du mit solchem Ernst anbeten, was du nicht kennst?
B: Weil ich kein Wissen habe, bete ich an.
A: Sonderbar. Was weißt du denn?
B: Ich weiß, dass all mein Wissen und Begreifen ihm nicht entspricht, weil er alles übersteigt.
A: Wie muss ich mir denn Gott vorstellen?
B: Es gibt keine Vorstellung, weil er in seiner Unendlichkeit alles überschreitet. Er ist der Ursprung, der jedem Gedanken über ihn vorausgeht.
A: Dann gibt es ihn nicht in der Weise, wie es einen Baum gibt?
B: Nein.
A: Woraus ich schließe, dass er nichts ist?
B: Er ist nicht nichts. Er ist auch nicht etwas. Etwas und nichts sind Namen, Gott aber hat keinen Namen. Er geht allem Nennbaren, aber auch allem Nichtnennbaren voraus.
A: Wer ist er denn?
B: Er ist der Urgrund ohne Beginn und das Ziel ohne Ende. Er ist die Quelle allen Seins und Nichtseins.
A: So. Die Quelle allen Seins und Nichtseins …

B: Nein!
A: Aber das hast du doch eben gesagt?
B: Ich sagte die Wahrheit, als ich dies behauptete. Aber auch jetzt spreche ich wahr, wenn ich es wiederum bestreite. Denn wenn es eine Quelle des Seins und des Nichtseins gibt – Gott geht ihr voraus. Er ist jenseits aller Gegensätze. Ich sage es mit dem lateinischen Begriff: coincidentia oppositorum – Zusammenfallen der Gegensätze. Aber das soll kein weiterer Versuch sein, Gott zu benennen …«

Das erinnert an jenen jüdischen Gelehrten, der, in ähnlicher Weise von einem Heiden gefragt, geantwortet haben soll:

»Der Ewige, geheiligt sei sein Name, ist groß.
Er ist so groß!
Er hat es gar nicht nötig, zu existieren.«

Oder wie Albert Einstein (†1955) es ausgedrückt hat:

»Man hat den Eindruck,
dass die moderne Physik auf Annahmen beruht,
die irgendwie dem Lächeln einer Katze gleichen,
die gar nicht da ist.«

Ich stimme dem »bekennenden Atheisten« Richard Dawkins (2006) nicht zu, wenn er betont:

»Der metaphysische oder pantheistische Gott der Physiker ist Lichtjahre entfernt von dem interventionistischen, wundertätigen, Gedanken lesenden, Sünden bestrafenden und Gebete erhörenden Gott der Bibel, der Priester, Mullahs und Rabbis. Diese beiden absichtlich zu verschmelzen, ist meiner Ansicht nach ein Akt intellektuellen Hochverrats.«

Weil sich Gott dem Intellekt überhaupt, also sowohl der physikalischen wie der religiösen Beschreibung, entzieht. Wie wollte man etwas Undefinierbares, zu Deutsch: Unbegrenzbares, definieren, zu Deutsch: begrenzen??

Als Juri Gagarin 1961 vom ersten Ausflug eines Menschen in das All auf die Erde zurückkehrte, soll er gespottet haben: »So sehr ich mich auch bemühte, ich habe Gott da oben nirgends sehen können.« Ähnliche Sätze gibt es auch von Hirnforschern. Dazu meint der Theologe Eugen Drewermann, dass Gott subversiv wirke. Der unfassbare Gott brauche keine Angst zu haben vor den Erkenntnissen seiner Geschöpfe.

Josef Dirnbeck (2007), Autor des Buches, »Die Jesus-Fälscher«, schrieb in einer Glosse mit dem bemerkenswerten Titel »Gott lässt seiner spotten«: »Die Theologin Dorothee Sölle (†2003) hat einmal gesagt, es habe sie ›nicht allzusehr beunruhigt‹ , als bekannt wurde, dass Umfragen zufolge die Mehrheit der Deutschen nicht mehr an Gott glaubt. Und zwar, so Sölle, ›weil ich das, woran sie früher glaubten, nicht unbedingt für Gott hielt.‹« In die gleiche Richtung zielt der Stoßseufzer des berühmten Theologen Karl Rahner (†1984):

»Gott sei Dank gibt es nicht,
was sich sechzig bis achtzig Prozent der
Zeitgenossen unter Gott vorstellen!«

Es wundert, dass viele so gut über Gottes Eigenschaften Bescheid zu wissen scheinen, kann man doch nur verlässlich sagen, was er nicht ist, wie es in der »negativen Theologie«, die auch ich vertrete, gesehen wird. Alles, was man über Gott sagen kann, ist zu verneinen. Aber auch die Verneinung ist zu verneinen. Alles Reden ist nur unzutreffende Annäherung, Versuch, etwas Unfassbares in Worte zu fassen: der Allerhöchste, der Große Geist, der Schöpfer, das Eine, die Fülle, die Leere, das Licht, das Zusammenfallen der Gegensätze, das Unnennbare, die alles umfassende Liebe, der Seinsgrund, Wakan Tanka ...

Das Dilemma: Wir können gar nicht anders, als in Bildern zu denken, und es ist ein menschliches Bedürfnis, sich das Absolute als ein (be)greifbares Gegenüber vorzustellen. So projizieren wir das Schönste, was wir auf Erden erleben können, auf diese unfassbare Wirklichkeit. Ist es nicht naheliegend, dass Gott, das Absolute als Liebe bezeichnet wird, wo doch die Erfahrung des Liebens und Geliebt-Werdens für die meisten Menschen das absolut Schönste ist, das man auf der Erde erleben kann oder erleben möchte. Vgl. die bezaubernden Texte im Hohelied der Liebe in der Bibel, das dem König Salomon zugeschrieben wird.

Theologisch wird freilich üblicherweise umgekehrt die irdische Liebe zwischen Menschen als Abbild der Liebe Gottes zu seinem Volk gedeutet – gemäß der Schöpfungserzählung:

»Und Gott schuf den Menschen nach seinem Bild,
nach dem Bild Gottes schuf er ihn« (Gen. 1,27) –

also der Mensch und seine Eigenschaften sowie das ganze Universum werden als Projektion Gottes (!) aufgefasst.

Aber mit Meister Eckhart (†1328) vermute ich, dass dies nur scheinbar ein Widerspruch ist:

»Das Auge, in dem ich Gott sehe, das
ist das selbe Auge, darin mich Gott sieht;
mein Auge und Gottes Auge,
das ist ein Auge
und ein Sehen
und ein Erkennen
und ein Lieben.«

Dem Pantheismus-Vorwurf kann man mit Meister Eckhart (†1328) nach Diethmar Mieth (2004) entgegenstellen, *»dass wir nicht das Feuer sind, sondern immer noch das Holz, das sich noch nicht ganz in Feuer verwandelt hat.«*

In geringerem Ausmaß geschieht ein ähnlicher Vorgang bezüglich der Geistwesen: Sie sind zwar nicht unendlich und absolut unfassbar, Geschöpfe wie wir, aber mit einem reinen Geist können wir wenig anfangen. Also wählen wir/sie etwa die Erscheinungsform eines Tieres oder die Konturen eines Menschen, damit wir sie leichter verstehen und mit ihnen kommunizieren können. Psychologisch gesehen, handelt es sich, wie gesagt, um Projektionen, deren Bildmaterial natürlich aus der Erfahrung und der Lebenswelt des Menschen stammt.

Bilder »fahren ein«, wie man es bei uns in der Mundart ausdrückt.

»So kennt die Bibel viele Metaphern, die für Gott stehen, zum Beispiel: Burg, Fels und Feste (Ps. 18,3; 73,26), Gerechtigkeit (Jer. 23,6), Hilfe (Ps. 140,8), Kraft, Licht und Schild (Ps. 27,1; 28,7), Schönheit (Ps. 89,18), Stärke (Ps. 18,2; 22,20; 59,10), Weisheit (Weish. 1,6), Zuflucht

(Ps. 18,3; 46). Die Spitzenaussage findet sich im Neuen Testament, im ersten Johannesbrief: ›Gott ist die Liebe‹ (4,8.16).« (Norbert SCHOLL, 2014)

So versucht auch Jesus, Gott immer wieder durch Bilder aus der jeweiligen Lebenswelt seiner ZuhörerInnen auszudrücken, z. B. als liebenden und fürsorglichen Vater, auch seinem gestrauchelten Sohn gegenüber (Luk. 15,11 ff.), als Arbeitgeber, der auch den erst kurz Arbeitenden reich entlohnt (Matth. 20, 1 ff.), als liebevollen Hirten, der jedem verlorenen Schaf nachgeht (Luk. 15,1 ff.), als Vater im Himmel, der seine Sonne aufgehen lässt über Böse und Gute und regnen lässt über Gerechte und Ungerechte (Matth. 5,45), als König, der zum Festmahl lädt (Matth. 22,1 ff.) etc.

Auch am Leben des Jesus und seinen Handlungen ist abzulesen, wie Gott ist: wenn er z. B. zu denen, die gerade eine Ehebrecherin steinigen wollen, sagt: *»Wer unter euch ohne Sünde ist, der werfe den ersten Stein auf sie!«* Als daraufhin einer nach dem anderen geht – die Ältesten, die schon am meisten auf dem Kerbholz haben, zuerst, berichtet schmunzelnd der Autor –, sagt Jesus zur Frau: *»So verdamme ich dich auch nicht.«* (Joh. 8,1 ff.) Er versorgt die Hochzeitsgesellschaft mit Wein (Joh. 2,1 ff.), er heilt eine Reihe von Menschen (z. B. Matth. 8), er tröstet, die um einen Toten weinen (Joh. 11,1 ff.) und versorgt Hungernde mit Essen (Luk. 9,10 ff.) etc. Und er verkündet: *»Bittet, so wird euch gegeben; suchet, so werdet ihr finden; klopfet an, so wird euch aufgetan. Denn wer da bittet, der empfängt; und wer da sucht, der findet; und wer da anklopft, dem wird aufgetan.* (Matth. ,7 ff.) *»Ich bin gekommen, damit sie das Leben haben und es in Fülle haben!«* (Joh. 10,10)

»Er hat mich beauftragt, den Armen die frohe Botschaft
zu bringen. Den Gefangenen soll ich die Freiheit verkünden,
den Blinden sagen, dass sie sehen werden,
und den Unterdrückten, dass sie bald von jeder Gewalt
befreit sein sollen.
Jetzt erlässt Gott alle Schuld.« (Luk. 4, 18 f.)

Das sind die Kennzeichen des Reiches Gottes, des Hauptthemas der Evangelien – dargelegt in einprägsamen Vergleichen und anschaulichen Erzählungen. Bilder über Bilder! »Exempla trahunt,« sagten schon die Lateiner: Beispiele ziehen.

Doch auch diese schönen, liebevollen, herzerwärmenden und Mut machenden Bilder (und Vor-bilder) sind nur ein Versuch, die Wirklichkeit zu beschreiben, die alles Vorstellbare übersteigt. Das sollte man sich immer wieder bewusst machen – wie man auch die Landkarte nicht mit dem Land verwechselt und den Wegweiser nicht mit dem Ziel.

Interessant ist, dass nach dem biblischen Zeugnis auch Jesus auf zweierlei Art von Gott redet:

Einerseits nannte er diese unaussprechliche Wirklichkeit immer wieder »Vater«, also eine Person, mit bzw. zu der man reden kann und die einen liebt. Und das ist auch der Mainstream der Tradition der Kirchen.

Aber in dem Evangelium, das Johannes zugeschrieben wird, verfasst ca. 100 n.Chr., gibt es eine bemerkenswerte Szene (Joh. 10,30ff.), in der Jesus sagt: *»Ich und der Vater sind eins.«*

Kein Wunder, dass die Zuhörer ihn der Gotteslästerung bezichtigen und Steine aufheben, ihn zu steinigen: *»Denn du bist nur ein Mensch und machst dich selbst zu Gott,«* werfen sie ihm vor.

In den folgenden Jahrhunderten gab es darüber erbitterte theologische Auseinandersetzungen. Gregor von Nyssa (ca. †394) berichtet, dass sogar auf dem Marktplatz darüber gestritten wurde – bis man sich endlich im Jahr 451 auf dem 4. Konzil von Chalcedon, einem Vorort Konstantinopels, unter nachfolgendem Ausschluss der Gegner, mehrheitlich auf die Zwei-Naturen-Lehre einigte: Jesus Christus ist

»wahrer Gott und wahrer Mensch.«

Nachdem aber an Jesus wie an einem großen Bruder abzulesen ist, wie es mit uns allen steht, ist es nicht abwegig, diese Aussage auch auf uns anzuwenden. Was die MystikerInnen immer wieder betonten, mit Hinweis darauf, dass wir – aus Gott hervorgegangen – Kinder Gottes sind, was theologisch nie bestritten, aber nie wirklich ernst genommen wurde (für die kirchlichen Herrscher war es bequemer, ihren Untertanen einzureden, dass sie Sünder seien):

»Der Same Gottes ist in uns.
Hätte er einen guten, weisen und fleißigen
Ackerer, so würde er umso besser gedeihen
und wüchse auf zu Gott, dessen Same er ist,
und die Frucht würde gleich der Natur Gottes.
Birnbaums Same erwächst zum Birnbaum,
Nussbaums Same zum Nussbaum,
Same Gottes zu Gott.

Der Mensch kann Gott werden,
weil Gott Mensch geworden ist und
dadurch die menschliche Natur vergöttlichte.

Der äußere Mensch
ist der alte Mensch,
der irdische Mensch,
der Mensch dieser Welt,
der von Tag zu Tag älter wird.
Sein Ende ist der Tod.
Der innere Mensch
auf der anderen Seite
ist der neue Mensch,
der himmlische Mensch,
in dem Gott leuchtet.«
sagt z. B. Meister Eckhart (†1328).

Kann man also den von Jesus als »Vater« erlebten persönlichen Gott auch »unpersönlich« als »göttliche Energie in mir« bezeichnen? Mein Freund Ernst Bräuer:

»Der entscheidende Punkt ist, ob der Begriff ›Energie‹ in Bezug auf Gott ein Symbolbegriff oder ein im naturwissenschaftlichen Sinn ›exakter‹ Begriff ist. Für mich ist Naturwissenschaft Ergebnis eines ›beobachtenden Denkens‹, Religion aber ist Ausdruck eines ›teilnehmenden Denkens‹. Die Sprachspiele haben einen unterschiedlichen Charakter und eine eigene Logik. Man darf sie nicht vermischen! Beide Denkweisen haben ihre Berechtigung, aber eine unterschiedliche Aufgabe.

Wissenschaft schafft Wissen über die Wirklichkeit. Religion schafft Vertrauen in die Wirklichkeit.«

Man spricht da von Inkommensurabilität.

»So far as religion is testable, it seems to be false. This is not an accusation because religion isn' t science ... Any discussion of God somehow is in a sense unpleasant. When I look at what I call the gift of life, I feel a gratitude which is in tune with some religious ideas of God,« sagte dazu Karl Popper (†1994) in dem »verlorenen Interview« zu Edward Zerin (1969).

Ich glaube, dass jedes aus der irdischen Realität stammende Wort legitim ist, weil ohnehin keines ein exakter Begriff und nur eine Metapher sein kann. Entscheidender ist, ob einem diese Vorstellung hilfreich ist, »Vertrauen in die Wirklichkeit« zu fassen.

Das relativiert die zeitweise heftige Diskussion zwischen Physikern, Erkenntnistheoretikern und Theologen über den Gottesbegriff, z. B. wenn der von mir sonst geschätzte Stephen Hawking (2011) die These vertritt, dass die Frage nach Gott überholt sei, da sich das Universum selber aus dem Nichts erschaffen habe. Die Wissenschaft könne *»das Universum erklären ohne einen Schöpfer. Gott ist der Name, den Menschen dem geben, was sie nicht verstehen. Aber die Wissenschaft erklärt das Universum so, dass wir es alle verstehen können.«*

Ganz abgesehen davon, dass ich schmunzelnd bekennen muss, dass der letzte Satz für mich nicht zutrifft: Hawking und Mlodinow fallen da auf das alte Gottesbild rein: den Scheich, der in sieben Tagen die Welt erschaffen hat und streng, aber gerecht über dem Universum thront. Der Wiener Physiker Anton Zeilinger antwortet ihm (lt. »Profil« vom 4.12.2010), zwei Fragen könne die Wissenschaft nicht lösen und werde sie niemals lösen können: Woher kommen die Naturgesetze und wer schuf die Anfangsbedingungen, die zur Entstehung der Welt und des irdischen Lebens geführt haben?

Albert Einstein (1932) drückt es in »Mein Glaubensbekenntnis« so aus:

»Das Schönste und Tiefste, was der Mensch erleben kann, ist das Gefühl des Geheimnisvollen. Es liegt der Religion sowie allem tieferen

Streben in Kunst und Wissenschaft zugrunde. Wer dies nicht erlebt hat, erscheint mir, wenn nicht wie ein Toter, so doch wie ein Blinder.

Zu empfinden, dass hinter dem Erlebbaren ein für unseren Geist Unerreichbares verborgen sei, dessen Schönheit und Erhabenheit uns nur mittelbar und in schwachem Widerschein erreicht, das ist Religiosität. In diesem Sinne bin ich religiös. Es ist mir genug, diese Geheimnisse staunend zu ahnen und zu versuchen, von der erhabenen Struktur des Seienden in Demut ein mattes Abbild geistig zu erfassen.«

SchamanInnen und religiöse Menschen verbindet diese Ehrfurcht vor dem Mysterium, das Wissen um seine Unfassbarkeit und die durch Zurücksetzung des Egos gemachte Erfahrung dieser unglaublichen Realität, die sich Dionysius Areopagita (†6.Jh.) zufolge nur jenen zeigt, *»die ihre Augen zu schließen wissen«* und eintreten in die *»überhelle Dunkelheit des Schweigens«* (zit. nach Lorenz Marti, 2006):

»Lasst die Sinne und das Wirken des Verstandes hinter euch,
so dass ihr durch Nichtwissen zu ihm gelangt,
der über alles Sein und alles Wissen hinausreicht.«

Nicht alle religiösen Menschen und SchamanInnen tun dies, einige aber schon. Wir sollten nicht so tun, als ob wir nur ein Häufchen Materie wären.

»Was hilft es dem Menschen,
wenn er die ganze Welt gewinnt,
an seiner Seele aber Schaden leidet?« heißt es bei Markus 8,36.

Eine leidvolle Geschichte

Die Geschichte der Beziehung des Christentums zum Schamanismus ist seitens der christlichen Kirchen vorwiegend gekennzeichnet durch Abwertung und das Bedürfnis nach Abgrenzung.

Aufbauend auf den Lehren des energischen Kirchenvaters Tertullian (ca. †220), prägte Cyprian von Karthago den verhängnisvollen Satz:

»Extra ecclesiam salus non est.«
Außerhalb der Kirche gibt es kein Heil.

Unter »Heil« verstand er vor allem die »recta doctrina« (rechte Lehre) und »legitima sacramenta« (rechtmäßige Sakramente), was nach Cyprian nur innerhalb der mit dem rechtmäßigen Bischof verbundenen Gemeinde zu finden ist. Der fragwürdige Satz wurde bald als überhaupt das »Seelenheil« des Menschen betreffend verstanden und erst beim Zweiten Vatikanischen Konzil (1962 bis 1965) zurückgenommen.

In Verbindung mit dem Missionsbefehl aus dem Matthäus-Evangelium 28,19f.:

»Geht zu allen Völkern und macht alle Menschen zu meinen Jüngern; tauft sie auf den Namen des Vaters und des Sohnes und des Heiligen Geistes, und lehrt sie, alles zu befolgen, was ich euch geboten habe,«

hatte er verheerende Folgen. Ganz abgesehen davon, dass es wie bei der »Evangelisierung« Lateinamerikas vielen vor allem um Mehrung von Besitz und Macht ging, strömten nun mutige Missionare aus, die verlorenen Seelen zu retten.

Wollten sich die Heiden aber nicht retten lassen, sondern bei ihrer bisherigen Weltanschauung und ihrer Form zu glauben bleiben, setzte man nicht selten Gewalt ein, um aus den »Wilden« »ordentliche Christenmenschen« zu machen – oft in guter Absicht, ähnlich wie man einen Selbstmörder massiv zurückhält, um ihn vor dem Tod zu retten. Und aus dieser Doktrin heraus, ging es ja um die Rettung vor dem ewigen Tod! Da fand man Gewalt schon angemessen.

Die seriösen unter den »Gottesmännern« suchten also, Gott in alle Welt zu bringen, damit die fremden Völker gerettet würden. Sie waren in der Regel gar nicht auf die Idee gekommen, dass Gott schon längst dort sein könnte und – wenn auch unter anderen Namen und mit unbekannten Riten – dort längst verehrt wurde. So konnten sie ihn auch nicht entdecken und die fremden Formen seiner Verehrung würdigen.

So fühlten sich z. B. Basler Missionare in Afrika *»auf dem äußersten und gefahrvollsten Vorposten im Heerlager der kämpfenden Kirche Christi«*. Wenngleich Missionare gelegentlich auch die indigenen Sprachen und Traditionen zu erhalten und die einheimische Bevölkerung manchmal vor Enteignung und gegen die brutalsten Übergriffe der Kolonialherren zu schützen versuchten, – die politische und die christliche Kolonialisierung waren oft kaum zu trennen.

»Missionare sind besser als Polizisten und billiger,« soll der britische Kolonialpolitiker Cecil Rhodes (†1902) einmal gesagt haben.

Als Vertreter der wahren Lehre und der einzig selig machenden Kirche trat man anderen Religionen, auch der schamanischen Tradition, die man ja allenthalben vorfand, besserwissend, bevormundend und in einer Überheblichkeit gegenüber, die dem Macht- und Besitzwillen der Eroberer und Konquistadoren in nichts nachstand. Diesen sollte ja die Religion als »Überbau« legitimieren, wie Karl Marx (†1883) richtig anmerkte.

Erfreulicherweise gibt es auch Gegenbeispiele, so wenig bleibender Erfolg ihnen auch beschieden war:

So setzte sich der Dominikaner Bartolomé de Las Casas (†1566) gegen die brutale und menschenverachtende Versklavung der Indios ein und machte detaillierte Aufzeichnungen über die spanische Conquista. Man bezeichnete ihn als Urheber der »Neuen Gesetze«, die die Rechte der Indios festschrieben, und damit als Verantwortlichen für den Aufstand und den Bürgerkrieg in Peru, verleumdete ihn beim Kaiser und bedrohte ihn mit dem Tod. 1545 wurde schließlich das wichtigste der »Neuen Gesetze« vom Kaiser wieder aufgehoben.

Auch in China und Indien war den Jesuiten bei ihren Missionen die Anpassung an die vorgefundenen Bräuche wichtig. 1582 reiste der Jesuit Matteo Ricci nach China. Den zum Christentum Konvertierten sollte die Beibehaltung der äußeren Riten ihrer tradierten Religionen, z. B. die konfuzianische Ahnenverehrung, gestattet bleiben. 1742/44 setzte Papst Benedikt XIV. diesem so genannten »Ritenstreit« mit dem endgültigen Verbot der Akkommodation ein Ende.

In Paraguay bestand von 1610 bis 1767 ein Jesuitenstaat, in dem die Indianer in so genannten »Reduktionen« unabhängig von den spanischen und portugiesischen Kolonialherren und in Sicherheit vor ihnen leben konnten. 1767 wurden die Jesuiten von den Spaniern aus Paraguay vertrieben, weil sie die kolonialen Unternehmungen behinderten.

Die 1998 heiliggesprochene Edith Stein (1942 ermordet im KZ Auschwitz-Birkenau) drückte es so aus:

»Es hat mir immer sehr fern gelegen zu denken,
dass Gottes Barmherzigkeit
sich an die Grenzen der sichtbaren Kirche binde.
Gott ist die Wahrheit.
Wer die Wahrheit sucht, der sucht Gott,
ob es ihm klar ist oder nicht.«

Aus der umfangreichen Literatur zu Missionierung und »Seelenrettung« in ihrer schlimmsten Form seien zwei Beispiele aus jüngerer Zeit erwähnt: Marlo MORGAN (1998) schildert in Romanform das Schicksal zweier Aborigines-Kinder aus Australien, die ihren Eltern entrissen wurden, um sie christlich zu erziehen. Malidoma Patrice SOMÉ (1996) berichtet, wie er als Kind von Missionaren regelrecht entführt und in ein katholisches Internat gebracht worden war. Er durfte seine Muttersprache nicht mehr sprechen, bis er als junger Mann aus dem Priesterseminar entfliehen konnte. Man nannte das »Heranbildung eines einheimischen Klerus«. Inzwischen zum erwachsenen Stammesmitglied und Schamanen initiiert, absolvierte Somé mehrere Studien im Westen und versucht nun, zwischen dem spirituellen Weltverständnis in Westafrika und westlichen Auffassungen Brücken herzustellen. Die Weisen seines Stammes hatten bei seiner Geburt schon sein Schicksal vorausgesehen und ihm den Namen »Malidoma« gegeben, der bedeutet »Sei Freund dem Fremden und dem Feind!«

Wie die psychoanalytisch ausgebildete Sozialwissenschafterin Gerhild TRÜBSWASSER (2005) berichtet, leiden noch heute indigene Nikaraguaner z. B. unter anfallsartigen schlimmen Visionen,

Albträumen und Ängsten etc., die sie »Grisi siknes« (Kreolisch für »Crazy sickness« – verrückte Krankheit) nennen. Als Auslöser nennt sie eine Reihe sozialer Faktoren. Aber die Visionen könnten die Krankheit möglicherweise als eine Spätfolge der schweren kollektiven Traumatisierung durch die christlichen Kolonisatoren ausweisen.

Holger Kalweit (1988) berichtet, dass ausgerechnet durch die christliche Mission manche Schamanen ihre Heilkraft verloren haben, zitiert aber auch – kritisch seiner Zunft gegenüber – ein Sprichwort aus Haiti:

»Wenn die Anthropologen kommen,
verlassen die Götter die Insel.«

Ein Beispiel wird sogar in der Apostelgeschichte (16,16 ff.) berichtet. Paulus befindet sich gerade in Philippi in Mazedonien:

»Als wir einmal auf dem Weg zur Gebetsstätte waren, begegnete uns eine Magd, die einen Wahrsagegeist hatte und mit der Wahrsagerei ihren Herren großen Gewinn einbrachte.

Sie lief Paulus und uns nach und schrie: Diese Menschen sind Diener des höchsten Gottes; sie verkünden euch den Weg des Heils. Das tat sie viele Tage lang. Da wurde Paulus ärgerlich, wandte sich um und sagte zu dem Geist: Ich befehle dir im Namen Jesu Christi: Verlass diese Frau! Und im gleichen Augenblick verließ er sie.«

Wäre sie eine Prophetin innerhalb der Christengemeinde gewesen, hätte sich Paulus wohl weniger über ihre Weissagungen geärgert und ihre Gabe gewürdigt. Es geht, wie wir sehen werden, immer um Abgrenzung und Alleinvertretungsanspruch.

Das wird besonders deutlich in der Unterscheidung der »Zaubereien« des Simon von den »Wundern« des Philippus, die natürlich nicht als »Zauberei« bezeichnet werden. (Apostelgeschichte 8, 5 ff.):

»Philippus aber kam in die Hauptstadt Samariens hinab und verkündigte dort Christus. Und die Menge achtete einmütig auf die Worte des Philippus; sie hörten zu und sahen die Wunder, die er tat. Denn aus vielen Besessenen fuhren unter lautem Geschrei die unreinen Geister aus; auch viele Lahme und Krüppel wurden geheilt. So herrschte große

Freude in jener Stadt. Ein Mann namens Simon wohnte schon länger in der Stadt; er trieb Zauberei und verwirrte das Volk von Samarien, da er sich als etwas Großes ausgab. Alle hörten auf ihn, Jung und Alt, und sie sagten: Das ist die Kraft Gottes, die man die Große nennt. Und sie schlossen sich ihm an, weil er sie lange Zeit mit seinen Zauberkünsten betörte. Als sie jedoch dem Philippus Glauben schenkten, der das Evangelium vom Reich Gottes und vom Namen Jesu Christi verkündete, ließen sie sich taufen, Männer und Frauen. Auch Simon wurde gläubig, ließ sich taufen und schloss sich dem Philippus an; und als er die großen Zeichen und Wunder sah, geriet er außer sich vor Staunen.«

Wie viele Neubekehrte, geht Paulus mit besonderer Härte gegen Gegner vor (Apg. 13,6 ff.), noch dazu, wenn ihm einer die Show stehlen will:

»Sie durchzogen die ganze Insel bis Paphos. Dort trafen sie einen Mann namens Barjesus, einen Zauberer und falschen Propheten, der Jude war und zum Gefolge des Prokonsuls Sergius Paulus, eines verständigen Mannes, gehörte. Dieser ließ Barnabas und Saulus rufen und wünschte, von ihnen das Wort Gottes zu hören. Aber Elymas, der Zauberer – so wird nämlich der Name Elymas übersetzt –, trat gegen sie auf und wollte den Prokonsul vom Glauben abhalten. Saulus, der auch Paulus heißt, blickte ihn, vom Heiligen Geist erfüllt, an und sagte: Du elender und gerissener Betrüger, du Sohn des Teufels, du Feind aller Gerechtigkeit, willst du nicht endlich aufhören, die geraden Wege des Herrn zu durchkreuzen? Jetzt kommt die Hand des Herrn über dich. Du wirst blind sein und eine Zeit lang die Sonne nicht mehr sehen. Im selben Augenblick fiel Finsternis und Dunkel auf ihn, er tappte umher und suchte jemand, der ihn an der Hand führte.«

Die Ausbreitung des Christentums geschah (ähnlich wie z. B. die des Islam) mit gutem Gewissen oft mit großer Brutalität.

Aus psychologischer Sicht ist es für die Entstehung und Festigung des WIR-Gefühls wichtig, auf das zu achten, was uns von Anderen unterscheidet. Wie man aus der Gruppendynamik weiß, führt dies aber leicht dazu, auf die Anderen herabzublicken und seine eigene Gruppe für besser zu halten.

Besonders verheerend wirkt sich dies aus, wenn man sein eigenes Volk als »auserwählt« und/oder seinen eigenen Glauben, seine eigene Kultur und die Art zu leben als den anderen überlegen ansieht. Wenn man die Macht und die Mittel hat, führt dies oft zu einem gewaltsamen Vorgehen gegen Andersgläubige, -denkende, -lebende. Man fühlt sich dabei im Recht und kann so nicht merken, wie unzivilisiert es ist, seine Zivilisation anderen aufzwingen zu wollen. Es scheint, so der Friedensforscher Johan Galtung, dass monotheistische Religionen hier besonders gefährdet sind.

Heute, im sogenannten »Clash of Civilisations« (Samuel Huntington), werden sowohl terroristische Aktivitäten religiös (z.B. muslimisch) begründet wie auch furchtbare Kriege christlicher Staaten gegen die »Achse des Bösen« religiös legitimiert – ideologischer »Überbau« für absolut irdische Ziele wie die Vergrößerung des Einflussbereiches, den Sturz von politischen Systemen oder die Absicherung von Rohstoffquellen etc.

Sich seiner eigenen Werte bewusst zu sein und die Pflege des WIR-Gefühls, sind gesund und wären durchaus vereinbar mit dem Respekt vor den Andersdenkenden. Ein lebendiges Streitgespräch, eine respektvolle und wertschätzende Auseinandersetzung kann für beide Seiten fruchtbar und bereichernd sein.

Ich halte nämlich auch die These vom »edlen Wilden« und von Naturvölkern als friedlichen Erdenbürgern, die, im Gegensatz zu uns, harmonisch mit sich und mit ihrer Umwelt im Reinen leben, für äußerst fragwürdig. Ich glaube, dass nicht nur wir von ihnen, sondern auch sie von uns viel lernen können. Vielerlei Ängste, Kriege, Menschenopfer usw. sprechen gegen diese These, die – im 15. Jh. entstanden und später v.a. von Jean-Jacques Rousseau (†1778) propagiert – offensichtlich die wirtschaftliche und politische Unterlegenheit der kolonialisierten Völker durch die Vorstellung einer moralischen Überlegenheit kompensieren sollte.

Muss man die eigenen Positionen zurückhalten und alles egalisieren, wenn man einen Dialog, eine tiefgehende Auseinandersetzung anstrebt? Nein.

Für Christen ist Jesus von Nazareth die vollkommene Verkörperung der unfassbaren Wirklichkeit, die üblicherweise »Gott« genannt wird und den er selbst als »Vater« bezeichnete.

»Er ist das Ebenbild des unsichtbaren Gottes,
der Erstgeborene der ganzen Schöpfung,«

schreibt Paulus in seinem Brief an die Kolosser (1,15). Betrachtet man Jesus, kann man eine Ahnung davon kriegen, wie Gott ist, und Generationen von Christen bemühten sich, in seine Fußstapfen zu treten. Auch ich selbst bin christlich sozialisiert; für mich ist Jesus der Mittler, der mir den Zugang zu Gott weist.

Das hindert mich aber nicht daran, zu sehen und zu respektieren, dass sich Gott z. B. für einen Moslem vor allem im Propheten Mohammed gezeigt hat und er durch ihn seinen Weg zu Gott findet, oder dass die südamerikanische Schamanin Gott vor allem in der Pacha Mama, der Mutter Erde, entdeckt und sie verehrend den Schöpfer preist.

Wenn ich die fundamentalistischen Scheuklappen ablege, werde ich Gott überall finden. Genauer gesagt, es gibt nichts, wo ich ihn nicht finden könnte. Ich komme ihm nicht aus. Ist doch alles aus dem Grund des Seins hervorgegangen und das ganze Universum seine Materialisierung.

Mich sprechen die Texte der Heiligen Schrift sehr an, obwohl ich mir unter »Gott« nicht – wie wahrscheinlich die Verfasser dieser Texte – einen Weltenlenker vorstelle, der über den Oberen Wassern thront. Moderne Menschen brauchen unbedingt eine Übersetzung in Termini der eigenen Erfahrung, wenn sie durch den Inhalt dieser Zeilen persönlich berührt werden sollen. Erst dann findet man bezaubernd, dass Menschen vor so vielen Jahrhunderten Erfahrungen beschreiben, die man auch kennt – und noch dazu in einer so schönen und poetischen Sprache. Man fühlt sich dann eingebunden in eine große Tradition und spürt die spirituellen Wurzeln, die weit in die Urgeschichte zurückreichen.

Gerade heute, wo die herkömmlichen religiösen Institutionen vielen in unserer Kultur nichts mehr sagen und die kirchliche Verkündigung besonders jüngere Menschen nicht mehr erreicht, weil sie ihnen zu altmodisch, verstaubt und unverständlich vorkommt und sie nicht entdecken können, dass die alten Botschaften auch für das Leben der heutigen Menschen viel zu geben haben – gerade heute sind neue Zugänge notwendig und möglich.

Der Aufruf des Konzil-Papstes Johannes XXIII. (†1963) zum »aggiornamento« – zum »Verheutlichen« der Frohen Botschaft – ist längst verklungen. Restaurative Tendenzen nehmen überhand und von der Aufbruchsstimmung von damals ist nicht mehr viel zu merken. Es ist doch notwendig, wenn ich verstanden werden will, in der Sprache meiner Zuhörer zu reden. In der Postmoderne sollte man daher mehrere Sprachen sprechen können. Warum sollten Konservative nicht Gottesdienste in der alten Liturgie feiern, während andere nach Dietrich BONHOEFFER (1966) lernen, *»religionslos, weltlich von Gott zu reden«*.

Will man das Feuer weitergeben und nicht die Asche, ist für viele diese neue Rede von Gott notwendig, ein Verständnis der Kirche als Mittel und nicht als Ziel, ein neues Amtsverständnis, der Abschied von den autoritären Strukturen sowie Offenheit und Respekt anderen Kirchen und Religionen gegenüber, ganz abgesehen von einer erfrischenden Sexualmoral und der Gleichberechtigung der Frau – um nur ein paar Beispiele zu nennen.

Die Leidenschaft des engagierten Christen und die Wehmut über den Zustand meiner Kirche treibt mich, diese Zeilen zu schreiben und (s.u.) ein Plädoyer zu halten, auch wieder heilend in die Fußstapfen von Jesus, dem »Heiland«, zu treten. Ich komme schon zum Thema zurück:

Durch die Begegnung mit anderen Kulturen und Weltanschauungen entdeckt man oft wieder neu, welche Schätze es in der eigenen Richtung gibt. So sind schon mehrere TeilnehmerInnen nach einem schamanischen (!) Seminar wieder in die Kirche eingetreten oder haben begonnen, wieder ihren israelitischen Glauben zu praktizieren.

Menschen wollen spüren, dass sie direkt betroffen, dass sie gemeint sind. Das passiert z. B. durch die Theologie der Befreiung, durch die feministische Theologie, die sogenannte »negative« Theologie und durch Formen der spirituellen Erfahrung – wovon hier die Rede sein soll. Findet man sie nicht in den Kirchen, sucht man sie eben außerhalb. Ich stimme dem Konzilstheologen Karl Rahner (†1984) völlig zu:

»Der Christ der Zukunft wird ein Mystiker sein,
einer, der etwas erfahren hat,
oder er wird nicht mehr sein.«

Am Anfang jeder Religion steht die Erfahrung des Mysteriums

Wie entsteht Religion? Am Anfang steht nicht eine Lehre oder eine Organisation, sondern die Erfahrung des Unfassbaren, die vor dem Hintergrund des kulturellen Umfeldes meist als Gotteserfahrung erlebt und gedeutet wird. Das muss nicht immer eine spektakuläre Vision sein, wie es in der Berufung des Saulus beschrieben wird, die ihn zum Paulus, einem der glühendsten Propagandisten des Jesus, machte (Apg. 9,1ff.):

»Saulus wütete immer noch mit Drohung und Mord gegen die Jünger des Herrn. …

Unterwegs aber, als er sich bereits Damaskus näherte, geschah es, dass ihn plötzlich ein Licht vom Himmel umstrahlte.

Er stürzte zu Boden und hörte, wie eine Stimme zu ihm sagte: Saul, Saul, warum verfolgst du mich?

Er antwortete: Wer bist du, Herr? Dieser sagte: Ich bin Jesus, den du verfolgst. Steh auf und geh in die Stadt; dort wird dir gesagt werden, was du tun sollst.

Seine Begleiter standen sprachlos da; sie hörten zwar die Stimme, sahen aber niemand.

Saulus erhob sich vom Boden. Als er aber die Augen öffnete, sah er nichts. Sie nahmen ihn bei der Hand und führten ihn nach Damaskus hinein.

Und er war drei Tage blind und er aß nicht und trank nicht.«

Auch von SchamanInnen werden oft ähnlich spektakuläre Berufungserlebnisse geschildert.

Jemand, der in hohem Maße von Gott erfüllt ist, fällt auf durch seine besondere Ausstrahlung und fasziniert in der Folge andere, die dies auch erleben möchten. Diese bilden dann einen »Schülerkreis« und versuchen, diese umwerfende Erfahrung auch anderen zu vermitteln. Jesus hat selbst vermutlich keine Kirche gründen wollen, aber der Zusammenschluss seiner Anhänger, die »Ekklesia«, »die Versammlung« (kurz: »Kirche«) war eine logische Folge.

Der Boden im Römischen Reich war bereit und so verbreitete sich das Christentum (ähnlich wie z. B. der mit ihm konkurrierende, aus Persien kommende Mithras-Kult) durch Händler und Soldaten in Windeseile im gesamten Imperium.

Die zunehmende Institutionalisierung ließ aber leicht vergessen, dass am Anfang die Gotteserfahrung stand, und dass Kirche und religiöse Institutionen nur (!) Hilfsmittel sind, diese Erfahrung zu machen – sozusagen das Fahrzeug, das zum Ziel führen soll, nicht das Ziel selbst. Und es zeigt sich, dass es der Hilfsmittel und Fahrzeuge offensichtlich mehrere wirksame und erfolgreiche gibt, und der unfassbare Seinsgrund, den wir mit der Chiffre »Gott« bezeichnen, nicht im Besitz e i n e r Gruppierung ist. Es gibt also aus dieser Sicht verschiedene Zugänge zu Gott und einer davon ist der schamanische.

Das Herabblicken auf andere im Dienste des WIR-Gefühls und der Konsolidierung der eigenen Gruppe, manchmal auch aus Angst, ist freilich entsprechend der Erkenntnisse der Gruppendynamik naheliegend, typisch menschlich und wurde nicht von der Christenheit erfunden:

Nicht wenige Völker und Stämme haben als Stammesnamen die Bezeichnung »Menschen« – wie z. B. die Inuit, die wir »Eskimos« (Rohfleischesser) nennen. Man kann sich denken, was dann andere Lebewesen sind, die auch wie »Menschen« ausschauen, aber keine sind.

Wer in der Antike nicht angemessen griechisch sprechen konnte und dessen Sprache sich anhörte wie »Brr, brr«, der wurde von den

Griechen »Barbar« genannt. Wer nicht zum von Gott auserwählten Volk Israel gehörte, den nannte man ebenso etwas abschätzig »Gojim«.

Jahwe trägt den Namen »der Eifersüchtige«
(Ex. 34,14)

Die, die sich Jesuaner nannten, schockierten ihre jüdischen Landsleute mit der Geschichte, dass ausgerechnet drei dahergelaufene Magier (Schamanen?) aus fremden Kulturen auf Grund ihrer Horoskope den neugeborenen Sohn Gottes als Erste begrüßten und Gold, Weihrauch und Myrrhe als Geschenke überreichten, wogegen die einheimischen Theologen und die Machthaber in der Hauptstadt keine Ahnung hatten. (Matth. 2) Gottes Geist, heißt ihre befreiende Botschaft, macht nicht Halt an Grenzen von Völkern oder Religionen. Die ganze Welt und jeder Mensch zu allen Zeiten und auf allen Erdteilen ist von vornherein willkommen und bedingungslos angenommen, hieß das »Euangelion«, die gute Botschaft.

»Ich gieße meinen Geist aus über alle Menschen.
Dann werden eure Söhne und Töchter prophetisch begabt sein,
eure Greise werden wahre Träume haben,
eure Jungmänner Gesichte schauen,«
heißt es schon beim Propheten Joel 3.

Fairerweise muss man sagen, dass sich auch Christen, die Schamanismus für Aberglauben und gefährlich halten, auf entsprechende Bibelstellen berufen können. Wie heute, gab es nämlich auch zur Zeit der Verfassung der einzelnen Texte verschiedene und zum Teil sich widersprechende und bekämpfende Strömungen, die ihren Niederschlag in den heiligen Texten fanden.

Wie oben beschrieben, geht es meist um die Abgrenzung Israels von den umliegenden Völkern und darum, seine Einzigartigkeit und Auserwähltheit zu betonen. Eine gemeinsame Religion, die das eigene Volk von anderen unterscheidet, ist immer ein gutes Mittel, den Zusammenhalt des Volkes zu fördern. Auch nach einer »Staatsgründung« wird die Religion oft genützt, um – ideologisch begründet – gefährliche Gegner oder Feinde abzuwerten. Die Religion übernimmt dann die Definitionsmacht, z. B. wenn Gott zu Mose sagt (Ex. 34,12ff.):

»Ich werde die Amoriter, Kanaaniter, Hetiter, Perisiter, Hiwiter und Jebusiter vor dir vertreiben. Du hüte dich aber, mit den Bewohnern des Landes, in das du kommst, einen Bund zu schließen; sie könnten dir sonst, wenn sie in deiner Mitte leben, zu einer Falle werden. Ihre Altäre sollt ihr vielmehr niederreißen, ihre Steinmale zerschlagen, ihre Kultpfähle umhauen. Du darfst dich nicht vor einem andern Gott niederwerfen. Denn Jahwe trägt den Namen ›der Eifersüchtige‹ ; ein eifersüchtiger Gott ist er.«

Über den Propheten Elija (1 Kön. 18) z. B. fasst die Evangelische Kirche in Deutschland (EKD, 2006) zusammen:

»Den Sohn einer Witwe betet er ins Leben zurück, die über vierhundert Priester des heidnischen Baal-Kultes, den er leidenschaftlich bekämpft, fordert er am Berg Karmel zum Wettstreit darüber heraus, wessen Gott einen Opferstier durch Feuer vom Himmel in Brand setzen würde. Wie sehr sie auch toben und rasen, Luftsprünge veranstalten, sich ekstatisch verrenken und selbst verstümmeln – die Baalspriester bewirken nichts. Der Gott Elijas hingegen, ohnehin ein Freund feuriger Signale, entflammt den Bullen unter Blitz und Donner.

Das ist wie ein göttliches Endspiel, das die dicke religiöse Luft reinigt, die seit langem über Israel liegt. Der erbetene Beweis der Stärke soll die Herzen des abtrünnigen Volkes wieder zu seinem Gott bekehren. Die Verehrer toter Götzen enden selbst im Tod: Elija lässt auch nicht einen entkommen.«

Also ein Schamanenkampf mit tödlichem Ausgang.

Die Männer Jahwes sind Schamanen mit Konzession

Nicht die magischen Rituale selbst werden abgelehnt, sondern es hängt davon ab, in welchem Auftrag man sie durchführt, von welchem Gott oder Göttern und zu welchem Zweck man sich führen lässt.

Zum Beispiel heißt es in Ex. 8,1ff.:

»Und der HERR sprach zu Mose: Sage Aaron: Recke deine Hand aus mit deinem Stabe über die Ströme, Kanäle und Sümpfe und lass Frösche über Ägyptenland kommen. Und Aaron reckte seine Hand aus über die Wasser in Ägypten, und es kamen Frösche herauf, so dass Ägyptenland bedeckt wurde.«

Und es wird extra erwähnt: *»Da taten die Zauberer ebenso mit ihren Künsten und ließen Frösche über Ägyptenland kommen.«*

Ähnlich in Ex. 7,8ff.:

»Und der HERR sprach zu Mose und Aaron: Wenn Pharao zu euch sagen wird: Beweist eure Wunder, so sollst du zu Aaron sagen: Nimm deinen Stab und wirf ihn vor Pharao, dass er zur Schlange werde. Da gingen Mose und Aaron hinein zu Pharao und taten, wie ihnen der HERR geboten hatte. Und Aaron warf seinen Stab vor Pharao und vor seinen Knechten, und er ward zur Schlange. Da forderte Pharao die Weisen und Zauberer; und die ägyptischen Zauberer taten auch also mit ihrem Beschwören: ein jeglicher warf seinen Stab von sich, da wurden Schlangen daraus; aber Aarons Stab verschlang ihre Stäbe.«

Also wieder ein Wettkampf, um zu demonstrieren, wer der mächtigere Zauberer ist, wie sie aus vielen Stammesgesellschaften berichtet werden. In der ägyptischen Mythologie war übrigens Heka die Personifikation der Schöpferkraft und wird meist mit »Magie« übersetzt.

Wenn Gott in der Vision des Propheten Jesaja (1,13ff.) über die Bewohner von Sodom und Gomorra herzieht:

»Bringt mir nicht länger sinnlose Gaben, / Rauchopfer, die mir ein Gräuel sind. Neumond und Sabbat und Festversammlung – / Frevel und Feste – ertrage ich nicht. Eure Neumondfeste und Feiertage / sind

mir in der Seele verhasst, sie sind mir zur Last geworden, / ich bin es müde, sie zu ertragen,« ist dies nicht gegen die Rituale selbst gerichtet, sondern dagegen, dass der Lebenswandel nicht dazu passte; heißt es doch weiter:

»Eure Hände sind voller Blut. Wascht euch, reinigt euch! / Lasst ab von eurem üblen Treiben! / Hört auf, vor meinen Augen Böses zu tun! Lernt, Gutes zu tun! / Sorgt für das Recht! Helft den Unterdrückten! / Verschafft den Waisen Recht, / tretet ein für die Witwen!«

In Lev. 20 wird eine grimmige Liste von mit dem Tode zu bestrafenden Verbrechen aufgestellt; dazu gehört auch z. B. Ehebruch oder der Verkehr mit einer Menstruierenden oder wenn jemand Vater oder Mutter verflucht. U.a. heißt es dort:

»Gegen einen, der sich an Totenbeschwörer und Wahrsager wendet und sich mit ihnen abgibt, richte ich mein Angesicht und merze ihn aus seinem Volk aus. Ihr sollt euch heiligen, um heilig zu sein; denn ich bin der Herr, euer Gott.«

Was aber König Saul nicht hinderte (1 Sam. 28), die Hexe von En-Dor aufzusuchen, nachdem er vorher alle Geisterbeschwörer und Zeichendeuter aus dem Land vertrieben hatte und deshalb lange suchen musste, bis er eine fand. Er suchte ihren Rat, weil sein Land von den Philistern bedroht wurde. Unter Lebensgefahr, denn sie tut ja eigentlich Verbotenes, nimmt die Nekromantin dann für ihn Kontakt mit dem verstorbenen Samuel auf.

Die Vision der Schamanin wird im Detail beschrieben:

»Der König sagte zu ihr: Hab keine Angst! Was siehst du denn? Die Frau antwortete Saul: Ich sehe einen Geist aus der Erde heraufsteigen. Er fragte sie: Wie sieht er aus? Sie antwortete: Ein alter Mann steigt herauf; er ist in einen Mantel gehüllt. Da erkannte Saul, dass es Samuel war. Er verneigte sich mit dem Gesicht zur Erde und warf sich zu Boden. Und Samuel sagte zu Saul: Warum hast du mich aufgestört und mich heraufsteigen lassen? Saul antwortete: Ich bin in großer Bedrängnis. Die Philister führen Krieg gegen mich und Gott ist von mir gewichen und hat mir keine Antwort mehr gegeben, weder durch die Propheten noch durch die Träume. Darum habe ich dich gerufen, damit du mir sagst, was ich tun soll.

Samuel erwiderte: Warum fragst du mich? Der Herr ist doch von dir gewichen und ist dein Feind geworden. Er hat getan, was er durch mich angekündigt hatte: Der Herr hat dir das Königtum aus der Hand gerissen und hat es einem anderen, nämlich David, gegeben. ... Der Herr wird auch Israel zusammen mit dir in die Gewalt der Philister geben und morgen wirst du samt deinen Söhnen bei mir sein; auch das Heerlager Israels wird der Herr in die Gewalt der Philister geben.«

Saul ist nach dieser Begegnung verständlicherweise so geschwächt und erschüttert, dass die Frau für ihn extra ein Kalb schlachtet, um ihn zu stärken.

(Eine umfangreiche Literaturliste zu »Magic in the Bible« findet sich übrigens auf http://faculty.washington.edu/snoegel/magicinthebible.htm.)

In der Geschichte des Saul bei der Wahrsagerin wird ebenfalls deutlich unterschieden zwischen legalen und illegalen Botschaften aus der Anderswelt: Botschaften durch Träume oder anerkannte Propheten vs. Botschaften durch gleich effiziente Fachleute ohne Konzession. Die Qualität und Verlässlichkeit der Botschaften wird ja nicht bestritten.

Der Wind weht, wo er will (Joh. 3,8)

Nun könnte man zu Recht einwenden: Aber die Quelle der Botschaften wird in Frage gestellt. Dazu eine Schilderung aus dem neuen Testament (Matth. 12,22ff.):

»Damals brachte man zu ihm einen Besessenen, der blind und stumm war. Jesus heilte ihn, sodass der Stumme wieder reden und sehen konnte. … Als die Pharisäer das hörten, sagten sie: Nur mit Hilfe von Beelzebul, dem Anführer der Dämonen, kann er die Dämonen austreiben. Doch Jesus wusste, was sie dachten, und sagte zu ihnen: … Und wenn ich die Dämonen durch Beelzebul austreibe, durch wen treiben dann eure Anhänger sie aus? Sie selbst also sprechen euch das Urteil. Wenn ich aber die Dämonen durch den Geist Gottes austreibe, dann ist das Reich Gottes schon zu euch gekommen. …

Entweder: Der Baum ist gut – dann sind auch seine Früchte gut. Oder: Der Baum ist schlecht – dann sind auch seine Früchte schlecht. An den Früchten also erkennt man den Baum.«

Eine andere Formulierung von: Wer heilt, hat recht.

Bemerkenswert wiederum, dass die Pharisäer Jesus nicht vorwerfen, er sei Scharlatan und habe gar keine Heilung ausgelöst, sondern, dass er sie mit Hilfe des Teufels gemacht habe.

Auch die heutigen christlichen Traditionalisten (die übrigens auch die Psychologie fürchten und insbesondere die Psychoanalyse verteufeln) können sich nicht vorstellen, dass außerhalb ihres Kreises etwas Gutes, Heilendes oder gar Heiliges geschehen könnte. Wie die Pharisäer behaupten sie, dass es nur teuflische Täuschung oder von Satan induziert sein könne und berufen sich dabei auf Paulus, der in seinem 2. Brief an die Korinther (11,14f.) schreibt:

»Kein Wunder, denn auch der Satan tarnt sich als Engel des Lichts. Es ist also nicht erstaunlich, wenn sich auch seine Handlanger als Diener der Gerechtigkeit tarnen.«

Unter den Christen war es enger und kälter geworden und schon in den ersten Jahrzehnten nach Jesu Tod, sogar in Jahren der blutigen Verfolgung, nahm man sich die Zeit, die ersten Glaubensbrüder als Abweichler auszuschließen. Im Gegensatz zur jesuanischen Tradition. Lukas 9,49f.: *»Da sagte Johannes: Meister, wir haben gesehen, wie jemand in deinem Namen Dämonen austrieb, und wir versuchten, ihn daran zu hindern, weil er nicht mit uns zusammen dir nachfolgt. Jesus antwortete ihm: Hindert ihn nicht! Denn wer nicht gegen euch ist, der ist für euch.«*

Könnte man überhaupt Heilung mit Hilfe destruktiver Kräfte hervorbringen?

Ein Vorwurf, den später Missionare und christliche Fanatiker in unserer Gesellschaft ausgerechnet im Namen Jesu gegen SchamanInnen vorbringen.

Es stimmt, auch in einem Heiler kämpfen die konstruktiven mit den destruktiven Persönlichkeitsanteilen. In der biblischen Ausdrucksweise, die ja weithin schamanisch ist: Es findet ein ständiger Kampf zwischen Engeln und Dämonen statt.

Übrigens auch in Jesus, der offensichtlich wie wir mit seinem Ego, namentlich seiner Sehnsucht nach Macht und Prestige, zu kämpfen hatte. Es wird wiederum in schamanischer Diktion erzählt, indem seine Schattenseiten auf ein Wesen außerhalb, auf den Teufel projiziert werden, wie dies (s.o.) z. B. auch bei Krankheiten gemacht wurde. Luk. 4,1ff.:

»Erfüllt vom Heiligen Geist, verließ Jesus die Jordangegend. Darauf führte ihn der Geist vierzig Tage lang in der Wüste umher, und dabei wurde Jesus vom Teufel in Versuchung geführt. Die ganze Zeit über aß er nichts; als aber die vierzig Tage vorüber waren, hatte er Hunger.

Da sagte der Teufel zu ihm: Wenn du Gottes Sohn bist, so befiehl diesem Stein, zu Brot zu werden.

Jesus antwortete ihm: In der Schrift heißt es: Der Mensch lebt nicht nur von Brot.

Da führte ihn der Teufel (auf einen Berg) hinauf und zeigte ihm in einem einzigen Augenblick alle Reiche der Erde.

Und er sagte zu ihm: All die Macht und Herrlichkeit dieser Reiche will ich dir geben; denn sie sind mir überlassen und ich gebe sie, wem ich will. Wenn du dich vor mir niederwirfst und mich anbetest, wird dir alles gehören.

Jesus antwortete ihm: In der Schrift steht: Vor dem Herrn, deinem Gott, sollst du dich niederwerfen und ihm allein dienen.

Darauf führte ihn der Teufel nach Jerusalem, stellte ihn oben auf den Tempel und sagte zu ihm: Wenn du Gottes Sohn bist, so stürz dich von hier hinab; denn es heißt in der Schrift: Seinen Engeln befiehlt er, dich zu behüten; und: Sie werden dich auf ihren Händen tragen, damit dein Fuß nicht an einen Stein stößt.

Da antwortete ihm Jesus: Die Schrift sagt: Du sollst den Herrn, deinen Gott, nicht auf die Probe stellen.

Nach diesen Versuchungen ließ der Teufel für eine gewisse Zeit von ihm ab.«

Das erinnert an ein Phänomen, das sicher manchen LeserInnen wie auch mir bekannt ist: Man zieht sich zurück in die Stille, macht also eine »Retreat« oder ein Seminar in der Hoffnung auf geistliche Erfahrungen. Oft zum Entsetzen, wird man dann in der Stille mit den eigenen destruktiven Eigenschaften und Schattenanteilen konfrontiert. Wenn es – wie bei Jesus – glückt, macht man vielleicht mühsame und schmerzliche Entwicklungsschritte und ist dann erleichtert und für eine gewisse Zeit spürbar klarer – bis eben der nächste innere Kampf beginnt.

»Nur der Demütige, der bereit ist, seinen humus, seine Erdhaftigkeit, seine Menschlichkeit, seinen Schatten anzunehmen, wird den wirklichen Gott erfahren. ... Die Demut ist der Weg zu Gott, und sie ist das deutlichste Kennzeichen für einen Menschen, der gottgemäß geworden ist,« schreibt Anselm GRÜN (2001). Im lateinischen Wort »humilitas« (Niedrigkeit, Demut) steckt das Wort »humus« (Erde). Grün zitiert die Anachoretin Amma Theodora:

»Weder Askese noch Nachtwache noch irgendein mühsames Werk verschaffen Rettung,
sondern nur aufrichtige Demut ...
Siehst Du, dass die Demut ein Besieger der Dämonen ist!«

Und er fährt fort in seinem Buch über die Wüstenväter, die in die Stille und Einsamkeit gegangen waren, um Gott zu begegnen, aber wie Jesus (s.o.) als Erstes ihren unangenehmen Schattenseiten begegneten und lernen mussten, mit ihnen umzugehen:

»Und der Teufel, der sich in der Askese mit Makarius misst, muss bekennen: ›Nur in einem bist Du mir überlegen.‹ Da fragte Abbas Makarios: ›Und was ist das?‹ Jener antwortete: ›Deine Demut. Und deshalb komme ich nicht gegen Dich an.‹ «

Das nimmt auch nicht Wunder, weil die Sünde des Lucifer die Hybris, seine Überheblichkeit ist, die ihn stürzen lässt. (Lucifer bedeutet »Lichtbringer« und ist in der Antike auch der Name der Venus, des Morgensterns.) Eine Quelle der Überlieferung über Lucifer ist Jesaja 14, wo über den Hochmut des Königs von Babel gesagt wird:

»Du aber hattest in deinem Herzen gedacht:
Ich ersteige den Himmel; dort oben stelle ich meinen
Thron auf, über den Sternen Gottes; auf den Berg der
(Götter-)versammlung setze ich mich,
im äußersten Norden.

Ich steige weit über die Wolken hinauf,
um dem Höchsten zu gleichen....
Ach, du bist vom Himmel gefallen,
du strahlender Sohn der Morgenröte.«

Laut Tradition antwortet ihm der Erzengel Michael mit seinem eigenen Namen. Der bedeutet nämlich: »Wer ist wie Gott?« im Sinne von »Keiner ist wie Gott«.

In die gleiche Richtung weisen auch weitere Namen des Teufels: Satan, auf Deutsch: Gegner oder Diabolos, zu Deutsch: Durcheinanderwerfer, der die gute, göttliche Ordnung durcheinanderbringt, indem er sich nicht ein- und unterordnet.

(Zum Sturz Luzifers siehe auch Hildegard von Bingen, 2006 oder Rolf Kaufmann, 2005, der in seinem Buch »Das Gute am Teufel. Eigenen Schattenseiten und Abgründen begegnen« in der Tradition C.G. Jungs, †1961, noch auf andere Deutungsmuster verweist.)

Über die Seriosität einer übernatürlichen Botschaft entscheidet also, woher sie kommt, wozu sie kommt und wie sie wirkt. Über die Seriosität des Menschen, der vom Geist erfasst wird, v.a. seine Demut. Es geht also um die Unterscheidung der Geister (s.o.).

Dass sich Gott offenbart und zu den Menschen spricht, ist auch in den monotheistischen Religionen selbstverständlich: üblicherweise durch Träume und akustische und/oder visuelle Visionen, indem einem z.B. Geistwesen erscheinen. Weil sie eine Botschaft (von Gott) bringen, werden sie Engel (vom griechischen »Angeloi«, das heißt »Boten«) genannt. In den Hochreligionen wurde das Wirken solcher von Gott abgesandter Wesen nicht erfunden, sondern die jahrtausendealte schamanische Tradition der Kontaktfähigkeit des Menschen mit der übergeordneten Anderswelt fortgesetzt.

»Der Wind weht, wo er will;
du hörst sein Brausen, weißt aber nicht,
woher er kommt und wohin er geht.
So ist es mit jedem, der aus dem Geist geboren ist,«
betont Johannes (3,8).

Aber ist die Offenbarung Gottes nicht mit Jesus abgeschlossen?

Ja und nein.

Ja, denn es kommt nichts Neues mehr (und es war auch vorher nichts Anderes), sondern was Jesus repräsentiert, ist das Einzige, und wer immer sich öffnet (in der christlichen Diktion: wer glaubt), empfängt den Heiligen Geist und verkörpert ihn.

Olga Kharitidi (1996) berichtet, wie der junge Schamanenlehrling Nikolaj von der alten Schamanin eingeführt wird (Schamanen werden im westlichen Altai »Kam« genannt):

»Eins der größten Geheimnisse ist,
dass der KAM immer nur einer ist.
(Der verstorbene) Mamusch, du, wer immer
auch nach dir kommt, ihr seid alle ein KAM,
der in verschiedenen Gestalten lebt.«

Das erinnert den Theologen natürlich an den »mystischen Leib Christi«, der durch die Gläubigen verkörpert wird.

»Nicht mehr ich lebe, sondern Christus lebt in mir,« schreibt Paulus an die Galater (2,20).

Nein, die Epiphania Domini ist nicht zu Ende. Gott ist auch heute wahrnehmbar.

Auch heute geht es darum, Gottes Geist wahrzunehmen und zu feiern und davon Zeugnis zu geben. Paulus an die Korinther:

»Denn ich habe vom Herrn empfangen,
was ich euch dann überliefert habe:
... Tut dies zu meinem Gedächtnis!« (1 Kor. 11,23f.)

Und Paulus weiter:

»Strebt aber auch nach den Geistesgaben,
vor allem nach der prophetischen Rede!
Denn wer in Zungen redet, redet nicht zu
Menschen, sondern zu Gott;
keiner versteht ihn: Im Geist redet er geheimnisvolle
Dinge. Wer aber prophetisch redet, redet zu Menschen:
Er baut auf, ermutigt, spendet Trost.
Wer in Zungen redet, erbaut sich selbst;
wer aber prophetisch redet, baut die Gemeinde auf.« (1 Kor. 14,1ff.)

Und so ist es angebracht, dies in der Tradition des Dionysius Areopagita (ca. †500), der sich viel mit der Frage der Gotteserkenntnis beschäftigte, sowohl kataphatisch (heute würde man sagen: exoterisch) zu tun, also von der biblischen Tradition ausgehend, Riten und Worte verwendend, sich denkend Gott anzunähern, als auch apophatisch (esoterisch), indem man in die Stille geht und sich öffnet im Wissen, dass Gott weder erkannt noch ausgesprochen werden kann. Die MystikerInnen sind überwiegend jeweils den zweiten Weg gegangen und beschreiben hier ganz ähnliche Erfahrungen wie spirituelle Menschen anderer Religionen oder wie sie von SchamanInnen berichtet werden.

Für mich ein Hinweis darauf, dass das Herz aller Religionen EINS ist, wie es der Dalai Lama (1997) formuliert.

Kann man die Botschaften, die SchamanInnen in Träumen oder Visionen erhalten, gleichstellen mit den Botschaften, die im Alten Testament Moses und die Propheten etc. erhielten oder die Engeln dem Jesus (Markus 1 und wieder Luk. 22), Maria (Luk. 1), Josef (Matth. 1 und wieder Matth. 2), Maria aus Magdala, Maria, der Mutter des Jakobus, und Salome (Joh. 20), Zacharias (Luk. 1), den Hirten in Nazareth (Luk. 2), den Aposteln (Apg. 5), Philippus (Apg. 8), Kornelius (Apg. 10), Petrus (Apg. 11 und wieder 12) brachten? Oft sind es spontane Visionen oder die Mitteilung, oft eine Warnung, erfolgt im Traum wie bei den Magiern (Matth. 2) oder bei der Frau des Pilatus (Matth. 27).

Der Satz (Apg. 27,23): *»Denn in dieser Nacht ist ein Engel des Gottes, dem ich gehöre und dem ich diene, zu mir gekommen und hat gesagt: Fürchte dich nicht, Paulus! ...«* könnte auch von einem Schamanen stammen.

In Apg. 23 wird sogar, als Paulus vor dem Hohen Rat steht, von einem Streit zwischen den Pharisäern und den Sadduzäern, zwei jüdischen Gruppierungen, berichtet:

»Die Sadduzäer behaupten nämlich, es gebe weder eine Auferstehung noch Engel noch Geister, die Pharisäer dagegen bekennen sich zu all dem. Es erhob sich ein lautes Geschrei und einige Schriftgelehrte aus dem Kreis der Pharisäer standen auf und verfochten ihre Ansicht. Sie

sagten: Wir finden nichts Schlimmes an diesem Menschen. Vielleicht hat doch ein Geist oder ein Engel zu ihm gesprochen.«

Immer wieder wird in der Schrift geschildert, wie der Geist über einzelne oder ganze Gruppen kommt, wie es z. B. vom Pfingsttag berichtet wird (Apg. 2,1ff.):

»Da kam plötzlich vom Himmel her ein Brausen, wie wenn ein heftiger Sturm daherfährt, und erfüllte das ganze Haus, in dem sie waren.

Und es erschienen ihnen Zungen wie von Feuer, die sich verteilten; auf jeden von ihnen ließ sich eine nieder.

Alle wurden mit dem Heiligen Geist erfüllt und begannen, in fremden Sprachen zu reden, wie es der Geist ihnen eingab.«

In Apg. 10,44f. wundern sich alle, dass auch Heiden vom Geist Gottes erfasst werden:

»Noch während Petrus dies sagte, kam der Heilige Geist auf alle herab, die das Wort hörten.

Die gläubig gewordenen Juden, die mit Petrus gekommen waren, konnten es nicht fassen, dass auch auf die Heiden die Gabe des Heiligen Geistes ausgegossen wurde.

Denn sie hörten sie in Zungen reden und Gott preisen. Petrus aber sagte: Kann jemand denen das Wasser zur Taufe verweigern, die ebenso wie wir den Heiligen Geist empfangen haben?«

Alle diese Berichte beschreiben typisch schamanische Erfahrungen. Die Jahrtausende alte Tradition, aus der Anderswelt Botschaften zu erbitten oder spontan zu empfangen, plötzlich vom Geist erfasst und geschüttelt zu werden, hat selbstverständlich auch im Judentum und im Christentum Eingang gefunden. Und die Frage muss umgekehrt gestellt werden:

Warum wird das heute in den Kirchen kaum mehr praktiziert? Sprechen etwa die Engel heute nicht mehr? Wer Visionen hat, ist krank? Man könnte fast meinen, als sei vor langem in den Nachrichten gemeldet worden: »Heiliger Geist gestern gestorben!«

In vielen Stammeskulturen bestehen Rituale – sei es, dass sie die Verbindung des Volkes mit der Welt der Geister feiern und festigen sollen, sei es dass zur Heilung oder anlässlich eines neuen Lebensabschnittes eine Verwandlung herbeiführen sollen – aus zwei

Teilen: einem geplanten und einem unvorhersagbaren. Geplant wird der äußere Rahmen: Ort, Kleidung, Gesänge etc. In diesem geschützten Raum wird das Unerwartete möglich, das man nicht planen kann, sondern ein Geschenk ist.

Malidoma Patrice SOMÉ (1996) berichtet z. B. von seinen Erfahrungen im Einweihungscamp. Die Aufgabe des Tages war, Baumwissen zu erwerben. Nachdem er schon einen Tag lang, im Gegensatz zu den anderen, ohne jedes spirituelle Erlebnis vor einem Baum gesessen war, immer verzweifelter wurde und von den Ältesten fast schon als aussichtsloser Fall aufgegeben worden war, sieht er am nächsten Tag endlich den Geist des Baumes:

»Wie aus dem Nichts erschien an der Stelle, wo der Baum gestanden hatte, eine große, von Kopf bis Fuß schwarz gekleidete Frau. ... Für einen Augenblick überfielen mich Schüchternheit, Unbehagen und das Gefühl, ihrer nicht wert zu sein. ... Ihr Gesicht war unirdisch schön. ... Sie lächelte. ... Nie zuvor war mir so viel Liebe entgegengeströmt. Es war mir, als hätte ich sie ein Leben lang entbehren müssen. Ich dankte dem Himmel, der sie mir schließlich wieder geschickt hatte. Die grüne Herrin und ich, wir kannten einander schon. ... Wie zwei Liebende, die unerträglich lange voneinander getrennt waren, stürzten wir aufeinander zu und flogen einander in die Arme.«

Die geistlichen Erfahrungen während des Abendmahls/der heiligen Messe könnten ähnlich sein. Aber hätten sie überhaupt Platz? Ist der Rahmen für das Hereinbrechen des Geistes Gottes geeignet? Wir lesen oder reden viel lieber über das Transzendente, als es zu erfahren. Haben wir Angst davor? Wohl ja. Wir geben die Steuerung ungern aus der Hand.

Jesus heilte. Und wir?

Priesterseminar Linz, an einem Sonntag im Jahr 1963.

»Heilt Kranke,
weckt Tote auf,
macht Aussätzige rein,
treibt böse Geister aus!,«

wird gerade aus dem Evangelium (Matth. 10) vorgelesen. So hatte Jesus die Zwölf hinausgeschickt zu verkünden:

»Das Himmelreich ist nahe!«

Wir Studenten hören es und denken an unsere Berufung, in die Welt hinauszugehen. Aber keiner denkt dabei z. B. auch an reale körperliche Heilungen. Auch die Professoren nicht.

Wir hören begeistert die vielen biblischen Geschichten über Heilungen durch Jesus und seine Schüler, aber fühlen uns nicht gemeint. Schon gar nicht, wenn Jesus (Joh. 14) sagt:

»Wer an mich glaubt,
der wird die Werke auch tun, die ich tue,
und er wird noch größere als diese tun.«

Jesus wird aber als dies- und jenseitiger Arzt, als Heiland für Leib und Seele geschildert. Seit der Aufklärung tut sich die Theologie schwer mit dem Thema Wunder. Laut den Ergebnissen der historisch-textkritischen Forschung, gehören aber die Teile der Bibel, in denen es darum geht, dass Jesus Kranke heilt oder Dämonen austreibt zu den ältesten und sichersten Bestandteilen der Jesus-Überlieferung und gehen vermutlich auf den historischen Jesus zurück (im Gegensatz zu Erzählungen, wo Jesus Stürme stillt, Tote erweckt oder riesige Menschenmengen speist, die primär den nachösterlichen Glauben an den Auferstandenen widerspiegeln).

Ich wurde ganz aufgeregt, als ich zwanzig Jahre später überlegte, ob dieser Auftrag zu heilen und die *»Vollmacht über alle Dämonen und Krankheiten zu heilen«* (Luk. 9,11) nicht doch wörtlich zu nehmen sei. Als Psychotherapeut hatte ich bereits eine Menge unglaublicher psychischer und körperlicher Verwandlungen miterleben dürfen. Zusätzlich hatte ich mich für andere Heilmethoden interessiert und u.a. eine Reiki-Ausbildung begonnen. Als wir gerade japanische Symbole lernten und übten, kam mir der Gedanke: Es müsste doch auch möglich sein, unsere vertrauten christlichen Zeichen zur Heilung zu verwenden und so die Heiltradition von Jesus und seinem Schülerkreis wieder aufzunehmen, wie es auch charismatische Bewegungen tun.

»Es gibt nicht nur die Aussendung zur Verkündigung, sondern auch zur Heilung … Die Kirche hat sich aus der Heilung zurückgezogen und sie den Naturwissenschaftlern und Medizinern überlassen, zu beider Schaden,« betont Wolfgang Bittner, Beauftragter der Evangelischen Landeskirche Berlin-Brandenburg-Oberlausitz (zit. in Theresia Maria De Jong, 2005).

Was wäre, wenn Heilungen in unseren Pfarren genauso selbstverständlich praktiziert würden wie z. B. Caritas und Jugendarbeit? So war es ja wohl in den ersten Christengemeinden gewesen, die offensichtlich auch dafür bekannt waren, dass man hier ganzheitlich heil/geheilt werden konnte. Sind wir als Seel-Sorger nur für die »unsterbliche Seele« zuständig? Nicht einmal für die irdische Seele, geschweige denn für den Körper, der immerhin als »Tempel des Heiligen Geistes« gesehen wird?

»Oder wisst ihr nicht,
dass euer Leib ein Tempel des Heiligen Geistes ist,
der in euch wohnt und den ihr von Gott habt?
Ihr gehört nicht euch selbst; …
Verherrlicht also Gott in eurem Leib!« (1 Kor. 6,19f.)

(Was übrigens natürlich auch die Sexualität mit einschließt. In den gut recherchierten Steinzeit-Romanen der Schriftstellerin Jean M. Auel (2011) ist die Rede von der »Gabe der Wonnen« und heißt körperliche Liebe »die Erdmutter ehren«.)

Körperliche Heilungen spielen zwar im »Reich Gottes« nicht die Hauptrolle – es geht um die Eingliederung des Einzelnen in einen größeren guten Zusammenhang; Jesus hat nicht alle Kranken seiner Zeit geheilt, auch nicht alle im damaligen Israel –, aber Heilungen entsprechen der Sehnsucht des Menschen nach dem *»Mehr als das,* *was ist«* von der Max Horkheimer (†1973) sprach, und werden als das Hauptmerkmal des Messias beschrieben: Als Johannes, der Täufer, im Gefängnis zu zweifeln beginnt und die bange Frage an Jesus rausschmuggeln kann:

»Bist du der, der da kommen soll,
oder müssen wir auf einen anderen warten?«
zitiert Jesus als Antwort Jesaja 35 etc.:
»Blinde sehen wieder,
Lahme gehen,
Aussätzige werden rein, und
Taube hören.
Tote stehen auf und
den Armen wird das Evangelium verkündet.« (Matth. 11)

Dabei geht es eben nicht nur um psychische und/oder spirituelle Heilungen, wie z.B. des Zachäus von seiner Habsucht (Luk. 19), des Verwirrten aus Gerasa (Markus 5) oder der Ehebrecherin (Joh. 8), sondern auch um körperliche Heilungen, z.B. Simons Schwiegermutter vom Fieber (Luk. 4), von Leprakranken (Luk. 5), von Gelähmten (Luk. 5) und Blinden (Matth. 20). Darüber hinaus beeinflusste Jesus z.B. auch das Wetter (Matth. 8) oder den Fischfang (Luk. 5) und trieb immer wieder böse Geister aus – Phänomene, wie sie (belegt) auch immer wieder von SchamanInnen berichtet werden und wie ich sie z.T. auch selbst erlebt habe. Das ließ mich zweifeln, ob die biblischen Heilungen wirklich nur allegorisch, im übertragenen Sinn zu verstehen sind, wie ich viele Jahre angenommen hatte.

Nicht immer gelingt die Heilung: z.B. beim reichen jungen Mann, von dem es heißt, dass er traurig von dannen ging (Matth. 19). Und die Zwölf werden angewiesen, ihren Staub von den Füßen zu schütteln, wenn man sie nicht aufnimmt. Dann gibt es schwere Fälle, denen die Jünger (noch?) nicht gewachsen sind (Markus 9). Auch dies entspricht meiner persönlichen Erfahrung. Wer sich vertrauensvoll auf den Heilungsprozess einlässt, macht immer einen wesentlichen Schritt, der ja z.B. auch darin bestehen kann, liebevoller mit sich und seinem Körper umzugehen, sich besser in der Welt verankert zu fühlen oder friedvoller als bisher mit der Krankheit leben zu können. Aber es gibt keine Garantie, dass auch die Symptome verschwinden.

Heilungen finden in den biblischen Erzählungen nicht aus Sensationslust oder zur Steigerung des Renommees statt (siehe die Versuchung Jesu Matth. 4), sondern dienen wie die Geschichten vom guten Vater, der den verlorenen Sohn nicht aufgibt, oder vom guten Hirten, der dem verlorenen Schaf nachgeht (Luk. 15), dazu, die Qualität des Himmelreiches zu demonstrieren, in das alle eingeladen sind, die mühselig und beladen sind, um erquickt zu werden (Matth. 11).

Jesus auf dem Weg des Heilens zu folgen ist allerdings nicht nur erquicklich: Sicher erlebt man immer wieder ekstatische Augenblicke, in denen man von Glück und Rührung überwältigt ist wie die drei Jünger am Verklärungsberg (Matth. 17), aber man erlebt – wie Jesus – auch Stunden der Verzweiflung und *»die dunkle Nacht der Seele,«* wie diese Phasen von manchen Mystikern genannt wurden.

Es geht darum, zu werden wie die Kinder, durchlässig für die heilende göttliche Energie, und sich führen zu lassen. Es geht darum, fremde Leiden auf sich zu nehmen und sich selbst zu verleugnen, was in der fernöstlichen Mystik üblicherweise als die Aufgabe des Ego/des Ich bezeichnet wird. Und man muss sich vielleicht wie Jesus vorwerfen lassen, mit dem Teufel im Bunde zu sein. Das ist leider nicht das einzige Argument von Jesu Gegnern, das heute oft von kirchenamtlichen Stellen verwendet wird.

Als Mahnung – auch an die Helfersyndrom-Besitzer – warnt Jesus vor ängstlicher Sorge. D.h., man solle sich nicht so wichtig nehmen, als würden die eigenen Fähigkeiten und Qualitäten über einen Heilerfolg entscheiden.

»Denn nicht ihr seid es ja, die da reden,
sondern der Geist eures Vaters redet in euch,«

sagt Jesus in einem anderen Zusammenhang (Matth. 10). Verlangt ist eine eindeutige Entscheidung. *»Denn wo dein Schatz ist, da ist auch dein Herz.«* (Matth. 6)

Wie heilte Jesus?

Entscheidend ist für ihn offensichtlich die Verbindung mit dem Vater, wie er die unfassbare göttliche Energie bezeichnet.

»Ich und der Vater sind eins.«

Offensichtlich, um in diesem Bewusstsein zu bleiben, zieht er sich immer wieder in die Einsamkeit zurück, um zu beten – was er zusammen mit Fasten auch für die Behandlung besonders schwieriger Fälle empfiehlt. Aus diesem Einssein mit dem Vater heraus berührt er den Patienten, macht ein kleines Ritual oder eine Fernheilung für Abwesende.

Der Beitrag des Patienten besteht in der Hingabe, im Vertrauen:

»Dein Glaube hat dir geholfen.«

Es reicht, voll Zuversicht die Quasten seines Gewandes zu berühren (Matth. 14). Es geht um Einordnung in die göttliche Ordnung. Dazu ist oft »metanoia« nötig, Umdenken und Umkehren. Das Wort »credo«, im Deutschen mit dem missverständlichen »ich glaube« übersetzt, heißt nämlich nicht »für wahr halten« (dafür verwendet man im Lateinischen z. B. »puto«), sondern sich hingeben, sich anvertrauen. Wie übrigens auch das Wort »Islam« »Hingabe« bedeutet. Das Wort »credere« stammt her von »cordem dare« – »das Herz geben«.

Heil zu werden, geht laut Jesus weit über das Symptom hinaus. Das Körperliche, Psychische und Geistliche wird von ihm offensichtlich als eng zusammenhängend aufgefasst. Es geht immer um den ganzen Menschen. Und nicht nur der Mensch, die ganze Schöpfung seufzt, sagt Paulus (Röm. 8,19).

Ganz ähnlich wird es auch in vielen anderen spirituellen Richtungen gesehen. Ich war tiefst berührt, als ich entdeckte, wie viele Ähnlichkeiten die mystischen und Heilungserfahrungen der verschiedenen Religionen aufweisen, so verschieden die äußeren religiösen Abläufe und Auffassungen auch sein mögen: Es scheint, dass der Mensch, der still wird, den Lärm der Gedanken hinter sich lässt und sich bereit und offen macht für das Wesentliche, ganz ähnliche

Erfahrungen macht – über Kontinente und Weltanschauungen hinweg. Diese Erlebnisse sind im Übrigen meist schwer in Worte zu fassen.

Ist es nicht einfältig, die Heilungsberichte aus der Heiligen Schrift wörtlich zu nehmen? Auch bei mir meldet sich noch immer von Zeit zu Zeit die Skepsis. Aber dagegen steht eine Fülle ähnlicher eigener Erlebnisse, die meine vorgefassten kritischen Gedanken Lügen strafen. So geht es darum, Vertrauen zu lernen, dass der Glaube wirklich Berge versetzen kann, was auch psychologische Untersuchungen belegen, z. B. über den Placeboeffekt, der, wie man weiß, für einen großen Teil aller Heilungen verantwortlich ist, gleich, ob westlich-medizinische, psychotherapeutische oder spirituelle.

Warum sollten wir nicht beten mit Petrus und Johannes nach ihrer Freilassung (Apg. 4) – sie waren nach der Heilung eines Lahmgeborenen gefangen genommen worden:

»Streck deine Hand aus,
damit Heilungen und Zeichen und Wunder geschehen
durch den Namen deines heiligen Knechtes Jesus!«

Heißt es doch weiter:

»Als sie gebetet hatten, bebte der Ort, an dem sie versammelt waren, und alle wurden mit dem Heiligen Geist erfüllt, und sie verkündeten freimütig das Wort Gottes.«

Das sollte doch heute auch möglich sein. Unsere Gottesdienste könnten oft lebendiger und auch ekstatischer sein, ähnlich wie es von schwarzen Kirchengemeinden berichtet wird.

Es könnte andererseits auch stiller ablaufen, indem man immer wieder Meditationen einführt, um vom Reden wegkommend, gemeinsam zu meditieren und sich für Gott und seine Boten empfangsbereit zu machen.

Es könnten Heilungsgottesdienste stattfinden – wie in mehreren anglikanischen Kirchen, wo entweder die Priester und/oder die Begabtesten der Gemeinde den Kranken die Hände auflegen und auf Wunsch auch für Abwesende beten.

Magier und Hexen

Ich finde es an der Zeit, dass in der Tradition Jesu diese Form der »christlichen Magie« wieder Teil des kirchlichen Lebens wird. Der Theologe und Bischof Wilhelm von Auvergne (†1249) spricht von einer göttlichen »magia naturalis«, die er von einer destruktiven teuflischen Magie unterscheidet.

Im Mittelalter kam es im Abendland zu einer Vermischung alter heidnischer (schamanischer) und christlicher Magie, wovon noch heute die steinernen Fratzen zur Abwehr böser Geister auf romanischen und gotischen Kirchen zeugen. Auch in den folgenden Jahrhunderten gab es immer wieder Praktizierende der christlichen Magie, wie den Mathematiker, Astronomen und Geographen John Dee (ca. †1608), der als Engelsmagier, oder Pfarrer Johann Joseph Gaßner (†1779), der als Teufelsbanner und Wunderheiler bekannt war. Viele erreichten nur regionale Bekanntheit. Diese Tradition rettete sich bis in unsere Tage: Man findet sie bei manchen Naturheilern, die mit Ritualen, Sprüchen und Gebeten z. B. Warzen »wenden« – wie ihre berühmteren Vorgänger von der Amtskirche meist scheel angeschaut, bis man sie vielleicht selber zu Rate zieht. ...

Wenigstens landet heute niemand mehr auf dem Scheiterhaufen.

»Mit Sicherheit kann nichts weiter vom Geiste des Christentums entfernt sein, als derartige Massaker, Gewalttaten und Misshandlungen zuzulassen,« schrieb der spätantike Kirchenhistoriker Sokrates Scholastikos (ca. †440), als die neuplatonische Philosophin Hypatia 415 durch christlichen Mob wegen Zauberei ermordet worden war.

Schadenszauberer hingegen wurden auch in anderen Kulturen in die Schranken gewiesen, bei den Germanen sogar verbrannt.

Durch die brutale Verfolgung der als »Hexen« bezeichneten Frauen (vom 15. bis ins 18. Jh.) wurden aber nicht nur einige wenige Schwarzmagier und Unfriedensstifterinnen vor die fragwürdigen Gerichte der »Heiligen Inquisition« gezerrt und der Folter unterworfen, sondern alle, denen man einen Pakt mit dem Teufel und mehr vorwarf. Man nannte sie »maleficae« (Übeltäterinnen). Die meisten waren aber wohl Heilerinnen, Hebammen, Orakelsprechende, Zaubersprechende, Kräuterfrauen, (Hell-)Seherinnen – Attribute, die in der vorchristlichen Zeit der nordischen Freya, der irischen Brigid und anderen archaischen Göttinnen zugeordnet wurden. Im Wikipedia-Artikel (http://de.wikipedia.org/wiki/Hexe) wird erklärt:

»So ist im postkeltischen Kulturkreis von Feen (Morgane etc.) die Rede, die gut und böse sein konnten, in Irland zweigesichtig dargestellt wurden. Im postgermanischen Raum steht der Begriff Elfe primär für ein gutes Wesen, während es ansonsten eher (wohl als Folge christlicher Indoktrination) die böse Hexe gibt.«

Der Denunziation war Tür und Tor geöffnet. Nur die wenigsten schafften einen Freispruch wie die Mutter von Johannes Kepler, die aufgrund eines Streites von einer Nachbarin als Hexe bezeichnet, über ein Jahr gefangen gesetzt, mit der Folter bedroht, aber schließlich aufgrund der Bemühungen ihres Sohnes freigesprochen wurde.

Es gab bis zu 60.000 Todesopfer, 80 % der Opfer waren Frauen, die man, gemäß der kirchlichen Erbsündenlehre, besonders empfänglich für die Einflüsterungen des Teufels hielt.

Die Ermordung der Hexen kennzeichnet das Ende schamanischer Heilpraxis in Europa.

Auch MystikerInnen waren immer wieder von der kirchlichen Verfolgung bedroht. Z. B. hatte die Benediktinerin Hildegard von Bingen (†1179) wiederholt Probleme mit der kirchlichen Obrigkeit. Sie hatte sich freilich kein Blatt vor den Mund genommen und immer wieder auf kirchliche (und politische) Missstände hingewiesen. Noch kurz vor ihrem Tod wurde über ihr Kloster das Interdikt, d.i. ein Verbot kirchlicher Amtshandlungen, verhängt, weil sie einen exkommunizierten Adeligen auf dem Klosterfriedhof beerdigen ließ und sich weigerte, ihn exhumieren zu lassen.

Gegen den Dominikaner Eckhart von Hochheim wurde 1325 wegen angeblich häretischer Glaubensaussagen ein Ketzerprozess angestrengt. Um vor dem Scheiterhaufen bewahrt zu bleiben, widerrief Meister Eckhart öffentlich. Dennoch ging der Prozess weiter.

Da er 1328 starb, wurden mehrere seiner Aussagen erst nach seinem Tod als häretisch verurteilt.

Die Karmelitin Theresa VON AVILA (1960) betont in ihrem Hauptwerk »Die Seelenburg« immer wieder, dass sie diese Zeilen nie schreiben würde, es aber im Gehorsam ihrem Beichtvater gegenüber tun müsse. Eines ihrer früheren Bücher lag nämlich schon bei der Inquisition. Der mit ihr in Kontakt stehende Karmeliter Johannes vom Kreuz (†1591) kam in Klosterhaft, wo er durch die Inquisition auch gefoltert wurde.

Heute wird man wenigstens nicht mehr gefoltert oder verbrannt. Aber die Glaubenskongregation, die Nachfolgeinstitution der 1542 von Papst Paul III. gegründeten Congregatio Romanae et universalis Inquisitionis, wacht nach wie vor mit aller Strenge über die Reinheit der Lehre, wie sie von der Kirchenleitung vertreten wird, und geht gegen Abweichler heute mit kirchenrechtlichen Sanktionen vor.

So wurde z. B. dem deutschen Benediktiner und Zen-Meister Willigis Jäger – wie vielen anderen MystikerInnen in der Geschichte – vorgeworfen, Glaubenswahrheiten der persönlichen Erfahrung unterzuordnen. Bestenfalls handle es sich um »Privatoffenbarungen«.

Aber müsste nicht zu denken geben, dass Meditierende aller Religionen, Zeiten und Erdteile erstaunlich übereinstimmend von ihren Erfahrungen berichten? Der Bischof Agostino Steuco (†1548) sprach von einer »Philosophia perennis«, einer zeitlosen Philosophie. Ob ich einen Text des muslimischen Mystikers Dschalal ad-Din Muhammad Rumi (†1273) lese oder Tendzin Gyatsho, dem amtierenden Dalai Lama, zuhöre: es ist evident, dass sie von Erfahrungen sprechen, die ich auch kenne. Das erzeugt eine große Verbundenheit mit allen spirituellen Menschen und das Wissen, dass man in einer langen Tradition steht.

Als Pater Willigis 2002 die Ausübung jeder öffentlichen Tätigkeit untersagt wurde, entschied er sich nach einer Bedenkzeit für die Exklaustrierung, die Beurlaubung aus seinem Kloster, und lehrt seitdem in einem eigenen Tagungszentrum bei Würzburg weiter.

Exorzismus

Als einziges schamanisches Element sollen neuerdings Teufelsaustreibungen wieder offiziell gefördert werden: Auf Drängen der Päpste Johannes Paul II. und Benedikt XVI. sollen Exorzismen wieder in die kirchliche Praxis eingeführt werden. An sich erfreulich, dass diese alte schamanische Technik wieder gewürdigt und praktiziert werden soll. Ich sehe die vatikanische Entwicklung trotzdem mit sehr skeptischem Auge. Aus meiner Sicht, ist nicht das Problem, DASS Teufel ausgetrieben werden sollen, sondern WIE.

Dass jeder Mensch neben positiven auch destruktive Anteile in sich hat, ist ja nicht bestreitbar und entspricht unserer (leidvollen) Erfahrung. Es ist auch nicht das Problem, dass diese nach außen projiziert und als außerhalb von uns liegende Entitäten erlebt werden. Das machen wir ja auch mit dem Schönsten in uns, das wir ja ebenfalls nach außen projizieren und als Person, als Gott bezeichnen.

Unsere Vorfahren haben das immer schon so gemacht und das war vielleicht clever, weil schwierige Situationen so oft leichter bewältigbar werden. Es hat (s.u.) auch Eingang gefunden in die westliche Psychotherapie.

Ich finde es daher auch in Ordnung, dass im kirchlichen Exorzismus die quälenden und destruktiven Elemente angesprochen und in die Schranken gewiesen werden – wie es ja auch in der berührenden Versuchungs-Szene Jesu am Ende seines Fastens in der Wüste geschildert wird (Luk. 4,1ff.). In der schamanischen Ausdrucksweise der Bibel treten Jesus seine Machtlust und Publicity-Sucht personifiziert – als Teufel – gegenüber.

Paradox finde ich freilich das auch hier wieder auftretende starke Abgrenzungsbedürfnis von bisherigen und anderen Formen des Exorzismus, die abgelehnt werden. Übrigens auch im muslimischen Einflussbereich, wo zur Behandlung Koransuren rezitiert werden und genauso wirksame andere – schamanische – Formen ebenfalls abgewertet werden.

Was aber meiner eigenen, sowohl psychotherapeutischen wie schamanischen, Erfahrung total widerspricht, ist die Bosheit und Feindschaft gegenüber dem so genannten »Bösen«.

Schamanisch geht man in Trance, um Visionen über den Patienten zu erhalten, in die man dann oft – rituell – als irdischer Repräsentant der guten Mächte eingreifen soll. »Besessenheit« erlebe ich so immer wieder. Sie wird absolut unspektakulär gelöst – meist, indem der oder die »Besetzer« verwandelt werden. Manchmal soll ich die ganze Sitzung lang nicht den Patienten behandeln, sondern den so genannten »Bösen«, damit er selbst erlöst wird und so den Patienten freigeben kann. Was mich darin bestätigt, dass das »Böse« ohnehin »nur« ein verblendetes, oft überhebliches, verirrtes »Gutes« ist. Es ist wahr, gelegentlich muss ein Besetzer auch gezwungen werden und für den Patienten ist es meist ein schmerzlicher Prozess. Dabei handelt es sich immer um innere, gefühlsmäßige Vorgänge. Gewalt hat hier überhaupt keinen Platz.

In der psychologischen Ausdrucksweise handelt es sich z. B. um »Verstrickungen« mit Familienangehörigen o.Ä., was ja oft vorkommt. Egal, ob es sich – de facto – um Verwandte handelt oder um eigene Persönlichkeitsanteile, diese werden nie brutal bekämpft. Sondern es geht meist um eine klare Trennung der Schicksale bzw. um ein Annehmen und Integrieren dieser bisher unerwünschten und bekämpften Seelenanteile.

Ganz ähnlich wird es buddhistisch gesehen, z. B. von Tsultrim Allione (2009), die mich bei einem Kongress über »Kollektive Intelligenz« durch ihren Vortrag zum Thema »Don't fight the demons, feed them – Die Dämonen nähren: Weisheit in schwierigen Zeiten« beeindruckte. Sie stellte darin die tibetische Übung CHÖD von Machig Labdrön (†1145) vor und erklärte:

»Wenn wir unsere persönlichen und kollektiven
Schattenkräfte ›nähren‹,
statt sie zu bekämpfen,
können wir jenseits der Gut-böse-Trennung
Integration erreichen,

wo die Dämonen sich wandeln zum Daimonion,
d.h. zu spirituellen Helfern und Verbündeten.«

Was m.E. auch christlich-theologisch zu vertreten ist. Sollte etwa der Satz in Luk. 6,27f., der für mich die Höhe des Humanums darstellt

»Liebt eure Feinde;
tut denen Gutes, die euch hassen.
Segnet die, die euch verfluchen;
betet für die, die euch misshandeln,«

für den sogenannten Teufel nicht gelten? *»Für jetzt bleiben Glaube, Hoffnung, Liebe, diese drei; doch am größten unter ihnen ist die Liebe. Jagt der Liebe nach!«* heißt es im 1. Brief des Paulus an die Korinther 13,13f.

Der bekannte Publizist Friedrich Heer (†1983) meinte, Friede sei nur dann möglich, wenn es zu einer Integration des Teufels kommt. Man kann nämlich nur so tun, als ob das Destruktive nicht Teil der irdischen Existenz wäre oder nur bei anderen vorkäme.

Aber heißt es nicht in Psalm 139,21:

»Soll ich die nicht hassen, Herr, die dich hassen,
die nicht verabscheuen, die sich gegen dich erheben?
Ich hasse sie mit glühendem Hass;
auch mir sind sie zu Feinden geworden«?

Und es wird oft das berühmte Wort von AUGUSTINUS (2006) herangezogen:

»Da niemand seiner Natur nach böse ist, sondern jeder Böse nur durch die Sünde böse ist, so darf der, welcher nach Gott lebt, weder den Menschen hassen wegen der Sünde noch die Sünde lieben wegen des Menschen, sondern muss die Sünde hassen und den Menschen lieben. Denn wenn die Sünde beseitigt ist, so bleibt nur solches zurück, was er zu lieben hat, und nichts, was er zu hassen hätte.«

Man könnte aus dem Wort des Kirchenvaters auch den Schluss ziehen, dass es nicht nur für Menschen, sondern auch für den gefallenen Lucifer zu gelten hat, in dem Sinn, dass auch der Teufel zu lieben, aber seine Sünde zu hassen ist. Bleibt die Frage: Was heißt »hassen«?

Markus 5,1 ff. berichtet die eindrucksvolle Behandlung eines Besessenen. Ist das hassen?

»Sie kamen an das andere Ufer des Sees, in das Gebiet von Gerasa. Als er aus dem Boot stieg, lief ihm ein Mann entgegen, der von einem unreinen Geist besessen war. Er kam von den Grabhöhlen, in denen er lebte. Man konnte ihn nicht bändigen, nicht einmal mit Fesseln. Schon oft hatte man ihn an Händen und Füßen gefesselt, aber er hatte die Ketten gesprengt und die Fesseln zerrissen; niemand konnte ihn bezwingen. Bei Tag und Nacht schrie er unaufhörlich in den Grabhöhlen und auf den Bergen und schlug sich mit Steinen. Als er Jesus von weitem sah, lief er zu ihm hin, warf sich vor ihm nieder und schrie laut: Was habe ich mit dir zu tun, Jesus, Sohn des höchsten Gottes? Ich beschwöre dich bei Gott, quäle mich nicht! Jesus hatte nämlich zu ihm gesagt: Verlass diesen Mann, du unreiner Geist! Jesus fragte ihn: Wie heißt du? Er antwortete: Mein Name ist Legion; denn wir sind viele. Und er flehte Jesus an, sie nicht aus dieser Gegend zu verbannen. Nun weidete dort an einem Berghang gerade eine große Schweineherde. Da baten ihn die Dämonen: Lass uns doch in die Schweine hineinfahren! Jesus erlaubte es ihnen. Darauf verließen die unreinen Geister den Menschen und fuhren in die Schweine und die Herde stürzte sich den Abhang hinab in den See. Es waren etwa zweitausend Tiere und alle ertranken. Die Hirten flohen und erzählten alles in der Stadt und in den Dörfern. Darauf eilten die Leute herbei, um zu sehen, was geschehen war. Sie kamen zu Jesus und sahen bei ihm den Mann, der von der Legion Dämonen besessen gewesen war. Er saß ordentlich gekleidet da und war wieder bei Verstand. Da fürchteten sie sich. Die, die alles gesehen hatten, berichteten ihnen, was mit dem Besessenen und mit den Schweinen geschehen war. Darauf baten die Leute Jesus, ihr Gebiet zu verlassen.«

Auch der Schülerkreis trieb erfolgreich Teufel und Dämonen aus.

»Die Zweiundsiebzig kehrten zurück und berichteten voll Freude: Herr, sogar die Dämonen gehorchen uns, wenn wir deinen Namen aussprechen. Da sagte er zu ihnen: Ich sah den Satan wie einen Blitz vom

Himmel fallen. Seht, ich habe euch die Vollmacht gegeben, auf Schlangen und Skorpione zu treten und die ganze Macht des Feindes zu überwinden. Nichts wird euch schaden können,« berichtet Lukas 10,17 ff.

Der Theologe Jozef NIEWIADOMSKI (2004) erläutert dazu: *»Die modernen Skeptiker und die moderaten Kirchgänger wären gut beraten, wenn sie in den Prolog des Ijobbuches einen Blick werfen würden. Dort wird nämlich berichtet, dass es am himmlischen Hof einen Miesmacher gibt. Und dieser heißt Satan. Was er auch immer sagt und tut: im Grunde läuft alles auf das Eine hinaus. Er streut Gerüchte aus, schwärzt Menschen an, sucht ständig nach einer Leiche im Keller, gibt sich nicht zufrieden, bis er den letzten Gerechten – dort den Ijob selber – in seine Intrigen hineinzieht, ihn verleumdet, anschuldigt. Satan: das heißt ja nichts anderes als der große Ankläger, Miesmacher par excellence ...*

Der Spruch Jesu impliziert aber noch etwas. Nämlich die Frage, wohin dieser Satan fiel. Wo haben der Miesmacher, die Verdächtigung und der Geist der Anschuldigung ihre Heimat gefunden? Der Satan fiel auf die Erde. Unter den Menschen treibt das Satanische sein Unwesen. Menschen – und nur Menschen – verdächtigen einander, machen einander schlecht, können einander bis aufs Blut verfolgen. So etwas tut ja kein Tier!«

Wie im Buch Hiob ist auch nach Lukas Gott überlegen, dessen Geist »parakletos«, lateinisch: »advocatus«, auf Deutsch: »der Herbeigerufene«, frei: »Tröster, Beistand und Verteidiger« genannt wird. Hiob überlässt die Antwort auf die Frage nach der Ursache von Krankheit und Unglück letztlich dem Geheimnis Gottes und weiß sich auch als Leidender von Gott getragen und angenommen.

Auch bei intrapsychischer Auffassung, wenn ich meine diabolischen Eigenschaften nicht auf den Teufel als eine Person außerhalb von mir projiziere, werde ich diese falsch finden und ihnen »widersagen«, mich selbst aber dennoch kostbar finden und wertschätzen. Ob bekämpfen wie Antonius in der Wüste (siehe Anselm GRÜN, 2001) oder füttern (siehe ALLIONE, 2009): es ist fair, mich und andere nicht in Bausch und Bogen zu verurteilen, da es unvermeidlich ist, dass Licht und Schatten in uns ist. Es ist besser, man akzeptiert diese Realität. Wir Menschen sind so konstruiert.

Eine weitere schwerwiegende Kritik ist natürlich, dass es professionellere (medizinische, psychotherapeutische) und liebevollere und behutsamere Methoden gibt, z. B. einen Geisteskranken zu behandeln, als sie immer wieder von den kirchlichen Exorzismen ans Licht kommen.

Im Klartext: Ich fürchte die Bösartigkeit von Exorzisten, die fanatisch und rücksichtslos für das Gute kämpfen und unter Geringschätzung des liebevollen Wohlwollens aller Kreatur gegenüber – manchmal sogar im physischen Sinn – über Leichen gehen. Ob nicht hier der Satz anzuwenden wäre:

»›*Wir werden zu dem, wogegen wir kämpfen.*‹
Vermutlich ist man es aber vorher schon gewesen.

Es besteht die Gefahr, so erst die Realität zu
schaffen, die man bekämpfen will.
Eines der wichtigsten Grundprinzipien ist,
dass anderen nicht geschadet werden darf,
und dieses Prinzip schließt alle Menschen,
alles Leben und alle Dinge dieser Welt mit ein.« (Rolling Thunder)

Auch wenn es real wohl nie so spektakulär zugeht wie im Film »Der Exorzist« – immer wieder liest man entsetzliche Meldungen in den Medien, wo Patienten, wie z. B. 1976 die Deutsche Anneliese Michel, nach Exorzismen zu Tode kommen, weil nicht oder zu wenig für psychotherapeutische und medizinische Behandlung gesorgt worden war. Der Fall wurde durch den Theologen und Psychotherapeuten Sepp MADEREGGER (1983) ausführlich beschrieben, woraufhin auch Konsequenzen gezogen wurden. So sollen z. B. Psychiater zunächst feststellen, ob die vermeintlich besessene Person nicht in Wirklichkeit krank ist. Aus meiner Erfahrung sind Besessenheiten aber selbstverständlich immer krankhaft und umgekehrt gehen z. B. Wahnvorstellungen aus schamanischer Sicht normalerweise immer auf Besetzungen zurück.

Ein weiteres großes Problem ist die Stigmatisierung und moralische Abwertung der PatientInnen, die mit der kirchlichen Auffassung von

Besessenheit einhergeht. Wer möchte schon als Handlanger des Teufels bezeichnet werden! Auf Grund der kirchlichen Geschichte, wo so viele Menschen mit der Beschuldigung, vom Teufel besessen zu sein, gefoltert und mit einer der grausamsten Todesarten, dem Verbrennen, bestraft wurden, sollte man besonders vorsichtig sein und eher davon Abstand nehmen, um nicht Assoziationen mit den Hexenverbrennungen zu wecken. Zudem: Fürchten sich andere vor dem Besessenen, kann dies für den Heilungsprozess sicher nicht dienlich sein.

Wenn der holländische Seelsorger Willem C. Van Dam (1994) zu den Einfallspforten für dämonische Einflüsse etwa neben Satanismus, Traumatisierung und Drogenmissbrauch auch Hypnose oder fernöstliche Meditationen zählt, entspricht dies durchaus möglichen Auslösern für Wahnvorstellungen, wie man sie auch als Psychotherapeut kennt. Allerdings nicht, weil etwa Hypnose und Meditation o.Ä. teuflisch wären, sondern weil es Patientengruppen gibt wie z. B. Borderliner, bei denen diese Methoden zumindest am Anfang der Behandlung kontraindiziert sind.

Auffallend ist, dass es bei kirchlichen Exorzismen fast immer um Sexualität und Aggression geht. Gerade diese wesentlichen Triebe des Menschen werden ja im kirchlichen Umfeld häufig abgewertet, abgespalten und verteufelt.

Es ist eine Tatsache, dass es ekklesiogene Krankheiten gibt, z. B. Ängste und Störungen, die durch die Art der kirchlichen Verkündigung entstanden sind und die vielleicht durch diese Art von Exorzismus sogar noch verstärkt werden. Der »liebe Gott« unserer Kindheit wurde von vielen gar nicht als lieb, sondern als tyrannischer, böser Herrscher der Welt erlebt.

Wird das allwissende und alles sehende Auge (wie Gott oft dargestellt wurde) als streng und kontrollierend empfunden, in dem Sinn, dass Gott auf die Erde herunterblickt, um jede kleinste Sünde sofort ausfindig zu machen und zu bestrafen, löst das ganz andere Gefühle und Körperzustände aus, als wenn dasselbe als liebe- und verständnisvoll aufgefasst wird, in dem Sinne: »Ich schau auf dich.« Die Verkündigung eines guten Gottes kann sicher für viele eine heilende Wirkung haben, führt sie doch zu einem ganz anderen Weltbild und Selbstverständnis.

Wie in der Psychotherapie, geht es auch in den spirituellen Behandlungsformen primär um die liebevolle Zuwendung zum Patienten, wie auch Dean ORNISH (2001) in seinem Buch »Heilen mit Liebe« nachgewiesen hat. Man steht ihm zur Seite, wenn er mit dem in Kontakt kommt, unter dem er leidet – was häufig ein schmerzlicher Prozess ist, der oft mit Scham, Wutausbrüchen, tiefem Weinen und Schluchzen verbunden ist. Man könnte auch sagen: Es geht um eine Aussöhnung mit der Geschichte. Unterstützend für den Heilungsprozess ist eine liebevolle Begleitung. Ornish: *»Es kommt darauf an, dass wir unser Herz wirklich öffnen.«*

So mache ich neben meiner psychotherapeutischen Arbeit seit Jahren auch christliche Heilbehandlungen und veranstalte regelmäßig schamanische Heilrituale – gelegentlich auch in einer Kirche.

Schamanische Elemente im Christentum

Es gibt viele schamanische Elemente im Christentum. Das ist selbstverständlich, weil ja, wie gesagt, die jüdisch-christliche Tradition wie alle Religionen auf der viel älteren schamanischen Tradition aufbaut.

Überall, wo Stammeskulturen mit Hochreligionen in Kontakt kamen, haben sie sich gegenseitig erheblich beeinflusst, wobei freilich die Hochreligionen meist starken gesellschaftlichen Druck ausübten. Siehe z. B. in weiten Teilen Asiens die große Schnittmenge mit dem Buddhismus, oder wenn Mitglieder der Native American Church durch Einnahme von Peyote zu Jesus reisen.

Die evangelische feministische Theologin Hyun Kyung CHUNG (1992) aus Südkorea schrieb das Buch »Schamanin im Bauch, Christin im Kopf« und ergänzt es seither manchmal: »und Buddhistin im Herzen«.

Sie tritt dafür ein, das Beste aus der eigenen Kultur zu bewahren, es mit Elementen des Christentums zu verbinden und baute in ihr

Referat bei der Vollversammlung des Ökumenischen Rates der Kirchen 1991 in Canberra zur Begeisterung der einen und zum Entsetzen der anderen ein schamanisches Feuerritual ein.

Ganz abgesehen von der ähnlichen Verwendung ritueller Utensilien, wie Weihwasser und Weihrauch, Kerzen, eines eigenen Ritualgewandes, spezieller Musik etc., baute man lange Zeit christliche Kirchen vornehmlich auf Kraftplätzen mit besonderer Erdenergie, die schon in Urzeiten als Kultplätze genutzt worden waren. Allenthalben findet man Fratzen auf romanischen und gotischen Kirchen, die die bösen Geister abwehren sollen.

Manchmal übernahm man dem Volk vertraute heidnische Festtermine und taufte sie sozusagen. So wurde z. B. aus dem Fest zum Erwachen der Natur zu Ostern das Fest des auferweckten Jesus und aus dem Fest des römischen Sonnengottes nach der Wintersonnenwende das Fest der Geburt des Herrn.

Heidnische Götter wurden in diesem Sinn christianisiert, was die Umstellung der Bekehrten erleichtern sollte: So wurde eben z. B. aus dem römischen Sonnengott »Sol invictus« (der unbesiegten Sonne) Jesus, aus keltischen Dreifaltigkeiten wurde der dreifaltige Gott oder auch Annaselbdritt: die Gottesmutter Maria, ihre Mutter Anna und ihr Sohn Jesus.

Die jahreszeitlichen Übergänge, die von den meisten Völkern, auch von unseren keltischen Vorfahren, als Zeitpunkte angesehen wurden, wo sich die Grenzen zwischen den Welten in besonderer Weise öffnen, wurden durch christliche Feste überstülpt. So wurde z. B. sinnigerweise zu Samhain (1. November) das Fest der Toten gefeiert, weil man annahm, dass die verstorbenen Ahnen in dieser Nacht auf der Erde wandeln, um ihre Verwandten zu besuchen – was sich heute noch in den Halloween-Bräuchen ausdrückt.

Auch anlässlich der Übergänge zu neuen Lebensphasen werden wie in vorchristlicher Zeit auch heute Rituale gefeiert, allerdings im Vergleich zu den schamanischen Initiationsvorgängen bedauerlicherweise »entschärft«. *»Jedes Kind sollte einmal in einen Bach fallen oder einige Tage im Wald verbringen,«* verlangt Donata ELSCHENBROICH (2002), die international vergleichende Kindheitsforschung betreibt, sogar von Siebenjährigen. Ein Jugendlicher wird die Initiation ins Erwachsenenleben nie vergessen, die, wie z. B. Malidoma Patrice Somé (1996) seine eigene beschreibt, auch mit gefährlichen Mutproben und einem realen Kontakt mit den spirituellen Welten verbunden war. Nicht wenige erinnern sich bei uns bloß an die erhaltenen Geschenke, wenn sie an die Firmung oder Konfirmation denken. Die Verbindung zur übrigen Natur und zur Geistwelt haben sie dabei nicht kennen gelernt und erfahren. Es wurde bestenfalls darüber gesprochen.

Da fällt einem ein, was der Religionsphilosoph Arnold Keyserling (†2005; zit. in Paul Uccusic, 1991) feststellte: *»Die Hochreligionen haben zwischen den Menschen und seine unmittelbare Gotteserfahrung die heiligen Bücher geschoben.«*

Wir im Westen lesen und reden lieber darüber, statt es selbst zu erleben, was natürlich aufregend wäre. Nicht umsonst wird Gott seit jeher als »mysterium tremendum et fascinosum« angesehen, als ein Geheimnis, das einen zittern lässt und fasziniert.

Um immer wieder an die spirituelle Dimension des Lebens erinnert zu werden, wenden sich indigene Kulturen vielleicht ein paar Mal am Tag dem kleinen Ahnenaltar zu, halten beim Reisen Rast auf einem Pass, um den Geistern für den glücklichen Aufstieg zu danken. Auch bei uns hatte sich eingebürgert, morgens, beim Essen und abends zu beten. Die erfahrene und gelebte Verbindung zur übrigen Natur ist uns allerdings abhanden gekommen, was sich auch im Tischgebet zeigt: Wir bedanken uns – was schön ist – beim Schöpfer für das Schnitzel, die Erdäpfel und den Salat. Aber bei uns käme keine/r auf die Idee, sich bei dem Schwein und den Pflanzen zu bedanken, die (ungefragt und unbedankt) ihr Leben gegeben haben, damit wir satt werden.

Wie in allen spirituellen Richtungen, geht es auch in der christlichen Tradition darum, etwas Transpersonales, Unfassbares, eine Wirklichkeit, die man nicht in Worte fassen kann, in einer mythischen Sprache und durch Symbole und Riten für die Sinne wahrnehmbar auszudrücken.

Selbst das Haus Gottes, in dem sich die Christengemeinde trifft, ist ein Symbol, sowohl für den einzelnen Menschen wie für die Gemeinschaft als Behausung des Unfassbaren. Dies wird ja auch deutlich, indem das Wort »Kirche« sowohl für das Haus wie für die Menschen verwendet wird.

Wer denkt etwa heute daran, dass die Wandlung (Transsubstantiation), ein zentrales Ritual in der katholischen Messe, typisch schamanisch ist: nämlich, dass ein neutraler Gegenstand (hier: Brot und Wein) mit einer bestimmten Energie (hier: Christus) aufgeladen wird und dann auch entsprechend wirksam ist.

Auch das Abendmahl, die Kommunion entspricht der schamanischen Tradition, z. B. der rituellen Verzehrung etwa der Energie eines Verstorbenen, eines Vorfahren oder sogar eines Feindes. Die Yanomami im oberen Amazonasgebiet rühren z. B. Asche von der verbrannten Leiche in ein Bananengericht, um den Toten zu ehren und sich seine Kräfte anzueignen (berichtet Florinda DONNER, 1983).

Das Vertrauen auf Heilung ist groß, wenn Katholiken vor der Hl. Kommunion wie jener Hauptmann von der römischen Besatzung beten: *»Herr, ich bin nicht würdig, dass Du eingehst unter mein Dach. Aber sprich nur ein Wort, so wird meine Seele gesund!«*

Er hatte, berichtet Lukas (7,1ff.), *»einen Diener, der todkrank war und den er sehr schätzte.*

Als der Hauptmann von Jesus hörte, schickte er einige von den jüdischen Ältesten zu ihm mit der Bitte, zu kommen und seinen Diener zu retten ...

Da ging Jesus mit ihnen. Als er nicht mehr weit von dem Haus entfernt war, schickte der Hauptmann Freunde und ließ ihm sagen: Herr, bemüh dich nicht! Denn ich bin es nicht wert, dass du mein Haus betrittst. Deshalb habe ich mich auch nicht für würdig gehalten, selbst zu dir zu kommen. Sprich nur ein Wort, dann muss mein Diener gesund werden.

Auch ich muss Befehlen gehorchen und ich habe selber Soldaten unter mir; sage ich nun zu einem: Geh!, so geht er, und zu einem andern: Komm!, so kommt er, und zu meinem Diener: Tu das!, so tut er es.

Jesus war erstaunt über ihn, als er das hörte. Und er wandte sich um und sagte zu den Leuten, die ihm folgten: Ich sage euch: Nicht einmal in Israel habe ich einen solchen Glauben gefunden.«

Viele Übernahmen und Weiterentwicklungen schamanischer Auffassungen, wie die Einstellung zu den Verstorbenen, wurden ja an anderer Stelle bereits erwähnt.

Offenherzige Priester und Theologen sahen in der Begegnung mit anderen Kulturen, Weltanschauungen und Religionen immer wieder die Chance auf spirituelle Impulse, kamen auf neue theologische Ansätze und passten christliche Inhalte und Lebensweisen dem Landesüblichen an. So betrachtete z. B. der bekannte englische Benediktiner Bede Griffith (†1993) das Christentum durch hinduistische Augen und »alle welt«, das Weltkirche-Magazin Österreichs, stellt nicht nur immer wieder achtungsvoll fremde Kulturen und Religionen vor, sondern berichtet auch von gegenseitig praktizierten Kontakten und Beeinflussungen.

Die Initiation des Jesuiten

Als ich das erste Mal – es war in Tuva, Sibirien, wir waren gerade mit dem Flugzeug angekommen – in einem Kreis einheimischer Schamanen mit ihren Kostümen, Utensilien und Ritualen stand, erfasste mich ein leichtes Unbehagen, obwohl ich damals schon schamanisch gearbeitet hatte. Hatte man uns nicht beigebracht, dass es sich um heidnischen Aberglauben handelte? Und jetzt war ich selbst dabei! Ich, der Westler, mit seiner nüchternen, universitären Ausbildung!

Das mulmige Gefühl legte sich aber gleich am nächsten Morgen, als ich Saryglar Borbak Ool (†2003), der mich später als seinen Sohn in Europa bezeichnete, in seiner Ernsthaftigkeit und Zugewandtheit seine Patienten behandeln sah. Es war spürbar: Hier passiert etwas Wesentliches, Stimmiges, ja etwas Heiliges. Und ich schämte mich meiner Engstirnigkeit und meiner Scheuklappen.

Ähnliches berichtet auch der französische Jesuit und Forscher Eric De Rosny (1999), als er vierzehn Jahre nach seiner Ankunft als Missionar in Kamerun erstmals an einer traditionellen Heilzeremonie der Duala, eines Bantu-Stamms, teilnahm. Interessiert verfolgt er die Behandlung einer schwer hinkenden Frau und ist verwundert, dass sie am Morgen nach der nächtlichen Sitzung unbeeinträchtigt tanzen kann. Müde und trotz eines starken Gefühls des Friedens fragt er sich: *»Warum wende ich mich, zu einer Zeit, in der die jungen Afrikaner sich einer neuen Welt zuwenden, einer aufgeklärten, einer wissenschaftlichen, in der sie einen weltumspannenden Lebensstil pflegen, im Gegensatz zu ihnen der Welt der Nacht, der Symbole, der Initiationen und dazugehörigen Riten zu? ... Eine beunruhigende Frage, die ich wie eine Versuchung von mir weise. Aber eines Tages werde ich sie beantworten müssen. ... Nachdem meine Erklärungen lange Zeit ausweichend ausfielen,« berichtet er später, »habe ich nunmehr eine Erwiderung gefunden, die mir, in gewissem Umfang, klar und zufrieden stellend zu sein scheint. Wenn man mich fragt, was ich von all dem halte, antworte ich: ›Es wirkt.‹«* Und er ergänzt: *»Für den Glauben ist die Heilung genauso wichtig wie der Glaube für die Heilung.«*

Immer wieder hört er an Samstagabenden in der Nähe das Trommeln, das ihn sogleich in innere Unruhe versetzt. Er besucht in der Folge noch viele nächtliche Sitzungen und geht bei den HeilerInnen in die Lehre. Beauftragt, Laien theologisch auszubilden, die später den Unterbau der Pfarrverwaltungen in Duala bilden sollen, kommt er sich sowohl in den Kreisen der HeilerInnen wie zunehmend in den katholischen Kreisen ein wenig als Außenseiter vor.

»Habe ich aber die gegenwärtige Lage nicht herbeigewünscht?« fragt er sich immer wieder. »Man gestattet mir, die Nacht unter freiem Himmel mit den Füßen flach auf dem guten, gestampften Boden eines Hofes zu verbringen, von Christen umringt, die sich bemühen, einem der Ihren auf traditionelle Weise Heilung zu bringen. Anders ausgedrückt, ich befinde mich endlich auf ihrer Seite. Und dieses Recht ist mir ohne jedes Zugeständnis meinerseits gewährt worden. Besser noch, man bittet mich, meine Identität als Priester und Ausländer beizubehalten. Und da ich zur Verfügung stehe, wird meine Kraft, soweit sie

dienlich ist, in Anspruch genommen, um zu heilen. Woher rührt denn dann mein Unbehagen? ... Die meisten nganga (örtliche Bezeichnung eines Heilers, Anm. Thalhamer) *und ihre Patienten sind getauft. Ich habe sie nie verdächtigt, Götzen anzubeten, abergläubisch zu sein.«*

Andererseits: *»Ihre Heilungsliturgien weisen alle Züge einer echten, von den Ahnen geprägten Religion auf. Werden sie nun wenigstens, wenn sie von Christen praktiziert werden, christlich? Zwischen Gott und den Menschen sehe ich den Platz für die erd- und die wassergebundenen Ahnen. Jesus Christus aber, den großen Abwesenden bei diesen Liturgien, suche ich vergeblich. Man macht von meinen Kräften als Priester Gebrauch. Tut man dies, um mehr als Glück zu erlangen? Ich erinnere mich an meine Abneigung, Diodonné zu heilen, der einen Segen einforderte, der mir magisch erschien ...«*

De Rosny beschreibt offen den Zwiespalt, in dem er stand: *»Zweifel und Phantasmen treten immer häufiger auf. Da ich mich weigere, zwischen meinen Interessen als Forscher und denen als Priester zu unterscheiden, muss ich jedliche Wirkung meiner Gegenwart bei den Behandlungen in Betracht ziehen. Oder ist der Augenblick gekommen, an dem ich mich unauffällig aus dem Kreis der nganga und der Schadenzauberer verabschieden und einen Schlusspunkt unter meine Forschungen setzen sollte?«*

Da fällt ihm ein, wie er einst bei einer Gruppenanalyse in Paris von einer Teilnehmerin angepfaucht wurde:

»Ihr Priester, ihr hört nicht zu. Ihr glaubt, dass ihr nichts mehr dazulernen könnt!«

Und er erinnert sich: *»Der von Marthe abgeschossene Pfeil hatte meine priesterliche Rüstung durchbohrt und ... diese wunderschöne und erste Gewissheit meiner Kindertage ..., nämlich im Besitz der Wahrheit zu sein. Die Erinnerung an diesen kurzen, einem Paukenschlag gleichenden Satz hat zweifelsohne mit dazu geführt, dass ich mich entschloss, in der Schule der nganga zu bleiben, um weiter und mit Entschlossenheit in einer Position zu sein, in der ich der Aufnehmende war.«*

So entscheidet er sich, den Heiler Din um Initiation zu bitten. Dass ihm die Augen für den »doppelten Blick« geöffnet werden, sodass er die Schwelle zum verschlossenen Garten der nganga überschreiten darf. Der Heiler stimmt zu: *»Manche sagen: Die Weißen werden es dazu bringen, dass Du Deine Kraft verlierst. Wenn Du dem Weißen die Augen öffnest, wird er Dich töten ... Der Weiße wird mich aber nicht töten. Er möchte, dass ich ihm die Augen öffne, damit er sieht. ... Sie sagen, dass es nicht gut tut, den Weißen diese Dinge zu zeigen, denn sie werden sich dieser Kräfte bemächtigen. Ich verweigere mich dem aber nicht.«*

Im Gegensatz zu mir, der ich ja nicht mehr als Priester, sondern schon lange als Therapeut arbeite, kann sich De Rosny nicht vorstellen, die traditionelle Medizin auch auszuüben. Er möchte sie bloß als Forscher kennen und erlebt haben.

»Das Unglück wächst aus der Beziehung zwischen dir und mir,« lernt er von Din, der noch nie von Jean-Paul Sartres (†1980) »Die Hölle, das sind die anderen« oder von Martin Bubers (1966) »Alles wirkliche Leben ist Begegnung« gehört hatte.

Eine Menge Vorbereitungen sind für die Initiation nötig, u.a. verwendet man dazu die Rinde des seltenen ngopange-Baumes. De Rosny berichtet: *»Din hält uns drei mit einer großen Geste auf Distanz und nähert sich ganz allein diesem Riesen. Er entkleidet sich völlig und nimmt nackt vor dem Baum Aufstellung. Nach einer kurzen Zeit der inneren Sammlung umkreist er den Baum und bespuckt seine Rinde dabei mit wohlriechenden Gewürzen. ... Damit will er seine friedfertigen Absichten beweisen. Am Fuß stellt er die Flasche Wein und den Tabak ab, die ich gekauft habe, und dann, als würde er sich an eine Person ... wenden, bittet er den Baum, seinen Wünschen zu entsprechen.«* Und De Rosny beobachtet:

»Zwischen Mensch und Baum,
zwei aufrechten und nackten Herrschern,
der eine mit Armen, der andere mit Ästen versehen,
besteht eine ins Auge springende Verwandtschaft.«

Noch weiß der Jesuit nicht, was ihn alles erwartet. Er stellt einige Hypothesen auf:

- *»Erste Hypothese: Das Sehen bringt nichts.*
  In diesem Fall besteht die Initiation des Kandidaten in das Sehen darin, ihm zu enthüllen, dass es nichts zu sehen gibt, dass diese berühmten unsichtbaren Wirklichkeiten, an die zu glauben er Grund hat, letztendlich sich dem Blick verweigern.
- *Zweite Hypothese: Das Sehen wird durch halluzinogene Pflanzen hervorgerufen.*
  ... Dann wäre der Vorgang etwa mit den ekstatischen Erfahrungen verwandt, wie sie überall auf der Welt praktiziert werden ...
- *Dritte Hypothese: das Sehen als Enthüllung des Imaginären.*
  Unter dem Imaginären verstehe ich jene Träume und Wahnvorstellungen, die zu Unrecht in die Besenkammer verbannt wurden, alle diese offensichtlich verrückten und unnützen bildlichen Vorstellungen, die erst durch Freud rehabilitiert wurden ... Holt man sie aus der Nacht heraus, stellen sie einen Schatz an Hinweisen dar, aus dem zu selten Nutzen gezogen wird.« Und er fügt hinzu: »Wenn diese Hypothese die richtige ist, dann bin ich für meinen Lehrmeister ein schwieriger Schüler; denn mein Unbewusstes reagiert, trotz meines guten Willens, nicht auf die gleichen auslösenden Signale ..., denn ich gehöre nicht dem gleichen Kulturkreis an.«

Es stellt sich dann heraus, dass die zweite und dritte zutreffen.

Die Vorbereitungen sind umfangreich. Der Kandidat wird mit Wasser der Ahnengeister aus dem Fluss gereinigt, er wird mit einem roten Huhn gesegnet und isst ein bestimmtes Gericht, um gegen Schadenzauber gewappnet zu sein. Er muss nachts Kräuter unter sein Kopfkissen legen und seine Träume berichten. Er besorgt als Gegenleistung für den Heiler ein großes Fischernetz. Und eine Ziege: *»Neunmal muss ich über das Tier steigen, um alles Böse, das ich in mir trage, auf es zu übertragen. ... Anschließend muss ich beide Hände öffnen, eine ehrerbietige Geste des Empfangens, um dann wieder das kostbare Trinkhorn entgegenzunehmen. An neun aufeinanderfolgenden Abenden werde ich mir vor dem Einschlafen einige Tropfen in jeden Augenwinkel und auf den Scheitel meines Hauptes träufeln.*

Meinem Lehrmeister werde ich meine ersten Träume erzählen.« »Das öffnet Ihnen innerlich … die Augen,« erklärt der Heiler.

»Es öffnet Ihnen die Erinnerung und zeigt Ihnen die Zukunft. Es reinigt Ihnen den Verstand.«

Auch der Ziege wird die Flüssigkeit in die Augen gegeben. Sie wird sterben, bedauert der Priester, *»…weil ich ihr die Augen nehme und weil alles mir bestimmte Unglück auf sie übertragen worden ist.«* Früher wurde dafür angeblich ein Mensch getötet.

Din wendet sich an die Ahnen:

»Ich bitte darum, dass er sieht, so wie ich sehe.
Nichts soll ihm verborgen bleiben …
Er möge sehen, im Guten wie im Schlimmen …
Um all das bitte ich im Namen Gottes …,
der mir die Kraft zu sehen gab.«

Aus De Rosnys Protokoll: *»24. August: Bei Tagesbeginn ein weiterer Alptraum: ein Feuerzeug, aus dem das Gas entweicht; es gelingt mir nicht, es auszumachen. Atemnot. Ich wache auf. Wie ausgemacht, verschlucke ich das kleine Kräuterkügelchen. Und plötzlich ist der so sehr erwartete Augenblick da: Meine Augen öffnen sich, die Menschen bringen einander um. Das nehme ich visuell ganz deutlich wahr. Alles, was Din mir schon seit langem immer wieder sagt, spult sich vor mir ab wie von einer Rolle: Sehen heißt zu allererst, dass einem die Gewalt zwischen den Menschen offenbar wird. Man braucht große Charakterstärke, um der rohen Wirklichkeit ins Auge zu schauen. – Ohne Initiation, ohne pädagogisch eingeübte Verhaltensmuster führt die Fähigkeit zu sehen in den Nervenzusammenbruch oder sie schleudert einen in den Kreis der Gewalt hinein. … Sieben Uhr morgens. Ich höre die Nachrichten im Radio auf andere Weise als sonst. Ich bin wie benommen von der Litanei der Konflikte auf der Welt … Jetzt sah ich und für immer. Während der Tage, die auf das Ende der Initiation folgten, fuhr ich fort, die geringfügigsten Konflikte, die um mich herum entstanden, mit großer Klarheit wahrzunehmen … Din hatte mich in einen permanenten ›Alarmzustand‹ versetzt.«*

»Die Initiation in den Beruf des nganga besteht darin, die Augen des Kandidaten für die Akte der Gewalt zu öffnen, die sich in seinem Umfeld zutragen.« Auch Dins Sohn Nkongo hatte die Welt der Initiierten als grauenerweckendes Schlachtfeld beschrieben, auf das er sich nicht wagen würde.

Mich persönlich, der ich therapeutisch Ressourcenarbeit und Lösungsorientierung sehr schätze und der ich aus meinem christlichen Vertrauen heraus ein trotz allem positives Bild der Welt habe, schreckt diese Sichtweise außerordentlich. Sie scheint in Afrika weit verbreitet zu sein, wie auch Malidoma Patrice Somé (1996) aus Burkina Faso andeutet. Ich finde es schlimm, wenn mir ein Unglück passiert oder ich krank werde, sofort zu schauen, wer in meiner Umgebung das durch den »bösen Blick« oder eine Verfluchung verursacht haben könnte. Nicht, dass es das nicht gibt und solche systemischen Zusammenhänge nicht möglich wären; auch bei uns kennt man negativ wirkende Außeneinflüsse und Psychoterror, neuerdings ist z. B. »Mobbing« oder auch »Stalking« in aller Munde.

Aber wenn dies als Erklärungsmuster vorherrscht, ist der Verdächtigung und Beschuldigung Unschuldiger Tür und Tor geöffnet. Auch De Rosny berichtet, dass er schon zwei Mal für einen Schadenzauberer gehalten worden war. Und als er mit Din in einem entfernten Dorf übernachtet, hofft ihr Gastgeber mit ihnen, dass in der Zeit ihres Besuches nichts Schlimmes im Ort passiert, dessen sie beschuldigt werden würden, es durch einen Zauber herbeigeführt zu haben.

Es stimmt, dass man als Schamane wie als Therapeut oder oft auch als Arzt mit dem Schlimmsten und Abscheulichsten konfrontiert wird. Aber es geht doch nicht nur darum, es »zu sehen«, sondern es zu verwandeln. Vielleicht hätte De Rosny doch diesen Schritt auch noch tun sollen.

Andererseits kann ich seiner (tiefenpsychologischen) Deutung schon etwas abgewinnen: Er meint, dass im Gegensatz zu Europa z. B. in Kamerun Gewalt still und leise und im Untergrund passiert und dass sie leichter beherrschbar wird, wenn sie offengelegt wird:

»Die Gewalt wird gedämpft, kaschiert, von ihr wird abgelenkt. Ausgenommen sind lediglich die Eingeweihten, deren Aufgabe es ist, ihr ins Antlitz zu schauen und zum Schutz der Gesellschaft auf sie einzuwirken. Zu welchem Preis aber? Die nganga verfügen dank ihrer Kunst, dem Imaginären an die Oberfläche zu verhelfen, über eine um ein Vielfaches verstärkte und erstaunlich genaue Wahrnehmung der Konflikte, die ihre Kranken bedrücken.« Und die Heilarbeit diene dazu, die Gesellschaft von der latenten Aggressivität zu befreien.

Der französische Priester und Forscher resümiert seine Erfahrungen so:

»Es hat mich Zeit gekostet, dieses Paradox zu akzeptieren: Die Zauberei ... kann die Komplizin der bestehenden Ordnung und des sozialen Friedens sein! Nicht nur ich habe dies festgestellt: Wo die Zauberei das Leben bestimmt, sind die Sitten offensichtlich friedfertiger, die Kinder ruhiger und die mit der Waffe in der Hand ausgetragenen Streitereien, die Selbstmorde und Morde laut Statistik weniger häufig. Das ist kein Zufall. Die Zauberei trägt ihre eigenen Gegengifte in sich: die Antihexer, also Seher, Geisteraustreiber und nganga. Das Geheimnis ihres Erfolges liegt in ihren Beziehungen zum Unsichtbaren.«

Ob die gesellschaftlichen Auswirkungen so sind, kann ich nicht beurteilen. Auch wenn logischerweise der Bericht afrikanisches Kolorit trägt: Ich wollte die Begegnung eines katholischen Priesters mit einer schamanischen Tradition etwas ausführlicher darstellen, weil es vermutlich vielen gläubigen Christen in direktem Kontakt mit SchamanInnen so geht oder gehen würde. Es beeindruckt, wie der französische Priester respektvoll immer mehr in die alte Heiltradition der Duala eintaucht und dennoch seine Identität nicht aufgibt:

»In Bezug auf die Gewalt
unterscheidet sich die christliche Sehweise
von der seitens der Schadenzauberei angebotenen.
Jesus Christus' Entschluss, alle Gewalt dieser Welt
auf sich zu nehmen ... hat,
wenn man dem Evangelium Glauben schenkt,
eine befreiende und entscheidende Wirkung.«

die den Gläubigen helfen kann, *»dass sie weniger dazu neigen, die Gewalt zu fürchten.«*

Und er erwähnt am Schluss des Buches eine Erfahrung, die auch ich in ähnlicher Weise gemacht habe:

»Inzwischen ist mir klar,
dass die Initiation, der ich von Din unterzogen wurde,
eigentlich nicht meine erste war.
Im Rahmen meines religiösen Lebens hatte ich bereits unter der Leitung eines Novizenmeisters den Weg zurückgelegt, den man ›geistliche Übungen‹ nennt, und der eine Art Initiation darstellt. ... Der Novize ... erlernt Techniken der Kontemplation, und Visionen von Gewalt bleiben ihm nicht erspart. ... Dann gibt man ihm sehr schnell das Leben Jesu als Vorbild, das er betrachten und dem er nachfolgen soll. Dann durchdringt ihn die Gewissheit, dass Christus den Tod besiegt hat.«

Der katholische Priester, dem von einem traditionellen Heiler die Augen geöffnet wurden, sieht die christliche und die schamanische Initiation wie eine Doppelbelichtung, *»ohne die Möglichkeit, dass die beiden Bilder völlig übereinstimmen«.*

Mein persönlicher schamanischer Weg

Meine Berufung erfolgte in meiner Kindheit. Vor dem Hintergrund schlimmer Erlebnisse und großer Verzweiflung – ich rede nicht gerne darüber – erlebte ich in der Stadtpfarre Urfahr im Kreise der anderen Ministranten, der dortigen Priester und durch den Mesner, Herrn Grünberger, etwas von der Leichtigkeit, Heiterkeit und dem Frieden, der möglich ist. Besonders bei den Segensandachten war ich öfters wie verzaubert und weggetreten in die andere Welt. Das wollte ich auch vermitteln. So wurde ich Priester. Aus Zölibatsgründen wechselte ich später den Beruf, studierte Psychologie und wurde Psychotherapeut.

Ich meditiere seit meiner Studentenzeit fast täglich: Meist ist es eine einfache Unterstützung für den Tag, nicht immer mit angenehmen Botschaften, manchmal mit umwerfenden Erfahrungen – wie das weiter oben erwähnte Heilungserlebnis meiner Rückenschmerzen. Ich interessierte mich für Heilungsformen in anderen Kulturen, griff, angeregt durch Reiki, die christliche Heiltradition auf und lernte in der Foundation for Shamanic Studies, auf die ich von einer lieben Kollegin aufmerksam gemacht wurde, den Schamanismus kennen.

Während die Gruppe der Frauen (s.o.) nach wie vor vorwiegend für mich selbst und meine eigene Heilung da ist, führten in den ersten Jahren meiner schamanischen Heiltätigkeit für andere v.a. die Gruppe der Mönche und mein Adler die Behandlungen durch. Ich sollte meist nur trommeln oder rasseln und ihnen zuschauen.

Manchmal dachte ich in der ersten Zeit: Hoffentlich sehe ich heute etwas. Aber die Angst war immer unbegründet. Wenn ich wieder wach war, kam mir das Erlebte – wie nach einem Traum – oft sehr eigenartig vor und der Skeptiker in mir machte dicke Fragezeichen. Mit zunehmender Erfahrung der hohen Wirksamkeit lösten sich meine Zweifel auf. Selbst der hartnäckigste Skeptiker ergibt sich einmal der Realität.

Eines Tages, ich gehe wie immer in Trance, sehe ich das Problem der Patientin, aber nicht meine Helfer. Ich spüre, dass sie im Hintergrund da sind, sehe sie aber nicht. Ich frage sie: Warum kommt ihr nicht? Sie: Mach Du heute! Ich: Aber ich kann das doch gar nicht. Sie signalisieren mir, dass ab jetzt ich selbst behandeln solle, damit mein Vertrauen zu mir und meinen Fähigkeiten gestärkt werde. Ich könne es und sei wie sie ein Botschafter des Allerhöchsten. Sie nannten mich bei meinem Namen »Der große Palim seit Anbeginn«, den ich mich immer noch geniere, offen auszusprechen, was sie mir aber auftrugen.

Etwa zur selben Zeit zitierte Nelson Mandela in seiner berühmten Rede vor der UNO Marianne WILLIAMSONS *Text (1995) aus »A Return To Love«:*

»Unsere größte Angst ist nicht, dass wir unzulänglich sein könnten. Unsere größte Angst ist, dass wir grenzenlos mächtig sind. Unser Licht, nicht unsere Dunkelheit, ängstigt uns am meisten. Wir fragen uns: Wer bin ich, um so brillant zu sein? Aber wer bist Du, es nicht zu sein? Du bist ein Kind Gottes. ... Wir wurden geboren, um den Ruhm Gottes, der in uns ist, zu manifestieren. Er ist nicht nur in einigen von uns, er ist in jedem Einzelnen. Und wenn wir unser Licht scheinen lassen,

geben wir damit Anderen die Erlaubnis, es auch zu tun. Wenn wir von unserer Angst befreit sind, befreit unsere Gegenwart automatisch andere.«

Meine Weisen wunderten sich, dass ich mich in dieser Inkarnation wieder so anstelle wie ein Anfänger, in meinem Leben auftretende Probleme viel zu ernst nehme, statt gelassen den Überblick zu wahren und nicht anzuhaften. Ob ich denn alles vergessen hätte?

So gewann ich immer mehr Sicherheit, weil ich ja ohnehin nie im Stich gelassen wurde, sondern eben dann unsichtbar geführt wurde. Von Zeit zu Zeit erlebe ich eine, wie ich sie für mich nenne, große Vision, wo mir dann meist in einem weiteren Initiationsschritt eine neue Fähigkeit als Geschenk überreicht wird. Bei einer, die mein Leben sehr veränderte, erlebte ich berührt, dass alle meine Zellen ausgetauscht und ersetzt wurden durch viele hellblaue (Weisheit) und rotgelborange (Kraft). Sie wurden dann wie Kupfer gehämmert. Und obwohl ich die Herz-Jesu-Verehrung immer besonders eigenartig gefunden hatte, gab mir Jesus nun sein Herz, mit all seiner Liebesfähigkeit, aber auch mit der »Schmerz-Übernahme«, was ich als Psychologe immer sehr problematisch gefunden hatte. Da es mir aber von meiner höchsten Instanz, die ich in Trance erlebe, als Geschenk überreicht wurde, nahm ich es dankbar an.

Saryglar Borbak Ool (†2003), ein großer Schamane aus Tuva/Sibirien, der mir sehr ans Herz gewachsen ist und mich wie einen Sohn behandelte – ich bin auch jetzt nach seinem Tod immer wieder in liebevollem Kontakt mit ihm, er unterstützt mich öfters bei schamanischen Behandlungen – wunderte sich, wenn wir gemeinsam behandelten, dass ich immer wieder einmal laut schluchzen und weinen musste. Michael Harner, einer meiner Lehrer, zählte mich zur Sorte der »Crying Shamans«. Manchmal weine ich aus Mitleid, oft aber, weil ich so gerührt bin, dass diese gewaltigen Kräfte – trotz meiner Mängel – ausgerechnet auch durch mich hindurchfließen.

In den letzten Jahren kommt es immer öfter vor, dass ich während einer Behandlung mit offenen Augen beide Realitäten zugleich sehe: die Personen und die Einrichtung im Raum und – wie ein darüber liegendes Bild – die spirituelle Realität und ihre Verwandlung während des Rituals.

Gemäß dem Auftrag meiner Geistführer, trage ich bei Ritualen kein Schamanenkostüm und verwende keine sonst üblichen schamanischen Utensilien wie Räucherwerk, Federn oder Kristalle etc. Sie sagten mir: Um zu demonstrieren, dass es sich nicht um einen Import aus Stammeskulturen handelt, sondern dass grundsätzlich jeder Mensch, auch in unserer Industrie- und Dienstleistungsgesellschaft, diese Fähigkeiten in sich trägt (und auch schon bisher unbekannterweise in sich trug) und wirksame Rituale auch in Bluejeans oder im Nadelstreif durchgeführt werden können.

Von dem breiten Spektrum schamanischer Aufgaben in Stammeskulturen besteht meine nur darin, zu heilen und Brücken zu anderen Heilungsrichtungen zu bauen. Was ich auch tue.

3. Schamanismus und Psychotherapie

Kleiner Hinweis für Helfer
Du willst für jemanden etwas tun, der in Not ist?

Nicht: Ärmel aufkrempeln und los gehts!
Halte erst inne und nimm Kontakt auf mit den guten Mächten
– wie immer Du Deine Ressourcen bezeichnest.
Bleib ihr Diener, ihre Dienerin, ihr Medium,
durch das SIE wirken.

Nimm Dich nicht so wichtig, steh ihnen nicht im Weg!
Nimm Dich wichtig, denn sie brauchen Leute wie Dich als
Eingangstor in die Welt!
Stelle Dich auf Aufnahme und mache Dich durchlässig
– genauso wie Dein Klient oder der Problembesitzer, für den Du
etwas machen möchtest. Öffne Dich diesen gewaltigen Heilungs-
und Problemlösungsenergien!
Laß SIE arbeiten!

Du wirst verwundert die Erfahrung machen:
Es ist wenig anstrengend.
Es ist zielsicherer, als wenn Du mit Deinem begrenzten Verstand
nach Lösungen grübelst.
Es ist wirksamer, als wenn Du mit Deiner begrenzten Energie
Hand anlegst.
Und Du wirst selber energetisiert von der Behandlung weggehen
– wie das Quellwasser nicht nur die Haut des sich Waschenden
benetzt,
sondern auch das leitende Rohr.

A.T.

Wie passen Schamanismus und Psychotherapie zusammen?

»Die schamanische Kenntnis des Psychischen ist verquickt mit einer Kosmologie und Metaphysik, die die moderne Psychologie so weit hinter sich gelassen hat, dass ein Dialog kaum mehr möglich ist. ... Ich gehe davon aus, dass die alten Kulturen mehr uber das Dasein wissen, als was uns die moderne Psychologie und Physik verspricht,« schreibt der Psychologe und Schamanismusforscher Holger Kalweit (1999).

Bis ins Mittelalter war auch in ganz Europa die schamanische Tradition noch verbreitet und nicht fremd. Die Kirche verfolgte ihre VertreterInnen grausam und mit Hilfe des weltlichen Armes wurden viele Sensitive auf dem Scheiterhaufen verbrannt, sodass heute nur noch Reste aufzufinden sind, wie die Wenderinnen, Chiromanten, Magnetisten, Handaufleger usw.

Die darauf folgende Renaissancezeit sah im Menschen das Maß aller Dinge und wertete den menschlichen Verstand als oberstes Prinzip. In der sogenannten Aufklärung (18. Jh.) setzte sich dieses Denken endgültig durch.

Dies führte zu einem sehr hohen Grad an naturwissenschaftlicher, technischer und wirtschaftlicher Entwicklung. Allerdings zu einem sehr hohen Preis: nämlich der Abwertung der Gefühls- und Triebwelt und der spirituellen/religiösen Dimension des Menschen, die in unseren Tagen zu einer gewaltigen Sinnleere in den Industriegesellschaften geführt hat. Der zweite hohe Preis war die imperialistische Unterwerfung und wirtschaftliche Ausbeutung der anderen Völker und Kulturen und der natürlicher Ressourcen in einem nie da gewesenen Ausmaß.

Wer einen faszinierenden Roman über die Parallelen der Unterdrückung von Seelenteilen und von sozialen Schichten lesen möchte, dem sei das Buch »Der Zauberbaum« des deutschen Philosophen Peter Sloterdijk (1985) empfohlen. Er spielt in der Zeit vor der französischen Revolution und bezieht auch den bekannten Magnetisten Franz Anton Mesmer (†1815) mit ein.

Das eigentliche therapeutische Agens ist in den verschiedenen spirituellen Heilungsformen (s.o.) weder der Patient noch der Therapeut, sondern ein Tertium, wie immer man sich dieses Dritte vorstellt:

Haben Schamanen seit Jahrtausenden

mit Hilfe ihrer verbündeten Geister erstaunliche Problemlösungen und Heilerfolge hervorgebracht, so wurde noch im 18. Jh. Pfarrer Johann Joseph Gassner (†1779) als erfolgreicher Teufelsbanner und Wunderheiler bekannt, weil er im Namen Jesu böse Geister austrieb. Franz Anton Mesmer (†1815) nannte kurz darauf – gemäß der Aufklärung – dieses wirksame Dritte nun nicht mehr göttlich, sondern den »animalischen Magnetismus«. Durch Berühren der Patienten oder durch Zeichen, die er mit den Händen gab, wird berichtet, gelang es ihm, bei Kranken, beispielsweise bei Epileptikern, die üblichen Krankheitserscheinungen – Schwindel, Zittern, Ohnmachtsanfälle und Ähnliches – hervorzurufen oder abebben zu lassen. Auch aus der Entfernung.

In der beginnenden Tradition der Hypnose

wird nun dieses Dritte – endgültig säkularisiert – als »Unterbewusstsein« bezeichnet.

Besonders Sigmund Freuds (†1939) Psychoanalyse

hat es unter großen Widerständen salonfähig gemacht hat. Die Widerstände waren aus verschiedenen Gründen verständlich: Er stellte ja nicht nur wesentliche Teile der Medizin auf den Kopf, sondern machte deutlich, dass wir Menschen Vieles nicht unter Kontrolle haben. Und das ist für den aufgeklärten Verstand schwer zu ertragen. Meinte man doch seit René Descartes (†1650), mit Hilfe der Ratio eines Tages alle Probleme lösen zu können. Freud sah im Unbewussten freilich vorwiegend die Wurzel von Krankheiten und Störungen.

Die zweite große Psychotherapierichtung, die Verhaltenstherapie,

entsprach wieder der digitalen Linie: streng behavioristisch ging es zumindest ursprünglich um die nüchterne Analyse der Kontingenzen von Symptomen, z. B. mit welchen Modellen, Auslösern und Auswirkungen sie zusammenhängen.

In der dritten psychotherapeutischen Hauptrichtung, der sogenannten humanistischen Psychologie,

wird nun das Unbewusste nicht mehr nur als Bereich gesehen, in dem unsere Probleme wurzeln, sondern als unerschöpfliches Potential des Menschen aufgefasst, als die Fülle der Weisheit, die jeder in sich trägt und die schrittweise gehoben werden kann. Das kommt der schamanischen Sichtweise (wenn auch in einer anderen Sprache) am allernächsten. Abraham MASLOW (1982):

»Es ist, als hätte Freud
uns die kranke Hälfte der Psychologie geliefert,
die wir jetzt mit der gesunden Hälfte ergänzen müssen.«

Er stellte auf seiner Bedürfnishierarchie nach Grundbedürfnissen, Sicherheit, sozialen Bedürfnissen und sozialer Anerkennung an die oberste Stelle die Selbstverwirklichung, zu der er später auch mystische Erfahrungen zählt:

»Die emotionale Reaktion bei Grenzerfahrungen hat einen besonderen Beigeschmack des Wunders, der Scheu, der Ehrfurcht, der Bescheidenheit und der Auslieferung an die Erfahrung als an etwas Großes.«

In einer vierten Hauptrichtung, der systemischen (Familien-) Therapie,

wird v.a. die Funktion der Krankheit einer Person in dem Beziehungsgefüge gesehen, in dem sie lebt oder gelebt hat. Insoweit und insbesondere sie auch – generationenübergreifend – die Vorfahren mit einbezieht, z. B. bei Familienrekonstruktionen und -aufstellungen, gibt es große Ähnlichkeiten zur schamanischen Sichtweise (siehe August THALHAMER, 2001). Patrice Malidoma SOMÉ (2006), Schamane der Dagara in Burkina Faso und Wissenschafter, über Rituale und Systemaufstellungen:

»Offensichtlich verfolgen beide – mit erstaunlich ähnlicher Absicht und auf ähnlich unvorhersagbare Weise – das gleiche Ziel. Beide öffnen

... tief verborgene Seiten der individuellen Geschichte, die heilende Aufmerksamkeit benötigt. Beide vermitteln eine Energiezufuhr, durch die das Leben wieder ins Fließen kommen kann.«

Am direktesten zur schamanischen (und christlichen) Heilungsauffassung passt die Transpersonale Psychologie,

in der die Reifung der Persönlichkeit ohne Aktualisierung der spirituellen Dimension nicht für vollständig gehalten wird. Im »Weg des Mystikers« (vgl. Ken WILBER: »Das Atman Projekt«, 2001) geht es nicht primär um Ich-Stärke, Beseitigung von Krankheiten oder die Bewältigung der täglichen Anforderungen des Lebens, sondern um die Erfahrung der Einheit des Seins und die Einordnung des Ich in das große Ganze. Geheilt wird vorwiegend in anderen Bewusstseinszuständen – meist allerdings nur des Klienten. Die Reduktion des Denkens, des Steuerns und das Zurückstellen des eigenen Ichs wird für eine ganzheitliche Heilung als wesentlich angesehen. Frühe Vorläufer davon waren der österreichische Anthroposoph Rudolf Steiner (†1925), und auch der Schweizer C.G. JUNG (1995).

Ich stimme Holger Kalweit (s.o.) insofern zu, dass der aktuelle Mainstream der wissenschaftlichen Psychologie in unseren Breiten offenbar weithin wieder neopositivistisch ausgerichtet ist und im Allgemeinen große Schwierigkeiten mit den transpersonalen Ansätzen hat und sie abwertet. Wir Psycho-logen müssten eigentlich als Seelenkundige über den Atem des Lebens (ursprüngliche Bedeutung des griechischen Wortes »psyche«) besonders gut Bescheid wissen; wir sind uns aber nur einig, dass es (im Unterschied zu körperlichen) seelische Phänomene gibt, nicht aber, ob es überhaupt eine Seele gibt, und reden lieber von Persönlichkeit, emotionalen Erfahrungen etc.

In der Praxis freilich, soweit ich sie überblicke (siehe nächster Abschnitt), wird die Weisheit des Unbewussten (die schamanisch in der Anderswelt visualisiert wird) in vielen im Westen entwickelten Therapiemethoden und in einzelnen Behandlungstechniken, wie in der »Arbeit mit dem inneren Kind«, im »sicheren Ort der Geborgenheit« in der Traumatherapie oder auch im »Kontakt mit sich als weisem alten Menschen«, geschätzt und zur Heilung von Problemen genutzt. Immer mehr Menschen gehen – oft angeregt durch fernöstliche Traditionen – täglich in die Stille, um durch Meditation ihrem Leben Sinn und Richtung zu geben.

Selbst in der Wirtschaftspsychologie wird Intuition zunehmend geschätzt und trainiert. Wie ich höre, lassen auch große Konzerne wie General Motors ihre Führungskräfte immer wieder in schamanischen Seminaren ausbilden.

Ich finde, dass in der westlichen Kultur ein langsamer Umschwung im Gange ist, nicht mehr so sehr getragen von den großen Religionen, sondern von der New Age-Bewegung, sodass auch Popsänger wie Sting texten:

»Let your soul guide you upon your way!«

Rebekka, 33 J., sehnt sich danach, endlich einem Mann zu begegnen, der nicht schon liiert ist oder in Afrika wohnt, sondern mit dem sie real leben kann. Nach mehreren Entwicklungsschritten, in denen sie vor allem ihre familiär gelernte Abwertung der Männer auflöst, erzählt sie eines morgens einen Traum: »Ich betrete einen Laden, um Zitronen und Orangen zu kaufen. Die Frau an der Kasse bedauert: ›Kommen Sie morgen! Wir sperren gerade zu.‹ Alles Bitten hilft nichts. Da kommt die Chefin, fragt, worum's geht, sagt: ›Machen wir‹ und reicht mir die Früchte.«

In dem Traum sind alle wesentlichen Elemente vorhanden, wie sie auch in Märchen oder in den Heilungsgeschichten der Bibel vorkommen:

- die suchende Person, der Held (im Traum »ich«),
- das Begehrte, das Ziel (das Obst),
- der Widerstand (die Kassierin) und
- die problemlösende Instanz, die verbündete Hilfe (die Chefin).

Deutlich ist auch die Mischung von Eigenaktivität und Beschenktwerden der Hilfesuchenden. Meines Erachtens ist es unerheblich, ob ich mir diese helfende Instanz psychotherapeutisch bewusst mache oder schamanisch visualisiere und kontaktiere. So treffen sich Schamanismus und Psychologie. Rebekka ist übrigens inzwischen recht glücklich verheiratet.

Es scheint, dass die Absolutsetzung der Ratio ihrem Ende zugeht und dass zunehmend auch die Nutzung anderer Erkenntnisquellen geschätzt wird. Kommt jetzt (s.u.) die »Selbstaufklärung der Aufklärung«, wie sie Theodor W. Adorno (†1969) und Max Horkheimer (†1973) – als der Dialektik der Aufklärung immanent – postulierten? Die Paläontologen sagen, dass Spezialisierung immer in eine Sackgasse der Evolution geführt, Vielseitigkeit aber das Überleben gesichert habe. Vor lauter Detailwissen haben wir das Ganze aus dem Blick verloren.

Schamanische Behandlung ist Heilung in Trance mit Hilfe der Weisheit des Unbewussten

Der Begriff »das Unbewusste« eignet sich m.E. besonders gut, weil er ja nichts über sich aussagt, sondern nur, dass seine Inhalte und Vorgänge nicht bewusst sind – die aber durch schamanische und auch durch andere Methoden ans Licht des Bewusstseins gebracht werden können. Auch in der Hypnotherapie wird »das Unbewusste« als geeignete Metapher für sonst schwer definierbare Ressourcen begrüßt, aber auch in Frage gestellt; z. B. macht sich Gunther Schmidt über die »Verdinglichung« lustig:

»*Wenn Sie Ihr Unbewusstes treffen, grüßen Sie es von mir!*« (MILTON ERICKSON GESELLSCHAFTER FÜR KLINISCHE HYPNOSE, 1989)

Die Botschaften aus diesen Ressourcen können, wie von Stanislav GROF (1978) in seiner »Topographie des Unbewussten« beschrieben, die gegenwärtige Lebenssituation oder die frühere Lebensgeschichte, die frühe Kindheit, die perinatale Periode oder die embryonale und fötale Existenz betreffen, aber auch aus transindividuellen, transpersonalen und transhumanen Quellen stammen. Eine »vorläufige Ordnung der Erfahrungen« nach heuristischen Prinzipien bringt auch Sylvester WALCH (2002) in seinem Buch über die Dimensionen der menschlichen Seele. Ich gehe davon aus, dass in der schamanischen Trance, wie beim holotropen Atmen, der Oberstufe des Autogenen Trainings und bei ähnlichen aufdeckenden Methoden immer genau das zu Tage tritt, was man für den nächsten Entwicklungsschritt seiner Persönlichkeit braucht, sozusagen was als Nächstes dran ist.

Als ich mich das erste Mal intensiver mit Schamanismus befasste, war ich fasziniert von der Tatsache, dass ich wesentliche Heilungspraktiken (unter anderen Namen) bereits seit vielen Jahren kannte und (wenn auch nicht in identischer Form) praktizierte. Kein Wunder: Schamanismus ist ja mit einem wahrscheinlichen Alter von über 30.000 Jahren nicht nur die älteste Form der Medizin, sondern auch der Psychotherapie. Dass die westliche Psychotherapie (ähnlich wie das Christentum) von vielen schamanischen Elementen durchdrungen ist, erklärt sich auch dadurch, dass viele Gründer und Vertreter von Therapierichtungen, wie PERLS (1974), JUNG (1995) usw. nicht nur über andere Kulturen gelesen haben, sondern auch durch persönliche Kontakte beeinflusst wurden. Und manches z. B. im Autogenen Training (s.u.) wurde, wie ich nachgeprüft habe, ausschließlich auf der Basis eigener Erfahrungen wieder neu entdeckt.

Sicherlich dringt spirituelle Heilarbeit in Bereiche vor, die durch westliche Medizin und Psychotherapie normalerweise nicht berührt werden. Auch die Ziele sind nicht identisch, wie Andreas REIMERS (2005) betont, der sich als Nervenarzt und Psychotherapeut wissenschaftlich auch mit dem Schamanismus bei den Bergvölkern Nepals befasst:

»Während in den modernen Psychotherapien ... die Entwicklung einer angemessenen Ich-Stärke und sozialen Kompetenz sowie eines positiven Selbstbildes als Ziel angesehen wird, betonen traditionelle, schamanische Heilsysteme eher die Rückgewinnung des Platzes in der sozialen Gemeinschaft und in der kosmischen Ordnung. Anders als in der Gestalttherapie, dem Psychodrama und anderen erlebnisorientierten Therapieformen übernimmt nicht der Patient, sondern vorwiegend der Schamane selbst die Rolle, Gefühle, Träume und Konflikte darzustellen, zu verkörpern und zu personifizieren. Der Patient partizipiert aktiv an der Musik, dem Tanz und den kulturell vorgegebenen Imaginationen des Schamanen und überlässt sich damit dem Therapieprozess,

wodurch das Lernen am Modell sowie eine direkte Kraftübertragung stärker in den Vordergrund rückt. Im Gegensatz zu Rogers klientenzentrierter Gesprächstherapie sowie nicht direktiven psychoanalytischen Interventionen, arbeitet der Schamane direktiver und im westlich modernen Sinne nicht erlebnisorientiert. Vielmehr wird im Rahmen der tradierten Denk- und Verhaltensregeln der Mythos als gegenwärtig erfahren, so dass das individuelle Leiden in ihm Aufnahme sowie Lösung findet.«

Auch ist mir kein westlicher Heilansatz bekannt, bei dem nicht der Patient, sondern der Therapeut in Trance geht.

Beispiele

Andererseits lassen die urigen und oft spektakulären Ausdrucksformen des indigenen Schamanismus oft nicht auf den ersten Blick erkennen, wie ähnlich doch viele Behandlungstechniken und selbst ihre Erklärungen sind.

Zum Beispiel: entspricht m.E. die schamanische Seelenteil- oder Krafttier-Rückholung der gestaltischen Reintegration abgespaltener Persönlichkeitsanteile: Während der Schamane z. B. in das Land reist, wo die Seelen sind, mit den eventuellen Besetzern verhandelt und den – vielleicht bei einem Schock verloren gegangenen – Seelenteil fragt, ob er nicht wieder zurückkehren möchte, und ihn dann zurückbringt, stellt sich der Patient in der Gestalttherapie den abgespaltenen, meist ungeliebten Persönlichkeitsanteil als Gegenüber vor und redet mit ihm, bis er ihn integrieren kann. Oder in einer psychoanalytischen Behandlung erlebt der Klient das alte Trauma nochmals durch, wodurch die damals gebundenen Energien wieder frei werden und zur Verfügung stehen. Die Methoden des Soul Retrievals sind im Detail sehr unterschiedlich: Zum Beispiel: kann man in manchen Gegenden Nepals die Seele dem Sumpfgeist, der sie an sich genommen hat, entreißen, indem man ihn zum Lachen bringt – wozu in dem Fall anständig gebechert und das Heilritual oft recht lustig wird.

Zum Beispiel: wenn Rolling Thunder, Nevada (berichtet von Stanley KRIPPNER, 1999) dem Patienten, der wegen einer Traumdeutung zu ihm kommt, nicht selbst eine Deutung liefert, sondern ihn auffordert, sich in die Rolle jedes Traumelements hineinzuversetzen, wodurch er dann selbst die Botschaft des Traumes erkennen kann, entspricht dies präzise der Hauptmethode, wie ich selbst gestalttherapeutisch an einem Traum arbeite.

Zum Beispiel: ob ein Verstorbener einen Lebenden besetzt, ihm die Seele raubt oder ihn in den Tod lockt, oder ob der Lebende ihm aus Liebe in die Krankheit oder in den Tod folgt, ist v.a. eine Frage des Standpunktes. In der Familienaufstellung nach Bert HELLINGER (1994) wird dann die bewusste oder unbewusste Liebe zu einem ausgeschlossenen, abgewerteten Vorfahren auf produktivere Weise ausgedrückt, das Schicksal des Ahnen gewürdigt und ihm zu Liebe und zur Ehre das Leben in seiner Fülle angenommen. Aber es kommt auch hier vor, dass der Verstorbene bewogen werden muss, den Nachkommen loszulassen. Das tut man z. B., indem man den Darsteller des Toten dem Klienten in die Augen schauen lässt. Denn das in den Tod ziehen Wollen geschieht meist ebenso blind wie umgekehrt die Problemübernahme durch die Lebenden oder die Nachfolge in den Tod. Dann fragt ihn der Patient: »Willst Du wirklich mein Unglück? Willst Du wirklich, dass ich krank bleibe? Willst Du, dass ich jetzt schon sterbe?« Normalerweise hat der Vorfahre ein Einsehen. Manchmal muss er aber auch hinausgeschickt werden, weil er jetzt noch nicht von seiner Verstrickung loslassen kann.

Ulrike kommt zu mir mit einem Bündel von körperlichen und psychischen Problemen: Magengeschwür, Schwindelanfälle, Depression mit Selbstverletzung etc. »Wenn ich alleine bin,« berichtet sie, »sehe ich seit der Kindheit immer wieder viele Tote rund um mich liegen.« Um alles etwas erträglicher zu machen, flüchtet sie in Alkohol- und Drogenexzesse. In der Therapie fällt ihr ein, dass ihr Großvater bei der SS gewesen war. Über die Nazi-Zeit war aber daheim nie gesprochen worden und der Großvater war ungeschoren davongekommen. Als Ulrike in einem schmerzlichen Prozess, in dem sie auch mit ihren eigenen faschistischen Anteilen in Kontakt kommt, die Schuld ihres Großvaters und die vielen Menschen ins Auge fasst, die er ermordet hatte, tritt eine spürbare Veränderung ein. Sie betrauert in einem Ritual die Opfer ihres Großvaters, indem sie eine Puppe zerlegt, durch Farbe das Blut darstellt, das vergossen wurde – eine berührende Szene – und für die Ermordeten eine Kerze anzündet. Dadurch sind die Toten erlöst und auch die Patientin ist frei.

Nicht wenige schwere Krankheiten in Deutschland und Österreich sind Folgen der unvorstellbaren Gräueltaten unserer Väter und Großväter. Kam ein Nazi-Verbrecher nach Ende des Dritten Reiches ungeschoren davon und sah er seine Schuld noch immer nicht ein, übernimmt eines oder mehrere seiner Kinder oder Enkel die Schuld des Vorfahren und belastet sich mit schweren Krankheiten, besonders häufig mit Depression und Suizid-Tendenz, und hält so (blind) die Leiden der Opfer präsent. Das kann oft über viele Generationen gehen, wie z. B. auch KollegInnen aus den USA berichten, die noch immer gravierende Auswirkungen der brutalen Unterdrückung und Ausrottung der amerikanischen Urbevölkerung feststellen.

Was Bert Hellinger (z. B. in Gunthard Weber, 1993) und KollegInnen berichten, entspricht auch meiner Erfahrung: Die Toten wollen, dass ihr entsetzliches Leid und das an ihnen getane Unrecht gesehen und ihr grausamer Tod betrauert wird, dass man ihr Andenken ehrt und Tat und Täter benannt werden, ohne dass man die Schuld der Täter auf sich nimmt und belastet und gebeugt durchs Leben geht – das wollen sie nicht und davon haben sie auch nichts. Die schlimmen Ereignisse können sogar zum Segen für die Nachkommen werden,

1. wenn man nicht so tut, als ob das Gräuel nicht verübt worden oder nicht so schlimm wäre,
2. dass man nicht so tut, als ob es heute passierte.

   (Diese Haltung ist übrigens allen traumatischen Situationen gegenüber heilsam.)

Ich erlebe diesbezüglich wenig Unterschied zwischen Aufstellungs- und schamanischer Heilarbeit und mische auch gelegentlich die Methoden, indem ich auch bei schamanischen Behandlungen Familienmitglieder oder Vorfahren durch Gruppenmitglieder oder z. B. durch Stühle repräsentieren lasse.

Alexander kam zur Therapie wegen extremer Kopfschmerzen und einem unerklärlichen Schuldgefühl: »Darin bleibe ich oft tagelang hängen. Ich trage etwas Tiefschwarzes in mir, etwas Unausgesprochenes.« Er konnte es sich aber nicht erklären. Auch eine Reihe schwerer Unfälle hatte er bereits hinter sich. Bei der Behandlung fällt ihm ein, dass der Vater seines Vaters einmal beiläufig erwähnt hatte, dass er als Soldat der Deutschen Wehrmacht in Yugoslawien im Partisanenkampf eingesetzt gewesen sei und seither an entsetzlichen Albträumen leide. Als durch ein Gruppenmitglied eine ermordete Frau im Raum präsent wird, wird Alexander ruhig. Der Darsteller des Großvaters erkennt: »Ich stand auf der falschen Seite,« geht zur Toten und übernimmt vor ihr und seinem Enkel die Schuld an der Ermordung vieler Unschuldiger. Die Darstellerin der Toten hatte sich wie gelähmt gefühlt und entsetzlich gefroren, nun wird ihr wärmer. Als Alexander zu ihr sagt: »Euer Schicksal entsetzt mich, auch wenn ich nicht schuld bin. Ich zünde eine Kerze für euch an und behalte euch in Erinnerung,« fühlt sich das Mordopfer frei und leicht: »Jetzt kann ich gehen« und lädt den Großvater ein, sich neben sie zu legen. Und plötzlich erlebt sie, was sie nie vergessen wird: »Es wurde auf einmal ganz hell um mich und hunderte Seelen entwichen aus meiner Brust. Ein unglaubliches Glücksgefühl!« Der Raum ist voller Frieden. Alle sind tief berührt. Und mir fällt ein, dass sich schon Platon (†347 v. Chr.) den Kopf zerbrochen hatte, wie aus etwas Schlechtem etwas Gutes werden könnte. Es ist *möglich.*

Es zahlt sich aber aus, die Versprechen an die Toten zu halten.

Leopold, ein schwer depressiver Bauer, erkennt während der Therapie, dass seine Erkrankung wesentlich mit einem schlimmen Ereignis während der letzten Kriegstage zu tun hat: In der Nacht zum 2. Februar 1945 unternahmen ungefähr 500 Häftlinge, fast ausnahmslos sowjetische Offiziere, einen Fluchtversuch aus dem Todesblock des KZs Mauthausen. Polizei und Soldaten jagten und ermordeten mit Hilfe von Zivilisten daraufhin fast alle Entflohenen. Nur wenige wurden unter Gefährdung des eigenen Lebens durch Verstecken gerettet. Dieses Verbrechen ging als »Mühlviertler Hasenjagd« in die Geschichte ein. Auch Leopolds Vater war mit Nachbarn mit dabei. Der Enkel verspricht, auf seinem Grund eine Kapelle zu errichten, um die ermordeten KZler zu ehren. Die Depression ist wie weggeblasen, aber das Versprechen wird nicht eingehalten. Inzwischen kommen noch zwei seiner Cousins – ebenfalls wegen schwerer Depression und wie sich herausstellt aus dem gleichen Grund – zu mir. Einer von ihnen will jetzt endlich darangehen, die Kapelle zu bauen. Da legt sich der Bauer quer: »Was denkt sich mein Nachbar, dessen Großvater ja auch mitgemacht hatte und ebenfalls nachher die Mittäterschaft verheimlichen konnte! Können wir sie wenigstens an einer nicht so exponierten Stelle bauen? Hier fällt sie ja jedem auf.« Und er weigert sich auch, die Widmung zu Ehren der ermordeten russischen Soldaten draufzuschreiben. Daraufhin wird er nach acht Jahren wieder depressiv und total antriebslos.

Sein Cousin berichtet später: »3 Tage nach dem Gespräch hat er sich im Wald erhängt. Aber die Geschichte ist noch nicht zu Ende: Seine Schwester ist ihm im Herbst nachgegangen. Sie hat sich auch erhängt (für sie sollte die Kapelle ein Gedächtnismal für Leopold werden und nicht ein Ort der Erinnerung und des Bittens um Verzeihung für die Schuld der Ahnen).«

Der Cousin schreibt weiter: »Die beharrenden Kräfte waren für beide zu stark. Sie sind lieber gestorben, als die Veränderung zuzulassen. »Inzwischen steht die Gedächtniskapelle und wurde unter großer Beachtung des ganzen Ortes feierlich eingeweiht. Die beiden anderen Cousins sind weiterhin vollkommen beschwerdefrei.

In ähnlicher Weise gilt das Gesagte auch für die Nachkommen der Opfer:

Wie das Beispiel von Rachel (siehe »Wunderheilung statt eines mühsamen Heilungsprozesses?«) zeigt, geht es hier darum, die Leiden und Schmerzen der Vorfahren zu würdigen, aber nicht zu übernehmen, mit der oben genannten Einstellung: »ES WAR.« Damit leugne ich nicht die Fakten und schaue nicht weg, tue aber andererseits nicht so, als ob es jetzt noch so wäre – und lebe frei, definiere mich nicht weiterhin als Opfer und kann ohne insgeheime Rachegefühle auf die Nachkommen der Täter blicken.

Schamanisch wird man oft vor allem den/die Verstorbenen behandeln – manchmal brauche ich dazu die ganze Zeit eines Rituals: Ich bitte ihn und verhandle mit ihm, den Lebenden wieder loszulassen, wodurch auch der Tote selbst erlöst wird. Meist muss man ihm helfen, manchmal auch zwingen, sich in die Ordnung der Natur einzufügen. Wie in der Familienaufstellung kommt es auch hier vor, dass der Tote seine Schuld eingestehen und auf sich nehmen muss. Oder dass er bloß gesehen werden muss von seinen Nachkommen und Achtung braucht, um sich in das Reich der Toten zurückziehen zu können. Auch der Volksmund kennt beides: Wenn etwa Vater und Sohn kurz hintereinander sterben, sagt man: »Den hat sich der Vater jetzt geholt.« Aber auch: »Der Sohn ist ihm nachgegangen.« In meiner Arbeit »Schamanismus und Familienstellen« (August THALHAMER, 2001) beschrieb ich ausführlich Übereinstimmungen und Unterschiede aus der Sicht eines Therapeuten, der beides praktiziert.

Hier ein Beispiel aus einer Aufstellungsarbeit mit meiner Frau Rita Haase:

Eine fünfzigjährige Lehrerin erzählt bei einer Familienaufstellung, dass sie im Vorjahr die Photos ihrer mit vier Jahren verstorbenen Tante, der Schwester ihres Vaters, verbrannt hatte. »Ausgemistet«, wie sie sagte. Als ihr Vater als junger Mann im Krieg fällt, kommt die Patientin, sie ist vier Jahre alt, zu den Großeltern, denen sie offensichtlich ihre in diesem Alter verstorbene Tochter ersetzt.

Wie üblich werden die Patientin und ihre Familienmitglieder durch andere Gruppenteilnehmer dargestellt. Da passiert das Interessante, dass sich die Patientin und die Tante als eins erleben. Die Stellvertreterin der Patientin sagt: »Ich und die Tante sind eins.« Als Rita, meine Frau, die die Aufstellung leitet, darauf die Darstellerin der Tante fragt: »Ist Dir das recht?« antwortet diese: »Ja, das ist mir recht. Ich bin so lebendig, ich bin gar nicht tot!« Die Darstellerin der Patientin hustet und spuckt währenddessen und spürt einen starken Druck auf der Brust. Die Tante war vermutlich an Lungenentzündung gestorben.

Die Frau war dermaßen mit ihrer Tante identifiziert (psychologisch ausgedrückt) bzw. (in der schamanischen Ausdrucksweise) von ihrer Tante besetzt, dass sie ihre Großeltern, also die Eltern der Tante, immer wieder als ihre Eltern bezeichnete. Von Rita mehrmals darauf angesprochen, sagt sie: »Witzig, aber ich habe das Gefühl: Das sind meine Eltern.«

Im Verlauf der Sitzung will die Tante ihre Nichte lange nicht loslassen und tut dies erst, als sie selbst von ihren Eltern als Kind geliebt und ihr früher Tod gewürdigt wird. Daraufhin ist sie erlöst, zieht sich zurück und die anwesende Patientin ist frei.

Ähnliches schrieb mir eine Kollegin: »Mir begegnen bei Reisen in eigener Sache immer wieder (oft recht heftige) Familienstell-Szenarien.«

Auch in den Stammeskulturen wird es äußerst wichtig genommen, einerseits die Ahnen zu ehren, andererseits die Welt der Lebenden und der Toten klar zu trennen. Dies geschieht oft schrittweise, wie z. B. die tuvinische Schamanin Ljudmilla berichtet. In Tuva/Sibirien wird in einem Ritual am 7. und am 49. Tag nach dem Tod der Geist des Verstorbenen in die Jurte eingeladen, damit er noch seine Wünsche an die Familie deponieren kann und er noch einmal ein gutes Essen bekommt. Dabei vermittelt der Schamane zwischen dem Verstorbenen und der Familie. Die Wünsche des Toten müssen erfüllt werden, ansonsten können Familienmitglieder erkranken. Wenn alles erledigt ist, bringt ihn der Schamane spirituell wieder zum Friedhof zurück, wo er vom Wächter in Empfang genommen wird. (Nach dem 49. Tag entscheidet sich übrigens, wohin die Seele geht. War er ein guter Mensch, so kommt er ins Reich des Königs der Verstorbenen. War er weniger gut, gibt es so – ähnlich dem Fegefeuer – eine Ebene der Läuterung, von wo er dann später ins Reich der Verstorbenen gelangen kann. Die Bösen aber kommen gleich zu den Teufeln in die Hölle. Diese Seelen sind es, die immer wieder Schwierigkeiten machen.)

Zum Beispiel: nimmt man zur Problemlösung immer die offensichtlichen und die verborgenen Zusammenhänge in den Blick.

Denken ist gar nicht anders als in Zusammenhängen vorstellbar: Das gilt für die kausal verstandenen Verbindungen zur Welt der Ahnen und Geister, zur übrigen Natur und natürlich – wie in der Systemischen Familientherapie – zu den anderen Mitgliedern der Sippe.

Nicht wenige kommen bei uns zur Paartherapie mit dem normalerweise unausgesprochenen Wunsch: »Reparieren Sie bitte meinen Mann. Ich hole ihn dann wieder ab, wenn Sie fertig sind.«

Das gibt es auch in Stammeskulturen. Eric De Rosny (1999) berichtet über einen Klienten des traditionellen Heilers Din von den Duala in Kamerun:

»Ohne sich aus der Tiefe seines Sessels herauszubewegen, möchte er, dass der dramatische Familienkonflikt, in den er verwickelt ist, quasi im Handstreich mit Hilfe eines Spezialisten gelöst wird. Din will genau das Gegenteil. Weil er ein Familiendrama gewittert hat, hat er sich zunächst um einen Ausgleich der Gegensätze bemüht. ... So werden viele Behandlungen eröffnet, ... indem man dazu einlädt, Schuld einzugestehen. ... Die Bemühungen eines nganga (lokale Bezeichnung eines Heilers, Anm. Thalhamer) *bleiben erfolglos, wenn die Familie ihm nicht bei seiner Arbeit hilft.«*

Ich selbst lasse immer wieder relevante Personen z. B. durch Stühle darstellen, wenn ich einen Klienten schamanisch behandle. Oft werde ich dann in Trance beauftragt, vollkommen andere Konstellationen zu erstellen und sie rituell zu festigen.

Immer wieder nehmen an den schamanischen Heilritualen auch Familienmitglieder teil, die ich jedes Mal mit einbeziehe. Manchmal zeigen mir dann meine spirituellen Meister, dass kein relevanter Zusammenhang zwischen der Krankheit des identifizierten Patienten und den anderen Familienmitgliedern besteht. Umgekehrt ist aber auch schon vorgekommen, dass ich nicht primär den Patienten, sondern andere Mitglieder seiner Familie behandeln sollte – egal, ob sie physisch anwesend waren oder nicht. Dieses Phänomen kennen wir ja auch aus der Systemischen Familientherapie und der Aufstellungsarbeit.

Zum Beispiel: ist das Kernstück der Paarsynthese nach Michael Cöllen (1993) der »Substanzkonflikt«, das der Paarproblematik zu Grunde Liegende, das üblicherweise in der Kindheit liegt. Man könnte auch sagen, man wählt (unbewusst) gerade diesen Partner, weil dessen Grundproblem so gut zu meinem passt und ich hoffe, mit seiner Hilfe ein Stück heiler zu werden. Meiner Erfahrung nach, besteht die effektivste Paartherapie darin, dass jeder sowohl seine eigenen Altlasten erkennt, mit denen er das Unglück erzeugt (natürlich, ohne es zu wollen), als auch die alte Not des Partners, die einen dann rührt. Man erkennt, dass man, ohne es zu wollen, genau in den wunden Punkt des anderen hineingestochert hat, obwohl man sich doch nur selbst schützen wollte. In der schamanischen Behandlung gehts – auf spirituelle Weise – ebenfalls ans Eingemachte: Es werden genau diese tief liegenden und oft unbekannten Hintergründe einer Paarproblematik angegangen.

Zum Beispiel: erinnert das rituell durchgeführte Durchtrennen der Schicksalsfäden, wie es etwa von nepalesischen SchamanInnen vollzogen wird, an die vielen Techniken westlicher Psychotherapie, durch die alte Verstrickungen gelöst und man von alten Traumen entbunden werden soll. Die oft dramatischen Ritualabläufe dienen wie unsere Methoden der Katharsis.

Zum Beispiel: ist die Reise zur spirituellen Führung Teil der Oberstufe des Autogenen Trainings, nämlich beim Übungseinstieg »Der Weg auf die Bergeshöhe«. Im psychotherapeutischen Behandlungsspektrum ist dem schamanischen Reisen die Oberstufe des Autogenen Trainings am ähnlichsten. Dessen Begründer, der deutsche Psychiater Johannes Heinrich Schultz (1970), ein psychoanalytisch orientierter Forscher und Praktiker, kam in den 1920er Jahren auf einem ganz anderen Weg, nämlich der Hypnose, zu verblüffend ähnlichen Erlebnissen, wie sie SchamanInnen seit Jahrtausenden haben. So machte er die Erfahrung, dass auch durch Selbsthypnose nicht nur frühere traumatisierende Erlebnisse wachzurufen waren, die dann besprochen werden konnten, sondern dass viele in den

Trancezuständen auch Einsiedlern, weisen Männern oder Frauen, Engeln oder Gott begegneten, die sich als bleibende Helfer, Führer und Lehrer der Behandelten erwiesen. Siehe mein Aufsatz »Shamanic Counseling und Autogenes Training. Ein Vergleich« (August THALHAMER, 1999). Die verlässlichen Halt, Hilfe und Schutz bietenden Geistwesen erinnern auch an den »sicheren Ort«, mit dem man üblicherweise in der Trauma-Therapie arbeitet.

Zum Beispiel: entspricht das Stein-Orakel den projektiven Verfahren in der Psychologie, etwa des Rorschachtests: Fasst man im Schamanischen die Erfahrungen als Rückmeldungen z. B. eines Steines auf, werden diese psychologisch als Projektionen des Klienten aufgefasst, die ihm anlässlich des Steines bewusst werden. Orakel werden aber schamanisch nicht nur zum Diagnostizieren verwendet, sondern auch, um direkte Handlungsanweisungen zur Problemlösung zu erhalten.

Zum Beispiel: magische Verhaltensweisen: Etwa wenn die Huichol-Frau über den schön gemusterten Rücken einer Schlange streicht und deren Geist bittet, sie selbst auch so schöne Muster stricken zu lehren, befremdet dies uns nur bei oberflächlicher Betrachtung. Dann entdeckt man, dass die Vorgangsweise den bei uns besonders wertgeschätzten mentalen Trainingstechniken ähnelt.

Aber wird die Analogie nicht überzogen, wenn z. B. empfohlen wird, zur Förderung des Gehirns Walnüsse zu essen, weil diese sich in der Form ähneln? Ich denke: ja. Andererseits, wer weiß, welche Zusammenhänge wir spürten, wenn uns die Verbindung von allem mit allem total in Fleisch und Blut übergegangen wäre?

»In der Dagara-Welt unterscheidet man auch nicht zwischen Realität und Imagination,« sagt Patrice Malidoma SOMÉ (1996) aus dem Stamm der Dagara in Burkina Faso:

»Für uns besteht die engste Beziehung zwischen Gedanke und Wirklichkeit. ... Denn was ist Magie Anderes als die Fähigkeit, Gedanken und Energien so zu konzentrieren, dass sich Ergebnisse auf der sichtbaren Ebene einstellen?«

Ähnlich Serge Kahili KING (1991) in seinem Buch »Der Stadtschamane«, das sich wie ein Konstruktivismus-Buch liest. Dies entspricht allen Therapierichtungen und mentalen Trainingstechniken, die mit aktiven Imaginationen und Affirmationen arbeiten.

Zum Beispiel: wenn auch wohl nicht hinreichend: Ein großer Teil der schamanischen Heilerfolge lässt sich wahrscheinlich (wie in Medizin und Psychotherapie, s.u.) als Placeboeffekt erklären. Adolf ALLWOHN (1959) berichtet in seinem Aufsatz über »Magie und Suggestion in der Heilpraxis« ein eindrucksvolles Erlebnis:

»›Wenn der Mann nicht sofort operiert wird, muss er sterben! Er hat eitrige Blinddarmentzündung. Ich habe mein Besteck bei mir und werde ihn sogleich operieren,‹ so sagte ein mir befreundeter Arzt. ... Ich fragte ihn (den Erkrankten, einen Neger aus Tanganjika) also, ob er sich operieren lassen wollte. Mit vor Entsetzen aufgerissenen Augen weigerte sich der Schwarze und verlangte nach dem Medizinmann. ... Der Patient hatte eine Temperatur von 40,1° C, im Munde gemessen, und krümmte sich vor Schmerzen. Der Medizinmann, dem ich die Symptome der Krankheit mitgeteilt hatte, verrieb einige Blätter, die er mit Bast um den Leib gebunden hatte, in seiner rechten Hand, legte diese dem Kranken auf den Nabel und sagte: ›Deine Schmerzen werden jetzt weggehen. Auch das Fieber wird heruntergehen.‹ ... Schon nach genau einer Stunde war das Fieber auf 39° C gesunken und nach drei Stunden auf 38,6° C. Der Medizinmann ließ seine Hand nicht vom Bauche des Patienten, wiederholte aber immer wieder: ›Die Schmerzen lassen nach, das Fieber geht herunter.‹ Genau zwölf Stunden später war der Kranke fieberfrei und ging drei Tage später wieder seiner Arbeit nach.«

Zum Beispiel: werden im Katathymen Bilderleben oder in der Traumarbeit verschiedener Richtungen die aufsteigenden Bilder als Ausdruck des momentanen Seelenzustandes aufgefasst, die Hinweise auf den Heilungsweg geben. Auch Schamanen erhalten durch die Erfahrungen auf ihren Reisen oder durch Träume konkrete Informationen über Diagnose und Heilbehandlung des Patienten.

Viele in der Psychotherapie bekannte Methoden werden schon lange auch von SchamanInnen angewandt.

Wolfgang SCHMIDBAUER (1971) betont in »Psychotherapie. Ihr Weg von der Magie zur Wissenschaft«, dass der »primitive« Mensch der Urgeschichte, was heute weitgehend angenommen wird, sich weder physisch noch psychisch erheblich vom heutigen Menschen unterscheidet: *»Die selektiven Einflüsse, denen der Mensch damals unterworfen war, formten die genetische Struktur und damit auch die Grundzüge seiner Psyche.«*

Also auch unserer. So nimmt es nicht Wunder, dass Schamanen der Stammeskulturen wesentliche Gesetze der Psychologie schon lange kennen und auch anwenden.

Schmidbauer berichtet von einer schamanischen Phobie-Behandlung, die – so urig sie auch ist – einen sofort an das verhaltenstherapeutische Vorgehen der Konfrontation mit den Angstauslösern erinnert:

»Ein Neger, der regelmäßig die 42 km zur nächsten Poststation gehen muss, wird von einem Büffel angefallen. Er kann sich nur mit Mühe retten, indem er sich in einer Grube versteckt, und macht Augenblicke der Todesangst durch. Seither leidet er an einer neurotischen Phobie. Nachts schreit er plötzlich auf, so dass alle erwachen und die Hunde anfangen zu bellen; er läuft dann ruhelos umher, Schlafmittel bleiben wirkungslos, sodass der weiße Arbeitgeber den Medizinmann ruft. Dieser hört den Kranken an und fragt dann, ob Büffelhörner im Haus seien. Er lässt sich eines geben und sägt zusammen mit dem Kranken ein Stück von den Spitzen der Hörner ab, zerstampft sie vor seinen Augen in einem Mörser und gibt sie ihm mit einer Tasse Tee zu trinken. Dabei nimmt er ihn an den Händen, blickt ihn an und sagt: ›Die Hörner des Büffels können dir nun nichts mehr tun. Du wirst das Leben aus den Hornspitzen trinken und jede Furcht vor Büffeln wird dann verschwinden!‹ Der Postgänger trinkt; nach einer Woche meldet er sich, um seinen Dienst wieder aufzunehmen. Ob er keine Angst mehr habe? ›Nein, Herr, ein Büffel kann mir nichts mehr tun!‹«

Natürlich fällt einem da auch Samuel Hahnemanns (†1843) Leitsatz der Homöopathie ein: »Similia similibus curentur« (Ähnliches möge durch Ähnliches geheilt werden).

Vor Jahren hörte ich im Radio den Bericht von einem ehemaligen Kindersoldaten im südlichen Afrika, der bei seiner Rekrutierung gezwungen worden war, seine Eltern zu erschießen. Wieder ins Zivilleben zurückgekehrt, klagte er u.a. über extreme Kopfschmerzen. Kein Arzt konnte ihm helfen. Der Verzweiflung nahe, gelangte er zu einem, der ihm riet, einen traditionellen Heiler aufzusuchen. Der Schamane ging in Trance, sah, dass ihm seine Eltern nicht böse waren, und gab ihm den rettenden Rat, in das Dorf zurückzukehren, aus dem er stammte, was er bisher aus Schuld, Scham und Angst vermieden hatte.

Zum Beispiel: Nach Martin E. P. Seligman (1995) kann eine Reihe von Problemen – z. B. depressive Störungen – auch damit erklärt werden, dass man sich hilflos Situationen ausgeliefert fühlt, die man weder erklären noch beeinflussen kann, sondern auf die eigene Unfähigkeit zurückführt. So hilft es sicher oft, wenn z. B. eine Verwünschung als Erklärung gegeben wird (abgesehen davon, dass eine Konfliktbearbeitung mit der Person des »bösen Blicks« den Zusammenhalt im Dorf fördern kann) oder wenn die Problematik als durch ungünstige Einflüsse aus der Geisterwelt erklärt wird, die nun von der Schamanin auf dieser Ebene behandelt werden. Wenn man wie ich die Welt der Geister als Projektion des Seelenlebens auffasst, nimmt es auch aus psychologischer Sicht nicht Wunder, dass bemerkenswerte Heilungsfortschritte erreicht werden können. Vgl. Jeanne Achterberg et al. (1996) über Rituale der Heilung und die Kraft von Phantasiebildern im Gesundungsprozess.

Erich Roth (2007) fasst den Aufsatz »Trance, Functional Psychosis and Culture« von Richard J. Castillo zusammen, in dem er berichtet,

»dass der Heilerfolg bei Psychosen im indigenen Bereich zehn Mal größer als in der westlichen Kultur ist. Die Ursache ... sieht Castillo darin begründet, dass nach dem indigenen kulturellen Kontext der Kranke von einer Krankheit befallen wird (durch Verhexung und Magie),

wogegen im nord-westlichen Kulturkontext der Kranke selbst an seiner Erkrankung Schuld trägt und diese meistens als Folge einer biologischen Manifestation dargestellt wird. Aus diesem Grund liegt es nahe zu sagen, es sei einfacher, einen Hexen- oder Magiebann zu heilen, zu entfernen, zu extrahieren ..., als eine Krankheit mit biologischer Manifestation zu heilen, zu entfernen«

Betty, ärztliche Diagnose »Paranoide Schizophrenie«, klagt darüber, dass Geister in ihrer Wohnung sind, die sie immer wieder belästigen: »Ich habe ein falsches Ritual gemacht. Jetzt sind die Meister sauer auf mich, lassen mich nicht in Ruhe und wollen mein Leben zerstören.« Bei der Fernbehandlung (sie wohnt 800 km entfernt, ich habe sie noch nie persönlich getroffen, außer spirituell kommunizierten wir übers Telephon und per Email) muss ich als erstes die Gruppe schützen und hinter eine verlässliche Linie bringen. Besonders bei zwei Teilnehmern spürt der Besetzer, den ich als männlich erlebe, Möglichkeiten der Einflussnahme, weil sie für die extrem gefährliche Energie, die mit Betty in den Raum gekommen ist, besonders empfänglich sind. Wir stehen uns wie Offiziere gegnerischer Armeen gegenüber und er tut mir leid, als er sagt: »Ich bin ja doch Bettys Schutz.«

Entsprechend der Anweisung meiner Weisen streue ich Liebe über ihn, über Betty und ihr schlimmes Erlebnis (sexueller Missbrauch?). Da beugt er sich zur Seite und geht freiwillig (!) weg. Ich verbeuge mich zum Abschied. Als er zur Gänze weg und von ihm auch nichts zurückgeblieben ist, stirbt Betty fast – mit dem Schlimmen schutzlos konfrontiert. Ich soll sie leicht betäuben/sedieren, sodass sie sich schrittweise dem Schlimmen stellen, es verarbeiten und auflösen kann.

Am Telephon berichtet sie mir dann, dass sie sich jetzt müde, lustlos und schlapp fühle, dass die Geister zwar noch kommen, aber nicht mehr in dem Ausmaß. »Ich drehe mich nicht mehr so im Kreis.« Ich empfehle ihr, die Tür zur Anderwelt stur geschlossen zu halten: »Wenn Sie wirklich wollen, kommt da niemand herein!«

Einen Monat später habe ich wieder die Möglichkeit, mit einer Gruppe eine Fernbehandlung für Betty zu machen. Ich solle ihr drittes Auge dicht verschließen, was nicht so leicht geht, weil sie von innen her immer wieder herauspocht – aus Neugier, Interesse und Faszination. Aber ich kann es gänzlich verschließen. Daraufhin wird es den umherschwirrenden Geistern langweilig, sie werden müder und müder, liegen am Schluss wie verwelkt auf dem Boden und werden vom Wind fortgeweht. Am Schluss steht Betty da: öd, ruhig und langweilig – so schaut ihre Heilung aus.

Am Telephon ist nun keine Rede mehr von lästigen Geistern. Jetzt berichtet sie über »irdische« Probleme, da sie ja z.Z. arbeitslos ist etc. »Es geht mir besser. Aber manchmal will ich nicht mehr leben.« Und sie erzählt mir von Selbstmorden in ihrer Großfamilie.

Bei der nächsten Fernbehandlung soll ich Bettys Leber und ihren Sexualbereich von Gewebe und Netzen befreien. Es ist schwierig, nicht auch Gesundes mit herauszuziehen. So eine Art Muscheln kommen, alles fein säuberlich zu reinigen. Wiederum ist Betty dem Tode nahe. Ich solle mich hierbei nicht einmischen und es achtungsvoll ihr überlassen.

Das ist auch das Erste, das ich ihr nach der Sitzung mitteilen soll. (Meine bisherigen Visionsinhalte sollte ich ihr nicht mitteilen – ich vermute, damit sie diese nicht in ihr Wahngebäude einbauen kann.)

Nach der vierten Behandlung, in der ich wiederum ihren Genitalbereich behandeln soll, sehe ich ihr verzerrtes Gesicht: »Das verzeihe ich nie!« Aber die alten Verletzungen und Beleidigungen, so schlimm sie auch waren, können nur heilen, wenn sie sie loslässt. Die Zeit ist reif. Ich soll sie dabei unterstützen, ihr Herz weich machen, sodass sie gütig auf ihre Vergangenheit zurückblicken kann und sich auch selbst nicht ständig mit Vorwürfen überhäuft. Das gelingt auch in der Sitzung.

Als ich ihr ein paar Tage später den Sitzungsverlauf berichte, erzählt sie mir, dass sie einen Tag nach der Behandlung in einen Swingerclub gegangen sei, dass es schön gewesen sei – ihre letzte Beziehung sei vor drei Jahren zerbrochen – und dass sie sich nicht an schlimme sexuelle Erfahrungen erinnern könne. Und: Sie habe nun eine Arbeit angenommen.

Soweit der Behandlungsverlauf (vier Sitzungen innerhalb eines halben Jahres). Der Prozess ist vielleicht noch länger nicht abgeschlossen. Aber erste spürbare Heilungsschritte wurden getan. »Mythische« Erklärungen und »magische« Handlungen reduzierten offensichtlich die »erlernte« Hilflosigkeit.

Über die aufgezählten Beispiele hinaus gibt es eine Menge weiterer Zusammenhänge. Zum Beispiel geht Felix Gopala SCHUMACHER (2006) davon aus, dass es sich bei Demenz um – schamanischen Reisen ähnliche – Trancezustände handelt, die einerseits auf früheren traumatischen Erlebnissen basieren, andererseits vielleicht eine Form des Sterbens darstellen, bei der sich die Seele zunehmend von der Alltagswirklichkeit verabschiedet.

Carlo ZUMSTEIN (1999) hat in seinem Buch »Reise hinter die Finsternis. Aus der Depression zur eigenen Schamanenkraft« aufgezeigt, dass man schwere Depressionen als missglückte und stecken gebliebene Reisen in die Anderswelt bezeichnen und auch so behandeln kann.

Franz ALEXANDER (1951) betont, dass Einsichten allein meist keine Veränderungen auslösen. Dazu braucht es eine »korrigierende emotionale Erfahrung«. Diese bieten die meisten Therapierichtungen – insbesondere jene, die über das Gespräch hinaus Methoden wie Visualisierung, Körperarbeit, Rollenspiel, Arbeit mit Figuren, Musik oder Malen einbeziehen. Emotionale, oft unvergessliche Erlebnisse bietet auch die schamanische Heilarbeit.

Stanislav GROF (1987), einer der Väter der Transpersonalen Psychologie, schreibt über die auch beim schamanischen Reisen immer wieder erlebten Begegnungen mit dem Tod: *»Intensive Erfahrungen, in denen man stirbt und wiedergeboren wird, können zu einer erheblichen Verbesserung verschiedener emotionaler, psychosomatischer und zwischenmenschlicher Probleme führen, die sich zuvor allen psychotherapeutischen Behandlungsversuchen ... hartnäckig widersetzt haben.«*

Ich finde, dass die oft von beiden Seiten durchgeführte strenge Trennung zwischen Psychotherapie/Selbsterfahrung und spirituellen Methoden manchmal übertrieben wird, und behaupte mit Viktor FRANKL (†1997), dem Begründer der Logotherapie:

»Am tiefsten Ort seiner Selbstverwirklichung
entdeckt der Mensch Gott.«

Nun ärgert sich aber der aufgeklärte Psychologe: Wie kann man so viele Ähnlichkeiten feststellen, wo es doch Geister und Gott gar nicht gibt? Tatsächlich scheinen tiefe Gräben Schamanismus und Psychotherapie zu trennen.

Wird nun geheilt mit Hilfe von Geistwesen oder der Weisheit des Unbewussten?

Interessanterweise haben auch manche indigenen Schamanen kein Problem, diese auf den ersten Blick so verschieden anmutenden Sichtweisen zu verbinden, wenn z. B. Papa Elie aus Burkina Faso oder der von den mexikanischen Huichol initiierte Brant Secunda und andere, die ich traf, übereinstimmend sagen, dass ja die Geister *in uns* sind.

Aus der Tiefenpsychologie kennen wir das Konzept der »Internalisierung«, nach dem real erlebte Personen – z. B. Vater, Mutter oder Erzieher – regelrecht zu Teilen der eigenen Persönlichkeit werden, sodass es für die Praxis unerheblich ist, ob man es therapeutisch nun mit dem vorgestellten Vater oder dem Über-Ich zu tun hat. Zu ähnlichen Konsequenzen führen auch die Auffassungen des Konstruktivismus.

Das ist vermutlich einer der Gründe, warum eine Einzeltherapie genauso möglich und wirksam ist wie eine Familientherapie, weil ohnehin alle relevanten Personen, schon tot oder noch am Leben, in mir sind. Vielleicht bezieht sich die Internalisierung aber nicht nur auf die Personen, die ich z. B. als Kind erlebt habe, sondern – unbewusst – auf alle meine Vorfahren, wie ich ja auch körperlich/genetisch von allen meinen Vorfahren etwas in mir habe und sie bin.

Umgekehrt ist es z. B. in der Gestalttherapie, in der Familienaufstellung und anderen Methoden üblich, nicht nur mit Körperteilen, sondern auch mit Ressourcen oder mit Symptomen, etwa einer Panik, zu kommunizieren, indem man sie erst nach außen projiziert und personalisiert und mit ihnen (z. B. in der Vorstellung am »heißen Stuhl« oder durch GruppenteilnehmerInnen dargestellt) Kontakt aufnimmt.

Man beginnt damit, dass man den Patienten fragt, wie er die Panik erlebt. Daraufhin beschreibt er sie vielleicht als Ungeheuer, das sich auf ihn stürzt. Man kann dann sogar Größe, Konsistenz und Farbe etc. erfragen. Durch die Trennung von »Ich« und »Panik« ist es dem Patienten nun möglich, mit der Panik zu kommunizieren, zu verhandeln, ihr mitzuteilen, wie es ihm mit ihr geht, sie zu bitten oder Forderungen zu stellen und sie in die Schranken zu weisen. Meist hat das Symptom eine gute Absicht, die auf diesem Weg schnell zu Tage tritt. Häufig lässt man den Klienten auch in die Rolle des Symptoms treten, damit er sich selber auch einmal von der anderen Seite sieht und auch die Qualitäten der anderen Seite als seine eigenen erfahren kann, die ihm zur Verfügung stehen. Normalerweise fühlt man sich bereits nach einer Sitzung nicht mehr in dem Maße ausgeliefert wie vorher.

In »Vom WAS zum WER« schlägt Reinhard Walter (2004) vor: Wenn jemand sein Problem beschreibt »Es bedrückt mich etwas, etwas schnürt mir den Hals zu, etwas macht mich traurig, etwas lässt mich nicht zur Ruhe kommen, etwas lähmt mich, etwas macht mich wütend«, kann es hilfreich sein, nicht zu fragen: »Was ist es?« sondern »Wer ist es?«

In der schamanischen Tradition ist die Projektion von Persönlichkeitsanteilen nach außen üblich. Man wäre keineswegs einverstanden, das als Projektion zu bezeichnen, sondern fragt von vornherein »Wer?« und denkt dabei an Vorfahren oder Dämonen, die den Patienten belasten oder belästigen, und an Ahnen oder gute Mächte, die einen beschützen. Die Schamanin versucht dann im Ritual, die Dämonen des Patienten zu bekämpfen, zu besänftigen, im Zaum zu halten oder zu verwandeln, und schöpft umgekehrt aus jenen Ressourcen, die als gute Geister visualisiert werden.

»Mir scheint, wir sind nicht nur auf dem Wege,
falsche Trennungen zwischen Lebenden und Toten aufzuheben,
sondern auch zwischen Geschichte und Vorgeschichte,«
betont Heinz Stark (2000).

So sind die Ahnen wohl zugleich außerhalb von uns und in uns und es gibt vielleicht die klare Trennung zwischen »intrapsychisch«

und »interpersonal«, wie wir sie gewohnt sind, gar nicht. D.h. aber auch, dass sich die Schamanin nicht über die »Psychologisierung« ihrer als außen erlebten Entitäten und die Therapeutin nicht über die »esoterische« Erklärung ihrer Erfahrungen mit der Psyche ärgern muss. Jede kann bei ihrer Wirklichkeitskonstruktion bleiben und hervorragend damit arbeiten, denn, das ist meine These:

Das Reich der Seele und der Geistwesen ist eins

So gesehen, sind dann z. B. auch Familienaufstellungen zugleich Darstellungen des (äußeren) Beziehungsgefüges eines Klienten und der Konstellation seiner inneren Teile, ähnlich wie in der sogenannten »Parts Party«. Diese Auffassung vertrete ich seit vielen Jahren und finde sie durch meine Erfahrungen gedeckt.

Ich stimme der amerikanischen Psychotherapeutin Jeannette M. Gagan (2000), die wie ich schamanische Heilmethoden anwendet, zu:

»Die Welt der Geistwesen, mit denen man während des Reisens
in Kontakt kommt,
ist nichts Anderes als die Landschaft des kollektiven Unbewussten.«

Und wer die oft spektakulären schamanischen Phänomene unserem Unbewussten nicht zutraut, der hat es eben unterschätzt.

Auch Amy Smith (1999) schreibt über »The Shamanic Archetypal Complex«:

»The cross-cultural similarities
between the characteristics of this transcendent
experience are due to the witnessing the structure
of our human collective consciousness,
which is none other than the universe itself.«

Wenn ich also den Begriff der Persönlichkeit bzw. der Seele (hier synonym verwendet) so weit fasse, ist es gleich (im wahren Sinne des Wortes), ob die Toten bei einer Aufstellung oder schamanischen

Behandlung anwesend sind oder nicht. Die Erlebnisse sind – wie auch immer – tief beeindruckend. Der Forscher und Priester Eric De Rosny (1999) beschreibt, wie sich der verstorbene Heiler Loe offensichtlich bei in Trance befindlichen RitualteilnehmerInnen hörbar manifestierte:

»Dass die Gegenwart eines Toten so spürbar wurde, hatte ich noch nie erlebt. Da nützt es nichts, sich gegen derartige Manifestationen, die unserem Empfindungsvermögen fremd sind, zu wehren, sie sind ansteckend, sie überwältigen einen.«

Ich bin schon früher (August Thalhamer, 2000) der Frage nachgegangen, ob es sich bei Aufstellungen um die Anwesenheit der Seelen der Verstorbenen oder um Darstellungen innerer Bilder handelt. (Siehe dazu auch die Zeitschrift »Praxis der Systemaufstellung«, wo ein Artikel von Albrecht Mahr, 1999, zum Thema »Wie Lebende und Tote einander heilen können« eine lebhafte Diskussion in den nächsten Nummern auslöste.) Für die Praxis macht es meiner Erfahrung nach keinen Unterschied, wie man es auffasst.

Aus dieser Sicht ist es selbstverständlich, dass nicht nur ich, sondern auch manche Verstorbenen, wenn sie noch mit den Lebenden verstrickt sind, der Erlösung bedürfen, sodass wieder Frieden und Klarheit in mir und/oder in den Beziehungen hergestellt wird. Auch in den religiösen Auffassungen ist gegenseitige Beeinflussung selbstverständlich. Sonst hätte das »Messe-Lesen« und das Beten für die Verstorbenen – z. B. »Herr, gib ihnen die ewige Ruhe!« – keinen Sinn. Wie schon erwähnt, gehört die »Psychopomposarbeit«, die sichere Hinüberführung der Verstorbenen in die Anderswelt, zu den wesentlichen Aufgaben der indigenen Schamanen.

Der Hauptunterschied zwischen den meisten Psychotherapierichtungen und schamanischer Heilbehandlung ist also, dass die helfenden Elemente im einen Fall als Persönlichkeitsanteile, im anderen als Geistwesen außerhalb der eigenen Person gesehen werden.

Der schon zitierte Roger N. Walsh (1992) deutet die Geister, die sich als wertvolle Quelle von Wissen, Orientierung und Weisheit entpuppen, *»einmal als normale Subpersönlichkeiten, wie die tradi-*

tionelle Psychologie, zum andern aber auch als transzendente Aspekte der Psyche ›über und jenseits‹ des Ego. ... Beispiele aus dem Westen wären etwa das höhere Selbst, der transpersonale Zeuge, das Jungianische Selbst, das der Kern der Psyche ist, und der innere Selbsthelfer, eine hilfreiche und offenbar transpersonale Persönlichkeit, die bei ›multipler Persönlichkeit‹ vorkommt.« Und er berichtet von S. Malkin, der sich mit dem Channeling befasste:

»Einige Channeler empfinden denn auch im
Lauf der Zeit ihre Geister nicht mehr als separate Wesenheiten,
sondern als Aspekte ihrer eigenen Psyche,
als eigene unerschlossene Weisheiten.«

Dasselbe – in verschiedenen Sprachen ausgedrückt

Ich behaupte, dass es sich um dieselben Vorgänge handelt, die einmal intrapsychisch und einmal extrapsychisch gedeutet werden. Wie wenn man das Gleiche in verschiedenen Sprachen ausdrückt – inkl. der damit verbundenen Traditionen, Bilderwelten, gedanklichen Konstruktionen und Gefühle. So sind die theoretischen Erklärungen, wie auch die Rituale und die dazugehörigen Vorstellungsbilder recht verschieden und ich könnte nicht sagen, welche Erklärung mehr stimmt oder, ob überhaupt eine stimmt. Das stört aber meine Heilpraxis nicht, weil ich mich auf das verlasse, was wirkt – und da merke ich keine Unterschiede. Aus konstruktivistischer Sicht geht es ja ohnehin »nur« um die Frage, wie hilfreich eine Wirklichkeitskonstruktion ist. Dazu der Anthropologe Jeremy Narby (2001 und 2006), der zwei Jahre im peruanischen Amazonasgebiet schamanische Heilrituale erforschte:

»Wir sehen, was wir glauben,
nicht umgekehrt.
Und um das zu verändern, was wir sehen,
müssen wir manchmal das verändern,
was wir glauben.«

Wunderheilung statt eines mühsamen Heilungsprozesses?

Ich schnippe mit den Fingern – und das Problem ist weg? Unglaublicherweise verschwinden gelegentlich tatsächlich nach einer einzigen schamanischen Behandlung langjährige Probleme.

Zum Beispiel: die medizinisch nicht einfach erklärbaren und seit fünf Jahren schmerzhaft geschwollenen Beine von Rachel, die teils wie voller Blutergüsse, teils wie verbrannt ausschauten. Kaum schließe ich die Augen, um die Behandlung zu beginnen, bin ich ein Jude, voll unermesslicher Traurigkeit. Ich erlebe ein Pogrom im Mittelalter und kann die unzähligen Toten, die ich vor mir sehe, nicht in Ruhe betrauern und gemäß unseren Traditionen beerdigen, während die Christen geifern oder ihre Schuldgefühle pflegen. Erst am Ende der langen und sehr schmerzlichen Sitzung kehrt allmählich Friede ein und ich kann die Toten bewegen, nicht weiter Rachels Beine festzuhalten. So dass am Ende die Ermordeten frei sind, aber auch Rachel, deren Symptome anschließend auch medizinisch nicht mehr nachweisbar sind.

Wäre es immer so, stellte die übliche Medizin und Psychotherapie mit den oft länger dauernden schmerzlichen Prozessen eine furchtbare und unnötige Quälerei des Patienten dar. Dem ist aber nicht so.

Manchmal aber schon. Wenn Heilungen passieren, die man medizinisch schwer erklären kann, spricht man dann von Zufall, Glück oder »Spontanremission«. Psychologisch oder schamanisch sind solche Heilungsvorgänge nicht wirklich »spontan«, sondern logische Folge von gezielten Behandlungen, von Einstellungsänderungen oder spirituellen Vorgängen. Im deutschsprachigen Raum wurde z. B. Clemens Kuby (2003) durch sein Buch »Unterwegs in die nächste Dimension« bekannt, in dem er beschreibt, wie er 1981 nach einem Sturz aus 15 m Höhe eine laut Ärzten unheilbare Querschnittlähmung erlitt. Innerhalb eines Jahres trat bei ihm v.a. durch Vorstellungen und schöne Bilder, mit denen er auch seine Schmerzen in Zaum halten konnte, eine Heilung ein, so, dass er heute wieder gehen kann. Er betont:

»Sie tragen alles in sich, was Sie brauchen,
um wieder vollkommen gesund zu werden.«

Erfreulicherweise sind die Mechanismen solcher »Spontanheilungen« zunehmend Gegenstand der Forschung.

Auch wenn man den vollmundigen Versprechungen mancher Mentalen Trainer nicht trauen kann, z. B. wenn der Extremsportler und jetzige Mentaltrainer Wolfgang Fasching – fast in einer Allmachtsfantasie – behauptet: *»Alles, was man sich wünscht, wird man bekommen«* – und es bei manchen so klingt, als müsse man sich fragen, was mit einem los sei, weil man heute noch kein Wunder erlebt habe:

Auch als Psychotherapeut erlebe ich immer wieder augenblickliche, tiefgehende psychische und/oder körperliche Heilungen, die wie ein Wunder erlebt werden – was dann fälschlicherweise meinen besonderen Fähigkeiten zugeschrieben wird.

Ich gehe davon aus, dass dann der Klient vorher schon viele Schritte auf die Heilung zu getan hat, sodass er bei mir nun den letzten vollzogen hat bzw. das Geschenk der Heilung endgültig annehmen konnte. Oft waren gerade die Sitzungen bei einem Kollegen, in denen sich kein sichtbarer Erfolg eingestellt hatte, die notwendige Voraussetzung für den aktuellen Schritt.

Besonders bei der Behandlung schwerer Probleme oder Krankheiten habe ich das Bild einer Stiege, die zunächst zum Tiefpunkt hinunterführt, ab dem es dann wieder bergauf geht. Und normalerweise nimmt man eben eine Stufe nach der anderen, um voranzukommen.

Der Erfolg, den jemand bei einer schamanischen oder psychotherapeutischen Sitzung hat, hängt also davon ab, auf welcher Stufe er sich gerade befindet, wenn er zu mir kommt. Kommt jemand mit einem diffusen Unbehagen und einer Blockade seiner Lebenslust, die er nicht orten kann, geht er vielleicht bedrückter von der Behandlung weg, als er gekommen ist, weil er jetzt die ganze Tragweite seines Problems erahnt oder erkannt hat.

Nach Frederick S. Perls (1974) folgt hinter der Blockierungs- und Vermeidungsphase die Implosion, die uns als Tod oder

Todesangst erscheint. Lässt man sich darauf ein, folgt eine Explosion Richtung Trauer, Wut, Orgasmus, Freude ...

»Die Schicht des Todes wird lebendig,
und diese Explosion ist das Bindeglied
zum echten Menschen hin.«

Ein ähnliches Phasenmodell findet sich in verschiedenen psychotherapeutischen Richtungen, z. B. auch in Michael CÖLLENS Paarsynthese (1993).

Ich glaube an den Menschen als lebendiges Wesen und, dass das Entwicklungs- und Wachstumstempo, wie sonst in der Natur, auch bei ihm vorgegeben ist. Ich muss meinem Kirschbaum im Dezember nicht sagen, dass er furchtbar ausschaut und jetzt endlich Blüten machen soll. Alles Pushen hilft nicht, ja es ist sogar kontraproduktiv, wenn ich an einem Pflänzchen reiße, weil es mir zu langsam wächst.

Es reicht, wenn ich ihm Gutes will, dass ich für gute Wachstumsbedingungen sorge. Man kann es zwar behindern, das ist wahr, aber das Wachsen selber brauche und kann ich nicht erzeugen. Wir können gar nicht anders als wachsen. Das ist vorgegeben. Wir sind so. Und es wächst alles zu seiner Zeit. Bis zu seinem natürlichen Ende. Manchmal erlebe ich aber in Meditationen, dass auch dieses Wachstumsmodell nur Illusion ist. Wir sind vollkommen und alles ist bereits da. Wir merken es bloß (noch) nicht. Weil wir »an einer Verhexung des Geistes durch die Mittel der Sprache« leiden, wie der Philosoph Ludwig Wittgenstein (†1951) meinte?

Im berühmten Tempel des antiken Delphi, das über Jahrhunderte als der Nabel der Welt galt, stand der Überlieferung nach nahe dem Eingang der berühmte Satz

»ERKENNE DICH SELBST!« der jedem griechisch Lernenden eingeprägt wird (»Gnoti s'auton«). Uns Jugendlichen wurde erklärt, dass er bedeute: »Wenn Du den erhabenen Tempel des Apoll betrittst, erkenne, was Du für ein Würstel, was Du für ein Sünder und wie klein Du bist.« Erst viel später las ich, dass es vermutlich sinngemäß so weiterging: »Dann findest Du Gott. Denn Apollo ist in

Dir.« Was bedeutet: Erkenne Deine Göttlichkeit und Deine Größe! Entsprechend Pindars (†446 v.Chr.) Satz:

»WERDE, DER DU BIST!« der ja bedeutet: »Erkenne, wer Du im Kern Deines Wesens bist, und dann werde es!«

Auf jeden Fall geht es dann darum, die Vollkommenheit schrittweise zu erkennen und ans Licht zu bringen.

»Der Geist ist ewig.
Sofern er die Dinge
unter dem Gesichtspunkt der Ewigkeit auffasst,«

sagt der Philosoph Baruch de Spinoza (†1677). »Wenn es im Zen ein Mantra gäbe,« sagte mir einmal ein Kollege, »dann hieße es: SCHON ANGEKOMMEN«.

Dieses Menschenbild hat eine Menge Konsequenzen für das Verhalten des Therapeuten: Ich bin nicht der Oberlehrer, der die Lösung in den Klienten einpflanzen muss, sondern ich bin nur behilflich, dass er die bereits vorhandene Lösung auspackt, ent-wickelt.

Kann man mit schamanischen (oder anderen spirituellen) Methoden diesen oft schmerzlichen Prozess abkürzen oder überhaupt unnötig machen? Aus den genannten Gründen: Ich glaube nicht.

Naturvölker haben uns Westlern freilich einiges voraus, das bei uns in einem therapeutischen Prozess erst geschaffen werden muss. Die wiederholten Initiationsrituale (bei der Geburt, beim Erwachsen-Werden etc.) verstärken, was in diesen Kulturen von Kindesbeinen an selbstverständlich ist: die Verbindung zur übrigen Natur und zu den anderen Dimensionen der Welt.

In unseren Sprachen hat sich dieses Wissen um eine vorgegebene gute Ordnung erhalten, wenn wir z. B. sagen »in Ordnung«, »all right« (alles richtig), »tutto a posto« (alles an seinem Platz). Nicht zu verwechseln mit »law and order«!

Dieses Dazugehören, dieses Einklinken in die universelle Ordnung, die Hingabe und das Vertrauen, geführt und behütet zu sein, muss bei uns für gewöhnlich erst aufgebaut werden und das verlängert vielleicht vergleichsweise den Prozess.

Wenn der Schamane in einem nepalesischen Seitental nach durchzechter Ritualnacht (er musste ja den Sumpfgeist zum Lachen bringen, damit er den Seelenteil des kranken Kindes wieder loslässt) am nächsten Vormittag das Kind eine Fliege – als Materialisierung dieses Seelenteils – verspeisen lässt, wundert das niemanden. Man erwartet es. Der Boden ist von vornherein bereitet.

Das fehlt uns. Es könnte die Phase der Heilung verkürzen.

Ich denke an zwei Frauen mit gravierenden Problemen, die – unabhängig voneinander – bei einem mehrwöchigen Alternativurlaub in abgelegenen Gegenden Balis vom dortigen Glauben und dem Vertrauen auf die Götter und der daraus folgenden Heiterkeit des Lebens dermaßen beeindruckt waren und so viel davon übernommen hatten, dass sie jeweils die Psychotherapie daraufhin beenden konnten.

Aber auch der Schamane ist nicht allmächtig. Natürlich nicht. Und wäre Lourdes ein Sanatorium, müsste man es sofort schließen. Viele fahren dennoch erleichtert heim – eine Heilung anderer Art ist passiert.

Es ist zwar richtig, immer mit dem Schönsten, auch mit Wundern zu rechnen, aber in den meisten Fällen kommt man wie in der Psychotherapie nur Stufe für Stufe voran. Ist eine schamanische Sitzung erfolgreich abgeschlossen worden, sind zwar die krankhaften Strukturen aufgelöst, aber Gewohnheiten und Umfeld des Klienten sind vielleicht gleichgeblieben und es bedarf noch weiterer schamanischer, medizinischer oder psychotherapeutischer Unterstützung. Außerdem kann man einen bereits vollzogenen Heilungsschritt wieder rückgängig machen, indem man z. B. einen zurückgeholten Seelenteil doch wieder wegschickt.

Könnten SchamanInnen alles erreichen, was sie sich vornehmen – wie wäre es dann z. B. möglich gewesen, dass die indigenen Völker Amerikas (gemäß den Prophezeiungen der Inkas und Azteken) von den Weißen besiegt, durch eingeführte Seuchen dezimiert, zurückgedrängt und teilweise ausgerottet wurden, sodass viele ihrer Nachfahren, v.a. in Nordamerika, heute in Reservaten dahinvegetieren, und ehemals geachtete und gefürchtete Stämme wie die Lakota in Nordamerika angeblich zu 80% Alkoholiker und arbeitslos sind?

Gerade der Schamane versteht sich als Diener eines Größeren, das weit über uns und unser Vorstellungsvermögen und auch über unser Wünschen hinausgeht.

Auch stimmt das Klischee vom »Edlen Wilden« als eines von der Zivilisation unverdorbenen Naturmenschen nicht, das insbesondere von Jean-Jacques Rousseau (†1778) propagiert wurde.

»Trotz Anerkennung der kolonialisierten Völker als Menschen gab es keinerlei Bestreben, ihnen gleiche politische oder wirtschaftliche Rechte zu gewähren. Es entstand eine Klassifizierung dieser Menschen als ›primitiv‹ oder ›wild‹, die indirekt eine Ungleichbehandlung (Zwei-Klassen-Gesellschaft), Unterdrückung (Sklaverei) oder kulturelle oder physische Ausrottung rechtfertigten. Die Idee des ›Edlen Wilden‹ mag ... einen Versuch zur Aufhebung der Ungleichbehandlung darstellen. Der wirtschaftlichen und politischen Unterlegenheit wurde eine moralische Überlegenheit gegenübergestellt.« (WIKIPEDIA, 2007)

Diese ist aber z.T. ein Wunschbild. Ähnlich, wie die Christianisierung nicht lauter Heilige hervorgebracht hat, hat auch das weithin verbreitete schamanische Weltbild Kriege und Grausamkeiten nicht verhindert. Der Ethnologe Jürg Helbig hat errechnet, dass in manchen Jäger-Sammler-Kulturen Gewalttaten mit tödlichem Ausgang relativ häufiger vorkommen als in heutigen US-Großstädten – durch die kleinen Populationen absolut aber sehr selten passieren (MARTINM, 2007).

Ich finde die schamanische Art, Probleme anzugehen, nicht der gesellschaftspolitischen, medizinischen oder psychotherapeutischen überlegen, sondern plädiere für eine Zusammenarbeit, die ich auch selbst immer wieder praktiziere. Es wäre doch unsinnig, nicht alle guten Möglichkeiten für eine Heilung oder Problemlösung zu nützen – sowohl die neuen Errungenschaften wie das alte Erfahrungswissen, das so nicht alternativ, sondern komplementär verstanden wird.

Ist Heil(ung) Geschenk oder zu erarbeiten?

Um diese Frage ging es, wohl nicht zum ersten Mal in der Geschichte, im Gnadenstreit im 5. Jh., in dem die (später kirchlich verurteilten) Pelagianer dem Menschen die volle Verantwortung für das Seelenheil zusprachen, wohingegen Augustinus (†430) als »Lehrer der Gnade« in die Geschichte einging. 1.100 Jahre später antwortet Martin Luther (†1546) auf die auch damals wesentliche Frage: »Wie bekomme ich einen gnädigen Gott?«, dass das Heil »Werk Gottes« und nicht durch gute Werke zu erarbeiten sei, wie es inzwischen zwar Lehre der Kirche war, aber wenig praktiziert wurde, siehe Ablassbriefe, mit denen man meinte, sich das Seelenheil erkaufen zu können. Der junge Mönch und Doktor der Theologie las im Brief des Paulus an die Römer 1,17

»Der Gerechte wird aus Glauben leben«

– also aus dem Vertrauen, aus der Hingabe.

Dieselbe Frage stellt sich auch, was körperliche Gesundung oder psychische Heilung betrifft, die ohnehin in der ganzen Geschichte nie als getrennt von der spirituellen gesehen wurde. Erst vor wenigen Jahrhunderten (s.o.) wurde in unserer Weltgegend die strikte Trennung und damit verbundene Spezialisierung eingeführt.

Ich gehe davon aus, dass, wie das Leben selbst, auch jede Heilung ein Geschenk ist – ob unterstützt durch einen Arzt, Psychotherapeuten oder spirituellen Heiler. Und dass entsprechend dem oben erwähnten Wachstumsmodell unser spirito-psycho-physischer Organismus ohnehin zur Selbstheilung tendiert – wie nach einer Verletzung die Haut dazu tendiert, sich durch Bluten zu reinigen und durch Verkrustung zu schließen. Man kann den Prozess unterstützen, aber auch verzögern und sogar verhindern. Siehe dazu z. B. das Buch von Andrew Weil (1995) »Spontanheilung. Die Heilung kommt von innen«, das sich mit den in unserer Macherkultur viel zu wenig ernst genommenen Selbstheilungskräften befasst (mit faszinierenden Beispielen und Vorschlägen zur Aktivierung dieser).

Auch in der mystischen Tradition ist die Erfahrung des Eins-Werdens mit Gott nicht erarbeitbar, sondern pures Geschenk. Theresa Von Avila (1960) warnt sogar davor, darum zu bitten:

»Ich muss es dem Herrn, der mich kennt, überlassen,
dass er mich jenen Weg führe.«

In ähnlicher Weise wird auch im Zen die Leere resp. Fülle sowohl als Ziel wie als Nicht-Ziel bezeichnet. Es geht ja nicht um die aktive Annäherung an Ganzheit, sondern um ein Überwinden der Illusion der Getrenntheit. Genau genommen: um ein Erkennen, dass ich nirgends mehr hinstreben muss, weil alles schon da ist.

»Setz Dich still hin und lass Dich!« empfiehlt der deutsche Mystiker Meister Eckhart (†1328).

Das einzige, was man tun kann (und muss), ist, sich bereit zu machen und das Geschenk des Heil-Werdens anzunehmen, wann und wie immer es kommt. In einem Bild: Der Rettungsring wird mir zugeworfen (pures Geschenk), aber hingreifen und mich dran anhalten muss ich schon selbst (meine Aktivität).

Selbst in der Unterstufe des Autogenen Trainings verwirrt manche Übende, dass man einerseits Ziele und Vorstellungen vorgibt – z. B. »Arme und Beine sind ganz schwer«, es andererseits aber nicht bedeutet, schlecht trainiert zu haben, wenn man die Schwere nicht spürt. Denn das oberste Ziel ist nicht das »Funktionieren« dieser Vorgaben – was auch manche Kollegen nicht richtig verstanden haben –, sondern das Loslassen und das Annehmen dessen, was kommt. Der einzige Fehler, den man machen kann, ist der, dass man mit dem, was kommt, nicht einverstanden ist.

Es mag indigene Schamanen geben, die ihre Geisthelfer als ihre Diener ansehen, die geführt und gebändigt werden müssen, und die dem nicht zustimmen würden. Ich habe zwar davon z. B. bei S.M. Shirokogoroff (in Krippner, 1999) gelesen, aber noch keine getroffen. Sicher, man kann gegen einen Auftrag seiner Verbündeten Stellung nehmen und auch mit ihnen verhandeln, aber die meisten Schamanen sehen sich als bereite Medien, durch die die großen heilenden Kräfte wirken, und lassen sich von ihnen führen.

Ein sibirischer Schamane – ich bin ihm heute noch dankbar, weil er, äußerst einfühlend, uns Österreichern mitten in der entlegensten Steppe Bier organisiert hatte – hatte eines Nachts zu viel davon getrunken und erzählte, dass er frühmorgens, kaum dass er sich niedergelegt hatte, von seinem (Geist-)Herrn geweckt wurde, weil er (zur Ausnüchterung?) auf eine entlegene Weide gehen sollte. Wenn auch schlaftrunken und widerwillig, er folgte sofort und machte sich auf den Weg.

Heilung für Mutter Erde

Als sich der Asket während der Meditation von einer Maus gestört fühlte, fuhr er sie an: »Wie kannst Du mich stören, wo ich gerade dabei bin, mich mit Gott zu vereinigen!« Sie antwortete: »Wie kannst Du Dich mit Gott vereinigen, wenn Du nicht mit mir einig wirst?« (Nach Dethlefsen/Dhalke, 1983)

Immer wieder wurde in der Geschichte spirituelle Praxis mit Weltverachtung verwechselt. Meister Eckhart (†1328) z. B. enttarnt manche zu seiner Zeit vorherrschenden Praktiken als Flucht vor der Welt und betont, dass der Sinn der Freiheit ja die Fruchtbarkeit sei: Entgegen der üblichen Auslegung der biblischen Geschichte von Martha und Maria (Luk. 10, 38 ff.) bevorzugt er Martha, die gereifte Aktive mit ihrer Hingabe an die Welt, vor Maria, die im Zustand ihrer ersten Verzückung erst am Anfang ihrer Entwicklung stehe. (Schön dargelegt durch Diethmar Mieth, 2004.)

Auch heute wird in manchen esoterischen Kreisen, ähnlich wie im persönlichen (s.o.) auch im politischen und wirtschaftlichen Bereich, ein Kurzschluss vollzogen, indem etwa gewerkschaftlicher Kampf oder der Einsatz für eine gerechtere Weltwirtschaft, in der Frauen-, Friedens- und Umweltbewegung etc. als vergleichsweise unwichtig abgewertet werden und Spiritualität dieses gesellschaftliche Engagement nicht fundieren und stärken, sondern ersetzen soll.

Schamanismus war immer direkt auf die Erde und die Menschen bezogen und sicherte vermutlich das Überleben unserer Spezies. Auch wenn die Suche nach einem »Gottes-Gen« oder bestimmten

»Religions-Hirnarealen« zum Schmunzeln einlädt, denn ich finde, es geht um Kultur und nicht um Genetik: offensichtlich bevorzugte die Evolution Menschen(gruppen), die schamanische Spiritualität praktizierten, und brachte ihnen Vorteile im Überlebenskampf. Wahrscheinlich, weil die Verbindung zur übrigen Natur und zu den übernatürlichen Kräften den Zusammenhalt und das Zurückstellen privater Interessen hinter die Bedürfnisse der Gemeinschaft förderte, wozu sicher auch die Einhaltung bestimmter Regeln und Tabus beitrug.

Auch wenn die natürliche Selektion von Gruppen (statt von Individuen) von manchen Biologen bestritten wird: jüngere Erkenntnisse der Neurobiologie sprechen für die Bedeutung der Zusammenarbeit der Teile für das Überleben. So betont der Mediziner und Psychotherapeut Joachim Bauer (2006), der die so genannten »Spiegelneuronen« im deutschen Sprachraum bekannt gemacht hat:

»Der Verlust von Beziehung und Isolation wird vom Gehirn wahrgenommen wie körperlicher Schmerz. Wir reagieren darauf z. B. mit Aggression, die so gesehen im Dienste der menschlichen Beziehung steht, nämlich Bindungen zu erwerben und zu erhalten. … Nur wer kooperiert, kann überleben.«

Bisher galt des Plautus (ca. †184 v.Chr.) »Homo homini lupus« (»Der Mensch ist dem Menschen ein Wolf«), dem Thomas Hobbes (†1679) zum anerkannten Menschenbild in Europa verhalf und das durch Charles Darwins (†1882) Hinweis, dass man nur im Kampf überleben könne, bestärkt wurde. Nun erkennen wir aber, dass es dem Überleben nicht dienlich ist, wenn wir in einem Ausmaß bewaffnet sind, dass wir das Leben auf der Erde vernichten könnten. Zu den Eigenschaften, die unserer Spezies das Überleben bisher gesichert haben, gehörte offensichtlich die Fähigkeit zur Kooperation.

Gab und gibt es in der Geschichte des Schamanismus auch viel Rivalität unter SchamanInnen, so ist es erfreulich, dass die zunehmende Vernetzung der Welt auch dazu führte, dass SchamanInnen aus allen Erdteilen und Vertreter verschiedenster spiritueller Richtungen sich begegnen, um ihre Ansichten und Erfahrungen auszutauschen. Das lockert die Scheuklappen und eröffnet neue Wege der Zusammenarbeit. Arbeiteten viele Schamanen vormals grundsätzlich alleine und wachten jeweils eifersüchtig über ihr Territorium, lernten manche erst durch uns Westler, dass man auch erfolgreich zusammenarbeiten kann.

Nicht alle, aber viele indigene Schamanen vertreten die Ansicht, dass heute die Zeit reif geworden ist, das alte Wissen weltweit zu verbreiten, um in einer gemeinsamen Anstrengung die Verletzung der Mutter Erde zu heilen und ihre und unsere Zukunft zu sichern.

Wie die Krankheit eines Leidenden lassen sich nämlich spirituell genauso Konflikte zwischen Völkern oder sozialen Gruppen und wirtschaftliche Probleme angehen. So wie der spirituelle Hintergrund für das gesellschaftspolitische Engagement von M. Gandhi (†1948), M.L. King (†1968), N. Mandela (†2013) usw. eine große Rolle spielte.

Unsere Vorfahren haben viele Erfahrungen gesammelt, wie man in Trance die Harmonie der Teile des Ganzen wiederherstellen kann. Es scheint, dass auch in unserer westlichen Kultur ein Umdenken im Gange ist und sich entgegen aller sonstigen Tendenzen (siehe »Achse des Bösen« etc.) eine neue Welt-Solidarität entwickeln könnte.

Jedenfalls halten die Ältesten vieler Stammeskulturen heute die gemeinsame Anstrengung aller Willigen weltweit für das Wohl der Erde notwendig.

»Verstand und Herz müssen wieder zueinander finden,« sagte Pablo Russel, ein Ältester und Medizinmann des Blackfoot-Blood-Stammes in Kanada, 2005 beim Pacha-Mama-Kongress in Wien.

»Der Büffel hat mich hierher geschickt,
um Euch zu sagen,
was Ihr vielleicht vergessen habt.«

Angesichts der weltweiten Krisen haben sich fast alle traditionellen Weisen, Heiler und Schamanen entschieden, ihr Wissen auch für den Westen zu öffnen. Ein Ältester der Hopi (der Stammesname bedeutet »friedfertig«) sagte vor ein paar Jahren in Oraibo, Arizona/ USA:

»Die Zeit des einsamen Wolfes ist vorbei.
Kommt zusammen! ...
Wir sind die, auf die wir gewartet haben.«

Durch die achtungsvolle Begegnung bei gegenseitigen Besuchen und internationalen Kongressen gewinnen sowohl wir Westler als auch die indigenen SchamanInnen:

Sie, weil sie sich – physisch oft erstmals – mit den über den gesamten Globus verstreuten KollegInnen austauschen können, die ja überall nach ähnlichen Prinzipien arbeiten, aber selten darüber voneinander wissen, wie Geseko VON LÜPKE (2008) in seinen Interviews mit SchamanInnen aus fünfzehn Ländern eindrucksvoll belegt.

Wichtig ist für sie auch, dass durch unsere Anerkennung ihr Ansehen und die Erhaltung ihrer eigenen Tradition gesellschaftlich gestärkt wird, da mit dem Vormarsch unserer materialistischen Denk-, Wirtschafts- und Lebensweise die Wertschätzung der uralten weisen Traditionen in ihren eigenen Ländern zunehmend abnimmt. Immerhin hat der Schamanismus z. B. in Sibirien oder in der Mongolei wieder an Bedeutung gewonnen und wird auch in manchen Ländern der Dritten Welt als Teil der kulturellen Identität wieder neu entdeckt und geschätzt.

Außerdem geht es auch um die Sicherung ihres territorialen und geistigen Eigentums vor den imperialen Zugriffen westlicher Mächte und Konzerne. Seit 2003 bemüht sich die UNESCO auch um den Schutz des immateriellen Kulturerbes.

Wir profitieren von der Begegnung mit SchamanInnen aus anderen Kulturen, weil wir an unsere eigenen Wurzeln erinnert werden und sie vielleicht neu schätzen lernen. Die schamanische Art, die Welt zu betrachten, hat unserer heutigen Gesellschaft viel zu bieten, kann sie zum Innehalten und Umkehren einladen. Haben wir doch die zwei schamanischen Grundannahmen aus den Augen verloren: Wenn ich mich als Teil von allem weiß, werde ich andere Menschen und die übrige Natur – alles ist ja heilig und lebendig – nicht kurzfristiger Vorteile willen rücksichtslos ausbeuten, ob dies

Wale sind oder Textilarbeiterinnen in Indien. Ich werde doch nicht mir selber schaden.

»Wenn Du zu den Tieren sprichst, werden sie zu Dir sprechen und ihr werdet einander kennenlernen. Wenn Du nicht zu ihnen sprichst, wirst Du sie nicht kennenlernen. Und was Du nicht kennst, wird Dich ängstigen. Und was jemanden ängstigt, wird er zerstören.« Dieser Satz eines Ältesten der Küsten-Salish gilt nicht nur Tieren gegenüber.

Wenn ich in dem Bewusstsein lebe, dass die sinnesfällige Welt nur ein Teil der Wirklichkeit ist, werde ich darauf achten, dass mein konkretes Handeln, meine Politik und meine Art zu wirtschaften im Einklang stehen mit der Ordnung des Ganzen, und ich werde mich von meinen Ahnen und den guten Mächten führen lassen.

»Es gibt keinen Weg zum Frieden. Der Frieden ist der Weg,« sagte Mahatma Gandhi (†1948). Dazu ist es aus psychologischer Sicht nötig, erst den eigenen Schatten zu erkennen und anzunehmen, statt ihn z. B. auf eine »Achse des Bösen« zu projizieren. (Siehe mein Aufsatz »Politik & Spiritualität. Über Projektion und andere Unannehmlichkeiten. Eine persönliche Anmerkung zur aktuellen Weltlage«, 2003.)

Wenn Bernhard von Clairvaux 1146 flammende Reden für einen zweiten Kreuzzug hielt, folgte er der kollektiven Blindheit. Aus einer geistlichen Kontemplation kann er den Auftrag dazu nicht erhalten haben. »Deus lo vult«, Gott will es?? Die Seherin Hildegard von Bingen (†1179) widersprach ihm scharf.

In der mystischen Tradition, siehe Nikolaus von Kues (†1464), bedeutet nämlich die Erfahrung des Göttlichen gerade die »coincidentia oppositorum«, das Zusammenfallen der Gegensätze, die sich dadurch, nicht durch ihre Bekämpfung aufheben.

Die schlimmsten Verbrechen in der Geschichte wurden nicht von »Bösen« verübt, sondern von »Guten«, die die Vollkommenheit vor Augen hatten und die Reinheit der Lehre, Rasse o.Ä. durchsetzen wollten. Der »Böse« ist da meist verständnisvoller, er weiß ja um seine eigene Unvollkommenheit.

»Das Leben bedarf zu seiner Vollendung nicht der Vollkommenheit, sondern der Vollständigkeit,« sagt C.G. Jung (1995).

Hellsichtige Kinder nützten ihre Sensibilität und machten 2003 zu Beginn des zweiten Irakkrieges folgenden Aufruf zur Weltlage: Sie schlugen vor, ein Gebet für den US-Präsidenten George W. Bush abzuhalten, der unter fadenscheinigen Vorwänden den Krieg begonnen hatte. Ihre Begründung war, dass der Präsident durch die Verbitterung so vieler Menschen auf der Welt so viel schlechte Energie abbekomme, dass ihm auf diese Weise nicht geholfen ist, seine Entscheidungen im Sinne des höchsten Gutes jeder einzelnen Person auf der Erde zu treffen. Die Kinder schlugen vor, Bush so zu sehen, wie Gott ihn sieht, also das Licht in ihm zu erkennen und damit sein eigenes Licht zu verstärken.

Bekanntlich hat der zweite Irakkrieg trotzdem stattgefunden. Und wie wir vorausgesehen haben, hat dies dem weltweiten Terror erheblichen Auftrieb verschafft. Wie in der Behandlung von Krankheiten, ist spirituelles Vorgehen auch in der Behandlung der Menschheitsfamilie und unseres Planeten nicht allmächtig. Soll man deshalb aufhören, an einer Welt mitzuwirken, in der ökologische und soziale Erfordernisse genauso ernst genommen werden wie wirtschaftliche? Gerade das Wissen um die spirituelle Dimension kann helfen, sich gelassener und dadurch effizienter für gerechte politische/wirtschaftliche Problemlösungen einzusetzen.

Februar 2007. Ich leite gerade eine Meditationswoche in Ägypten. Wie immer beginne ich damit, die zuständigen Herren und Herrinnen der Region zu begrüßen und um ihren Segen und Schutz zu bitten. Kaum schließe ich die Augen, spüre ich, dass wir uns genau inmitten dreier furchtbarer Wunden und Krisenherde unserer Erde befinden: Palästina, Somalia und der westsudanesischen Provinz Darfur. Die Herrin der Wüste, die ich immer als riesige vitale Frau erlebe, wandte mir im Westen den Rücken zu. Sie hatte alle Hände voll zu tun, ihre geschundenen Kinder zu trösten und beim Sterben nicht allein zu lassen.

Der anhaltenden Gewalt zwischen regierungsnahen Milizen und Rebellen in Darfur waren zwischen 2003 und 2008 bereits mehr als 200.000 Menschen zum Opfer gefallen. Etwa 2,5 Millionen Bewohner wurden in die Flucht getrieben. Sie leben seit Jahren unter inhumanen Bedingungen in riesigen Flüchtlingslagern innerhalb des Landes und im Tschad. Präsident Omar al-Bashir, der die Aufständischen in der Gegend niederringen will, kann sich auf die Unterstützung Chinas und Russlands im Weltsicherheitsrat verlassen. China ist im sudanesischen Ölgeschäft fest verankert. Die von der Afrikanischen Union entsendete 7.000 Mann starke Friedenstruppe ist kaum in der Lage, die Bevölkerung zu schützen. Auch während wir in Ägypten meditierten, griffen die Reitermilizen, die im Auftrag oder mit Billigung der Regierung für Morde, Vergewaltigungen und Folter verantwortlich sind, wieder zwei Dörfer an und töteten sechs Menschen.

Die Chefin der Wüste war nicht ungehalten, sie freute sich, mich wieder mit einer Gruppe zu sehen, die meditieren wollte, sagte, wir hätten ihr Wohlwollen und ihren Segen, aber sie habe keine Zeit. Als ich sie fragte, ob sie sich freuen würde, wenn wir sie ein wenig unterstützten, stimmte sie dankbar zu.

Also machten wir uns zwei Tage später daran, eine Heilsitzung für Darfur, die Regierung, die Aufständischen, die Täter und die Opfer zu machen, die ich alle – umgeben von der Landesgrenze – durch Symbole im Wüstensand darstellte. Noch bevor ich richtig anfange, werde ich von einer unermesslichen Traurigkeit erfasst und beginne laut zu schreien und zu weinen. Ich solle sofort einige Meter zurücktreten, um Abstand zu gewinnen und nicht gefährdet zu sein. Diesmal führt mich ausschließlich die Wüstenherrin selbst. Sie beauftragt mich, den Sudan von Nordosten bis Südosten abzusperren, nicht nur, damit der Konflikt nicht in die Nachbarländer Äthiopien, Eritrea und Kenia eindringen kann, sondern v.a., um die Mörder von der Flucht abzuhalten, durch die sie der Erkenntnis ihrer Schuld, ihrer Reinigung und ihrer Reue auskommen wollten.

Es gelingt ganz gut und die Wüste zwinkert mir immer wieder komplizenhaft zu, wenn ich mit all meinen schamanischen Kräften die Täter in die Schranken weise. Sie ist sehr zufrieden mit unserer Arbeit und freut sich sehr, dass wir aus dem Norden, von denen sie bei unserer ersten Begegnung vor Jahren glaubte, dass wir ohnehin nur Geld und Macht im Kopf haben, uns um sie und die Not ihrer Kinder kümmern. Ich will noch weitermachen, das Leid, das ich spüre, kennt keine Grenzen. Aber die Herrin ist dankbar und segnet uns alle, unsere Lieben, unsere

Kinder und die Kinder unserer Kinder. Ich bin zutiefst gerührt und gebe das Geschenk der Wüste rituell an alle Gruppenmitglieder weiter. Wir sollten jetzt aufhören. Mehr hätte uns selber gefährdet. Ich führe dann noch einen sensitiven Teilnehmer der Gruppe zurück. Er schreit immer wieder: »Es ist noch nicht abgeschlossen!« Wie ich kann er angesichts des Leides schwer wieder loslassen. Aber ich folge meinem Auftrag.

Da ich sonst ungern faste, kriegte ich am Morgen vor der Behandlung Durchfall, woraufhin ich gerne den ganzen Tag fastete. Zur Vorbereitung, wie man mir sagte.

»Eine Spiritualität, die unpolitisch ist, ist fauler Zauber,« betont der katholische Theologe Michael Rosenberger gemäß dem Vorbild des evangelischen Theologen Dietrich BONHOEFFER (1966), der aktiv am Widerstand gegen Hitler beteiligt war und deshalb eingesperrt und kurz vor Kriegsende hingerichtet wurde. Aus dem Gefängnis in Berlin gelang es ihm, Briefe herauszuschmuggeln. Seine Verbindung von tiefer Spiritualität und aktivem politischem Engagement war für mich Vorbild und lebensbestimmend. Zu Silvester 1944 schrieb er angesichts seiner bevorstehenden Ermordung noch den bewundernswerten Text:

»Von guten Mächten treu und still umgeben,
behütet und getröstet wunderbar,
so will ich diese Tage mit euch leben
und mit euch gehen in ein neues Jahr.«

»Der erste Friede, der der wichtigste ist, ist der, welcher in die Seelen der Menschen einkehrt, wenn sie ihre Verwandtschaft und Einheit mit dem Universum und all seinen Kräften erkennen, und wenn sie erkennen, dass im Zentrum des Universums Wakan-Tanka (der Große Geist) wohnt, und dass dieses Zentrum wirklich überall ist: es ist in jedem von uns,« sagt der Lakota-Häuptling und Seher Black Elk (†1950, zit. in Ulla WITTMANN, 1991, wo sie Castanedas Erzählungen jungianisch aufarbeitet und deutet).

Was die Behandlung von Materie betrifft: Nicht nur der menschliche Körper lässt sich mental/spirituell beeinflussen. Sandra INGERMAN befasst sich seit längerem auch mit der Behandlung von kontaminiertem Wasser und sieht als Hauptvoraussetzung dazu die eigene Transfiguration. Siehe dazu ihr schönes Buch »Heilung für Mutter Erde. Wie wir uns und unsere Umwelt verwandeln können« (2002).

»Verschmutzen wir die Erde,
verschmutzen wir uns selbst.
Denn die Seele der Erde
ist ein Teil der Seele des Menschen,«

sagt in gleicher Weise der Peruaner Juan K'anchaq Uma und fügt hinzu:

»Die Harmonie der Erde
entsteht durch die Harmonie im Menschen.
WIR müssen uns verwandeln!«

Der Japaner Masaru EMOTO (2005) hat schon vor Jahren Kristallfotografien erstellt, die aufzeigen, welche Wirkung Worte und Gedanken (nachgewiesen auch auf Entfernung) auf Materie, in dem Fall auf Wasser, haben können: Negative Worte entstellen die kristalline Struktur der Wasser-Moleküle, während positive Worte Kristallbilder entstehen lassen, die von überwältigender Schönheit sind. Eines der schönsten Kristallbilder ist übrigens entstanden aus der Wortkombination »Liebe & Dankbarkeit«. Emoto, der sich um den Zustand der Erde sorgt:

»Das können wir nicht zulassen. Die Erde kann solch einen Krieg mit all seinen Katastrophen nicht lange aushalten. Die negativen Wellen der gegenseitigen Drohungen werden die Kristallstruktur des Wassers, unser Blut und die Lebensadern dieses Planeten zerstören.«

Und er meint, dass es am effektivsten sei, wenn jeder Mensch seine Liebesenergie erhöht. *»Das ist es, was mich das Wasser gelehrt hat.«*

Trotz dieser Ideale fiel es sowohl den Leitern der Religionen wie den einzelnen Gläubigen meist sehr schwer, sich danach zu richten. Kein Wunder, denn man kann diese spirituelle Einstellung – so man sie überhaupt anstrebt – nicht leicht den ganzen Tag lang durchhalten. Auch ich würde mir wünschen, es besser zu schaffen.

Manche meinen zu Unrecht, dann müsse man seine Aggressionen unterdrücken oder lethargisch alles hinnehmen, auch das schlimmste Unrecht. Dass es auch anders geht, bewiesen auf beeindruckende Weise etwa Mahatma Gandhi (†1948) oder Martin Luther King (†1968). Praktische Anweisungen geben dazu z. B. Johan Galtung, Hildegard Goss-Mayr oder Marshall Rosenberg. Sie alle sind sicher, dass man nicht aus dem Teufelskreis des Hasses aussteigen kann, wenn man Gleiches mit Gleichem vergilt.

So hat man in vielen Kulturen auch größte Bedenken bezüglich des Schadenzaubers. Man geht davon aus, dass der Absender des Schadens immer auch sich selber schadet. Aber er wird praktiziert und ist einer der Gründe, warum Schamanen in einigen Kulturen recht gefürchtet werden. Schamanische Fähigkeiten wurden auch in der Kriegsführung eingesetzt, indem z. B. den gegnerischen Kriegern Seelenteile geraubt wurden, was die Schamanen der anderen Seite natürlich merkten und ihrerseits darangingen, die Ihren zu schützen und die Feinde zu schwächen.

Meist werden für Schwarzmagier nicht die für Heiler üblichen, sondern andere, abwertendere Bezeichnungen verwendet wie z. B. in Lateinamerika »brujo« (Hexer) statt »curandero« (Heiler).

Es kommt aber auch vor – wie ich das selbst kennen gelernt habe –, dass Schamanen ihre spirituellen Fähigkeiten sowohl heilend als auch schädigend einsetzen. Ich kann aus ethischen und Gründen des Selbstschutzes nur davor warnen, sich auf solche Praktiken einzulassen.

Nicht nur, weil mir dabei Opfer satanischer Zirkel einfallen, die sich zwar mächtig vorkommen, aber von ihren Krankheiten und übrigen Problemen schwer zu retten sind. Auch wenn ich jemandem etwas Schlechtes wünsche, tue ich ihm und mir nichts Gutes. Gerade schamanisch könnte ich dem, der mich verletzt oder mir geschadet hat, über die guten Mächte etwas Gutes und Heilendes zukommen lassen, wenn ich gerade zu keinem wohlwollenden Gedanken fähig bin.

Kann einem durch Verfluchungen o.Ä. geschadet werden? Ich glaube ja: Wenn ich gerade dabei bin, mir psychisch eine auf die Rübe zu geben, werde ich dann besser treffen. Und ich glaube nein: Wer mit sich einigermaßen im Frieden lebt und im Großen und Ganzen glücklich ist, dem kann kein Leid zugefügt werden, insbesondere, wenn er sich von den guten Mächten beschützt weiß.

»Die Welt der Stammeskulturen ist keineswegs eine heile Welt,« sagt Malidoma Patrice SOMÉ (1996) aus dem Stamm der Dagara in Burkina Faso und berichtet von unsichtbaren, magischen Geschossen:

»Nach jeder Begräbnisfeierlichkeit erkrankt eine gewisse Anzahl unglücklicher Männer und Frauen schwer, weil sie, ohne es zu merken, von einem Feind getroffen oder von einem Lobir, der für jemand Anderes gedacht war, angeschossen wurden.«

Wie überhaupt Verhexung durch den bösen Blick in vielen Gegenden Afrikas als Hauptursache von Erkrankungen angesehen und behandelt wird.

In vielen Kulturen schützt man sich, indem man Amulette und Talismane mit sich trägt, deren Schutzkraft üblicherweise von Zeit zu Zeit neu aufgeladen werden muss; – aus psychologischer Sicht wirksame Symbole, die die Angst verringern und daran erinnern sollen, dass man ohnehin geschützt ist. Allerdings: Die bösen Wünsche mittels eines Spiegels zurückzuschicken, ist ebenfalls schwarze Magie.

Serge Kahili KING (1991) berichtet von einer hübschen jungen Frau, die mit einem dünnen Baumwollhemd bekleidet durch die übelsten Gegenden der Stadt stöckelte. Ihr passierte nie etwas. Auf die Gefahr angesprochen, lächelte sie und sagte, dass sie sich von einem Licht umgeben und sicher beschützt fühle.

Auch ich selbst habe keine Angst: Als Christ bin ich davon überzeugt, dass nicht laufend neue Opfer gebracht werden müssen, um böse Einflüsse von mir abzuhalten. Ich bin erlöst. Selbst meine eigenen dunklen Seiten sind im Ganzen aufgehoben.

Schamanismus und Naturwissenschaft

Bis ins Hochmittelalter hielt man Mathematik, Astronomie und Astrologie, Philosophie, Theologie, Musik, Kunst, Heilkunst und Mystik nicht für wirklich getrennte Disziplinen, sondern für verschiedene Ausprägungen der Grundprinzipien des Seins.

Besonders die Denker der griechischen Antike vor Sokrates sahen dies so. Sie beschäftigten sich in beeindruckender Weise v.a. mit der Frage nach dem Grundstoff der Welt oder dem Urgrund alles Seienden. Um nur einen Vertreter der Vorsokratiker herauszugreifen: Jeder kennt etwa die berühmte Formel $a^2 + b^2 = c^2$ über das rechtwinkelige Dreieck, die Pythagoras von Samos (ca. †510 v.Chr.) zugeschrieben wird. Seinen Zeitgenossen war Pythagoras aber nicht nur als Mathematiker, sondern auch als Astronom, Musiker und Musiktheoretiker, als Philosoph, Rhetor, Mystiker und Gründer einer religiös-philosophischen Bewegung bekannt. Für ihn gehören z. B. die spirituelle Harmonie und die der Zahlen, Töne und Gestirne unlösbar zusammen. Heiler, die sich lediglich körperlichen Beschwerden widmeten, wurden als Scharlatane angesehen.

Cicero (†43 v.Chr.) sagte, erst Sokrates (†399 v.Chr.) habe die Philosophie vom Himmel auf die Erde geholt.

Aber die Trennung und Spezialisierung, wie wir sie heute kennen, als ob die einzelnen Bereiche miteinander nichts zu tun hätten, begann erst im ausgehenden Mittelalter. Von nun an waren die – an den neu gegründeten Universitäten ausgebildeten – Ärzte für das Heil des Körpers und die Kirche für das Heil der Seelen zuständig. Die Trennung von Spiritualität und Heilung war vollzogen. Die Wissenschaft löste sich aus der Vormachtstellung der Theologie.

Dass die universitäre Medizin und Wissenschaft dem Schamanismus skeptisch gegenübersteht, hat also auch historische Wurzeln: Sind sie doch entstanden aus einer Abgrenzung von einem »abergläubischen« Krankheits- und Heilungsverständnis, aus der Distanzierung vom magischen Weltbild und, besonders in der Aufklärung des 18. Jh.s, von der doktrinären kirchlichen Lehrmeinung, die im geistigen Bereich eine Monopolstellung hatte – was meiner Ansicht nach ein Fortschritt war.

Aber man hat das Kind mit dem Bade ausgeschüttet. Denn

»There are more things in heaven and earth, Horatio,
Than are dreamt of in your philosophy.«
[»Es gibt mehr Dinge im Himmel und auf Erden, Horatio,
als Eure Schulweisheit sich träumt.«] heißt es schon bei William Shakespeare (†1616).

In seinem Beitrag »Über Glauben und Wissen und den Defaitismus der modernen Vernunft« konstatierte der unerschütterliche Vertreter der Aufklärung, namentlich der Kritischen Theorie der Frankfurter Schule, Jürgen HABERMAS (2007) *»ein Bewusstsein von dem, was fehlt«*. Er beginnt den Text mit einer Erinnerung an die Totenfeier des Agnostikers Max Frisch, der zwar jedes Glaubensbekenntnis verweigert hatte, aber doch – wenn auch »ohne Amen« – in einer Kirche aufgebahrt werden wollte. Ohne Religion fehle etwas. Die aufgeklärte Moderne habe kein angemessenes Äquivalent.

»In seiner vielbeachteten Rede zur Verleihung des Friedenspreises des Deutschen Buchhandels im Jahr 2001 hatte Habermas religiös argumentierende Menschen aufgefordert, ihre Einsichten und Werthaltungen in eine säkulare Sprache zu übersetzen, sodass sie einer allgemeinen Diskussion zugänglich würden,« berichtet Hartmut MEERSMANN (2007) und fragt:

»Doch warum ist für Habermas die Religion ein Thema geworden? Der 77-Jährige sieht mit Sorge, dass die moderne Wissenschaft in der Gefahr steht, sich gegen den Menschen zu wenden: Die Biowissenschaften machen den Menschen zum Experimentierfeld, die ungebändigten Marktgesetze zum Sklaven der Ökonomie.«

Die »natürliche« Vernunft könnte in ihrer Betonung egalitärer-universalistischer Begriffe von Moral und Recht durch religiöse Argumente wesentlich unterstützt werden.

Auch Hans Joachim HÖHN (1997) betont:

»Trotz der zahlreichen Nachrufe, die für die Religion und für die Moderne bisher veröffentlicht wurden, bestehen sie fort. ... Eine neue Aufgeschlossenheit für alles Spirituelle, ein neues Fragen nach Transzendenz ...

sind Epiphänomene eines weit um sich greifenden Unbehagens an der Moderne. ... Die Moderne war angetreten, eine Formation von Kultur und Gesellschaft entstehen zu lassen, die sich ihre normativen Grundlagen selbst gibt und darauf verzichtet, diese in religiös-metaphysischen Gewissheiten oder unhinterfragbaren Traditionen zu verankern. Oberste Instanz verantwortlicher Lebensführung, zuverlässiger Weltorientierung und aller philosophischen Begründungsbemühungen sollte die Vernunft sein.«

Aber:

»Die angestrebte Befreiung des Menschen von naturwüchsigen Zwängen ist umgeschlagen in das Ausgeliefertsein der Natur an den Menschen. Wirtschaftliche Produktivkräfte haben sich in ökologische Destruktivmächte verwandelt. ... Die technisch-industrielle Eroberung der Welt hat zur Entfremdung von der Wirklichkeit geführt. Emanzipation bezahlen viele Zeitgenossen mit Einsamkeit, Autonomie mit Überforderung. Der moderne Glaube an einen in der Geschichte waltenden Fortschritt, der sich – angetrieben von Wissenschaft und Technik – unaufhaltsam durchsetzt, verliert Anhänger. ... Das Unbehagen an dieser Entwicklung artikuliert sich nicht zuletzt in der Frage, worauf Wissenschaft und Technik noch ihren Anspruch auf Überlegenheit gegenüber mythisch-religiösen Denktraditionen gründen wollen, wenn sie am Ende nur zur Zerstörung der natürlichen Lebensgrundlagen führen.«

Mit Höhn frage auch ich:

»Sollte man dann nicht zurückkehren zu den Beständen archaischer Kulturen, in denen das steckt, was in der neuzeitlichen Vernunft vermisst wird: eine Leben, Denken und Handeln in all seinen Dimensionen integrierende ›ganzheitliche‹ Orientierung ...?

... Offensichtlich ist die Moderne zur Vollendung ihrer Projekte auf andere Kräfte angewiesen, als sie Technik und Wissenschaft zur Verfügung stellen. Sie lebt von Voraussetzungen, die sie nicht garantieren, und von Inhalten, die sie nicht hervorbringen kann.«

Meines Erachtens handelt es sich ohnehin nicht um unvereinbare Gegensätze, wenn man fragt: säkularisiert oder religiös, Wissen oder Glauben, Autonomie oder Gottvertrauen, und es geht überhaupt nicht um ein Entweder-oder. Ähnlich wie in der Kontroverse zwischen psychotherapeutischer »Ichstärkung« und mystischer »Auflösung des Ego«.

Wenn man wie ich der Tradition vieler MystikerInnen folgt, wohnt genau dieses über die Vernunft Hinausgehende, das Wissen (und das Ego) Transzendierende in unseren Herzen. Und diese innerste Instanz, die man auch als Schamane kontaktiert (s.o.), ist in der religiösen Sprache als göttlich zu bezeichnen. Entsteht vielleicht der Gegensatz primär durch eine bestimmte Definition von »Transzendenz« und durch das Festhalten an einem traditionellen Gottesbild? Und folgt gar nach dem Zeitalter des Glaubens (bis ins Mittelalter) und dem des Wissens (ab der Neuzeit) jetzt das der Liebe, wie Janine Dahlweid (2003) – gewagt – andeutet? Auf jeden Fall ist längst die Rede von der Postmoderne.

»Die Säkularisierung
hat weniger die Funktion eines Filters,
der Traditionsgehalte ausscheidet,
als die eines Transformators,
der den Strom der Tradition umwandelt,« sagt Jürgen Habermas (2007). Und dazu will dieses Buch – in einer Art Übersetzungsarbeit – einen Beitrag leisten.

Aber Dogmatiker gibt es auf allen Seiten. Zum Beispiel: Schamanen, die westliche Medizin als bloße Symptombehandlung und Psychotherapie als unwirksam abtun. Theologen, die Schamanismus als heidnische Pseudospiritualität oder sogar als teuflisch abwerten. Ärzte und Psychologen, die Angst haben, mit Esoterik und wissenschaftlich nicht fundierten Heilmethoden in einem Atemzug genannt zu werden, und bekämpfen, dass Schamanismus von der Weltgesundheitsorganisation ausdrücklich gewürdigt wird. Jemand, der Verbindungen zwischen verschiedenen Traditionen, Denkrichtungen und Praktiken erforscht, sitzt dann oft zwischen allen Stühlen.

Obwohl das Weltverständnis der modernen Physik außerordentliche Ereignisse nicht mehr prinzipiell ausschließt, werden absolut unwissenschaftlich manche Phänomene, die ich immer wieder erlebe, von Naturwissenschafts-Dogmatikern als nicht existent bezeichnet, nur weil man sie in ihr Weltbild und ihre Theorien nicht einordnen und ihre Entstehung (noch) nicht erklären kann und weil dann vielleicht ihr ganzes Gedankengebäude ins Wanken käme. Obwohl (weil?) sie noch nie solche unerklärlichen Phänomene erlebt haben, die bei manchen schamanischen Ritualen auftreten, z. B. beim Yuwipi-Heilritual (siehe http://www.der-rote-weg.de/yuwipi.html Abruf 3.8.2013), das u.a. bei den Lakota praktiziert wird und das ich auch schon mehrmals durchgeführt habe.

Neopositivistische Begründung: Das gibt es nicht, weil es das gar nicht geben *kann*. So wie Hegel (†1831), auf Widersprüche zwischen seinem System und der Wirklichkeit hingewiesen, geantwortet haben soll: *»Um so schlimmer für die Wirklichkeit.«*

Dass es in der Heilkunde über die bekannten Wirkzusammenhänge und den Placeboeffekt hinaus ganz andere bei uns noch unbekannte und unerforschte Wirkfaktoren geben könnte, die man mit den heute zur Verfügung stehenden (aus späterer Sicht sicher bescheidenen) Theorien und wissenschaftlichen Methoden nicht erfassen kann – das lässt ihr Denkrahmen nicht zu. Man vernachlässigt dabei den »methodischen Zweifel«, hält das bisher Erkannte für wahr, hinterfragt es nicht mehr und lässt sich dabei durch Fakten nicht beirren oder verhindert oft sogar deren Erforschung.

In imperialer Überheblichkeit wird von ihnen unsere westliche Sichtweise als die einzig seriöse akzeptiert: *»Es wird sich nichts bewahrheiten können, was dem gesicherten Wissen gleich an mehreren Stellen grundlegend widerspricht,«* las ich kürzlich. Wie hätte mit dieser Einstellung je das geozentrische Weltbild über Bord geworfen werden können?

Man vergisst dabei ganz auf die Erkenntnis- und Wissenschaftstheorie. »All unser Wissen ist Vermutungswissen,« sagt z. B. Karl Popper (†1994) im Rahmen seiner »Logik der Forschung« (Herbert Keuth 2013). Ein Hinweis, der ähnlich wie der des Sokrates (†399 v. Chr.) – *»Ich weiß, dass ich nichts weiß«* – zu Bescheidenheit und Demut mahnt.

Paul FEYERABEND (1976), ebenfalls Philosoph und Wissenschaftstheoretiker, zählte diese Hardliner provozierend zu den »wohldressierten Zeitgenossen«, die »das Märchen von der objektiven Wissenschaft« erzählen und diesem »Aberglauben« anhängen. Er nannte das mit Recht »Dogmatismus«, der dem Fortschritt der Wissenschaft im Wege steht.

»Ein Wissenschafter ist nicht ein gehorsamer Sklave, der Grundgesetzen gehorcht, die ihrerseits von strengen Priestern überwacht werden ...,« schreibt er in »Wider den Methodenzwang« und an anderer Stelle:

»Man zeige einem kritischen Rationalisten einen Gegenstand, der außerhalb seiner Erfahrung liegt – damit kann er gar nichts anfangen« und bringt als eines der Beispiele *»die Krankenbehandlung in Primitivgesellschaften«. »Das ist auch der Grund,«* schreibt er weiter, *»warum kritische Rationalisten an den Grenzen der Wissenschaft zu schimpfen beginnen – für sie ist das Ende ihres Glaubens erreicht und das einzige, was sie sagen können, ist: ›irrationaler Unsinn‹ oder ›ad hoc‹ oder ›unfalsifizierbar‹ oder ›degenerierend‹ – Bezeichnungen, die genau denselben Zweck haben wie die früheren Bezeichnungen ›häretisch‹ etc.«*

»Vernunft ist die höchste Hur', die der Teufel hat,« sagte Martin Luther (†1546) »und Wissenschaft ist das zweitälteste Gewerbe der Welt,« ergänzen manche.

Die Position der Rationalisten bezeichnete Feyerabend als »philosophischen Primitivismus«. Ich stimme dem nicht zu, denn es gibt ja auch Argumente für ihre Position. Aber sie sollten sich damit abfinden, dass sie in dem breiten Spektrum der Wissenschaften nur eine wissenschaftliche Meinung unter vielen vertreten. Dann würden sie auch ein wenig bescheidener, offener für Neues, vielleicht auch humorvoller, auf jeden Fall weniger verächtlich agieren.

Nicht wenige Ärzte und Wissenschafter nützen aber dann, wenn sie ernsthaft erkrankt sind, erfolgreich spirituelle Heilformen, die sie zuvor jahrelang öffentlich als Scharlatanerie abgetan hatten.

Für mich ist etwa durch viele Erfahrungen gesichert, dass es außer der verbalen und der nonverbalen Kommunikation noch einen dritten Weg der Information geben muss, z. B. wenn Angehörige

nahe, sondern auch der schamanischen Auffassung von Materie und ihrer Beeinflussungsmöglichkeit. Er fasst als Ergebnis seiner Forschungen zusammen, dass es streng trennbare Objekte nicht gibt. Wie auch Friedrich Wilhelm Joseph Schelling (†1854) aufbauend auf Baruch de Spinoza (†1677) von einer »Indifferenz« in der Natur und von der »Identität« aller ihrer Teile spricht und dies so erklärt, dass *»die Natur der sichtbare Geist, der Geist die unsichtbare Natur«* sei (zit. nach Boleslaw ANDRZEJEWSKI, 2007).

Weizsäcker warnt – über den heutigen Mainstream naturwissenschaftlicher Auffassung hinausgehend:

»Die großen Fortschritte der Wissenschaft
geschehen nicht,
indem man ängstlich am Beweisbaren klebt.
Sie geschehen durch kühne Behauptungen,
die den Weg zu ihrer eigenen Bestätigung oder Widerlegung
selbst erst eröffnen.«

Wer über den Tellerrand nicht hinausschaut, bleibt bei seiner Suppe sitzen, die er zunehmend für die einzige Wirklichkeit hält.

»Es fehlt uns der ganzheitliche Ansatz zu einem holistischen Universum. Leider dominiert immer noch das mechanische, materielle Gebäude einer Wissenschaft, die alles reduziert auf Zahl, Maß und Gewicht. Aber nur indem wir – ohne in eine naive Regression zu fallen – zu einem erweiterten Wissenschaftsbegriff vorstoßen, zu dem auch der transpersonale Raum des menschlichen Bewusstseins gehört und das, was wir Abendländer Transzendenz nennen, werden wir aus der Stagnation herausfinden,« schreibt Willigis JÄGER (2003), Benediktinermönch und Zen-Meister. Das lateinische »transcendens« bedeutet »überschreitend, darüber hinausgehend«. Wie soll man mit gewohnten wissenschaftlichen Methoden erklären können, was unser Denken übersteigt? Dazu sind unsere Instrumente (noch) zu grob.

Andererseits betont der Anthropologe Michael HARNER (1999):

»Solange die Theorie der Existenz der Geistwesen nicht falsifiziert ist, kann sie logischer Weise durch die Wissenschaft nicht ignoriert werden.

M.a.W.: Die Position der Wissenschaft ist hierbei gänzlich unwissenschaftlich und ironischer Weise eine Sache des Glaubens.«

»Die wissenschaftliche Komponente des schamanischen Bewusstseins,« so Michael HARNER (1994), *»umfasst die Zuschreibung der vollen Realität den Dingen, die man sieht, spürt, hört und auf andere Weise im veränderten Bewusstseinszustand erfährt. Diese empirischen Erfahrungen aus erster Hand werden vom Schamanen nicht als Phantasie angesehen, sondern als unmittelbare Wirklichkeit. Gleichzeitig erkennt der Schamane den Unterschied zwischen der schamanischen Wirklichkeit und der des normalen Bewusstseins und verwechselt die beiden nicht. Er weiß, wann er in dem einen oder dem anderen ist, und tritt in beide nach Belieben ein.«*

Der Arzt und Forschungsbeauftragte des Ecuadorianischen Gesundheitsministeriums für Indianischen Schamanismus Heinz Valentin HAMPEJS (1995), der in einem Brief »die sichere schamanische Heilbarkeit der sog. ›Endogenen Depression‹ ... in längstens drei Wochen« als Erfahrung beschreibt, findet die totale Abwesenheit der »Schamanischen Medizin« in den offiziellen, formalen Gesundheitssystemen auf Weltniveau mehr als verblüffend, ja geradezu grotesk:

»›Schamanische Medizin‹ ist eine spirituelle Medizin, und das bedeutet, dass sie vor allem dem Umstand Rechnung trägt, dass sich hinter jeder körperlichen Gesundheitsstörung eine feinstoffliche (energetische) Störung befindet, die ihrerseits auf einer spirituellen Unordnung beruht. Der Wunsch eines Patienten, von seinen Leiden befreit zu werden, ist natürlich immer und für jedes Medizinsystem eine günstige Voraussetzung, die Heilung herbeizuführen, hat aber für die schamanische Heilungsarbeit eine ganz besondere Bedeutung, weil dadurch die Transformation der eigenen Persönlichkeit und die damit einhergehende energetische Inaktivierung der subtilen, den körperlichen Gesundheitsstörungen zugrunde liegenden pathogenen Mechanismen begünstigt wird. Diese feinstoffliche Umstrukturierung (energetische Verwandlung) der pathogenen psychologischen Vernetzungen, die im Kraftfeld einer realen, lebendigen, authentischen Selbsterfahrung und eines damit einhergehenden entschleierten Selbstverständnisses erfolgt,

wirkt wie ein subtiles Skalpell, welches die Auflösung der grundsätzlichen Krankheitsursachen ermöglicht.

... Nur ganz wenige, vereinzelte Forscher haben tatsächlich die Schwelle zum ›Schamanischen Bewusstsein‹ überschritten; die Mehrheit von ihnen beabsichtigt nicht einmal, die Ketten der induktiv-spekulativen Untersuchung zu sprengen und bleibt in ihrer rationalen, wissenschaftlich-intellektuellen Wirklichkeitsschau gefangen.«

In eine ähnliche Richtung gehen die Forschungen des Schweizers Arztes Jakob Bösch (2002), der sich bemüht, spirituelles Heilen und Schulmedizin zusammenzubringen. So berichtet er über eine medizinische Studie, bei der Frauen mit ungewollter Kinderlosigkeit teilnahmen. Nach der Behandlung durch eine Heilerin wurden einige dieser Frauen schwanger, obwohl dies als medizinisch unmöglich galt.

Bachmann/Bösch (2007) berichten, dass im Columbia-Presbyterian-Krankenhaus, dem zweitgrößten Krankenhaus der USA, schon seit Jahren Ärzte zusammen mit Energie-Heilern operieren und dass in den USA zunehmend die energetische Behandlungsform des Therapeutic Touch ergänzend zur medizinischen Behandlung eingesetzt wird:

»Die Behandlung beginnt damit, dass die Krankenschwester/Heilerin eine Zeitlang am Bett der Kranken sitzt, um sich zu konzentrieren, ihre Mitte zu finden bzw. sich zu zentrieren. Nach einer ›energetischen Diagnose‹, bei der sie das Energiefeld der Patienten mit ihren Händen abtastet, beginnt die eigentliche Energiebehandlung mit dem ›Glätten‹, dem Ausgleichen des Energiefeldes der Patienten, wobei ihre Hände mit ruhigen Bewegungen wenige Zentimeter oberhalb des Körpers sehr langsam vom Kopf bis zu den Füßen gleiten. Dabei verweilt sie manchmal an verschiedenen Punkten, am Kopf, am Herzen, an den Füßen besonders lange und gibt heilende Energie ab. Diese Methode gilt als gesellschaftlich anerkannt und kommt heute bei chronischen Rückenschmerzen, Migräne, Stresserkrankungen und Angstanfällen genauso zum Einsatz wie bei der Tumorbekämpfung und in der Altenpflege; immer als Ergänzung zur schulmedizinischen Therapie und

unter ärztlicher Aufsicht. Die Ergebnisse wissenschaftlicher Studien sind eindrucksvoll: In das Alternativprogramm eingebundene Patienten hatten weniger Ängste und weniger postoperative Schmerzen als Patienten ohne diese Ergänzungsmethode. Auch die Gesundung verlief schneller und reibungsloser.

Mit Therapeutic Touch wurde zum ersten Mal in der Geschichte der westlichen Industrieländer eine Form des Heilens als Routinefach in die Lehrpläne von Krankenpflegeschulen und Universitäten aufgenommen.«

Gerhild TRÜBSWASSERS (2005) Erfahrungen waren freilich andere: Sie berichtet, dass die von ihr untersuchten Wahnanfälle bei den Miskitu und Mayangna im Norden Nicaraguas in den meisten Fällen durch einheimische HeilerInnen rasch zum Abklingen gebracht werden können. Und weiter:

»Man sprach von Anfällen, die die Kranken heimsuchten und sich zu Beginn in Übelkeit, Kopfschmerzen und Ohnmacht äußerten. Anschließend erschienen ihnen angsteinflößende Gestalten: schwarzgekleidete Männer mit Masken, die nur die Augen freiließen, große Männer auf roten Pferden (eine unbewusste ›Erinnerung‹ an die spanischen Eroberer? Anm. Thalhamer) oder große weiße Frauen, die sie zwingen wollten, einen Becher Blut zu trinken, oder ein blutiges Schwert in der Hand hielten. Um sich diesen ›Visionen‹ zu entziehen, begannen die Kranken zu laufen, mit geschlossenen Augen durchs unwegsame Gelände, und waren dabei in großer Gefahr, sich an Zäunen, Felsen, Abhängen, Häusern oder sonstigen Hindernissen zu verletzen. ... Eine nordamerikanische Medizin-Brigade, die zur Untersuchung des Phänomens angereist war, wollte einzelne Kranke in eine Klinik nach Kalifornien ausfliegen – was die Familie nicht zuließ. Deren Forderung, ihr lieber eine gute Heilerin zu finanzieren, lehnten die Mediziner ab: Für unwissenschaftliche Maßnahmen würden sie kein Geld zur Verfügung stellen.«

Der Ethnologe Claude Lévy-Strauss (†2009) hat als einer der ersten den Schamanismus auf die gleiche intellektuelle Ebene gestellt wie die westliche Wissenschaft. Statt Schamanismus und Wissenschaft gegeneinander auszuspielen, ist es gemäß Lévy-Strauss adäquater, sie als zwei parallele Methoden zur Erlangung von Wissen zu betrachten.

Eric DE ROSNY (1999), katholischer Missionar und Wissenschafter, über seine Erfahrungen mit traditionellen HeilerInnen in Kamerun:

»Darüber lächeln, wie könnte man das? Wie sie, glaube ich an die Unfähigkeit jeder Sprache, der wissenschaftlichen, der philosophischen und sogar der theologischen, das Geheimnis des Menschen bis auf den letzten Grund zu erfassen. ... Dann versuche ich, die drei Sprachebenen, die sie im Zusammenhang mit diesen Geheimnissen verwenden und häufig vermengen, voneinander abzugrenzen: die Sprache der Tradition, die der modernen Wissenschaften und die christliche. Jede dieser Sprachebenen ist in sich stimmig und stellt, jeweils auf ihrer Ebene, den Versuch dar, sich dem Mysterium zu nähern.«

Der Mystiker Eckhart von Hochheim (†1328, zit. in Diethmar MIETH 2004) formuliert es so:

»Wohin Deine Seele
mit ihren Sinnen und Kräften nicht kommen kann,
dahin trägt sie der Glaube.
...
Dass Gott mit der Gnade in der Seele ist,
das trägt mehr Licht in sich,
als alle Vernunft aufzubringen vermöchte.«

Und er fügt hinzu:

»Der Glaube erbringt Aufklärung der Vernunft über ihre Unvernunft, wenn sie sich selbst zu besitzen vermeint und so ihrer Beschränktheit unterwürfig wird.«

Auf die Frage, wie wir die Unendlichkeit kennen können, antwortete schon der griechische Philosoph Plotin (†270) (zit. in GOLDBERG, 1988):

»Nicht mit der Vernunft.
Es ist die Aufgabe der Vernunft, zu unterscheiden und zu definieren.
Das Unendliche kann daher nicht zu ihren Objekten zählen.
Es lässt sich nur durch eine Fähigkeit begreifen, die der Vernunft übergeordnet ist,
durch Eintreten in einen Zustand, in dem du nicht länger ein endliches Selbst bist –
in dem dir das Wesen des Göttlichen vermittelt wird.

Das ist die Ekstase.
Es ist die Befreiung des Geistes von seinem endlichen Bewusstsein.«

Den wissenschaftlichen Paradigmenwechsel und seine Auswirkungen auf die Psychotherapie und andere Disziplinen beschreibt ausführlich das grundlegende Werk »Psychologie in der Wende« von Walsh/Vaughan (1985). Siehe dazu auch Ritter/Wolf (2005) in deren Buch »Heilung - Energie - Geist. ›Heilung‹ zwischen Wissenschaft, Religion und Geschäft« das Thema aus verschiedenen Blickwinkeln erörtert wird.

»Früher hieß es, die Mediziner glaubten nicht an Gott, sondern nur an die Physiker,« sagt der Arzt Jakob Bösch (2007), *»würden sie heute an die Erkenntnisse der Quanten- und Vakuumphysik glauben, müsste sich die Auffassung vom Menschen grundlegend ändern ...«* und er bringt zwei Beispiele:

»Heiler zeigen eine verstärkte Lichtabstrahlung von den Händen, in einzelnen Fällen um Zehnerpotenzen stärker als Durchschnittspersonen. Der Biophysiker Professor Fritz A. Popp vermutet in dem Licht, das sich von den Zellen ausbreitet, das Medium, das die Kohärenz aller Zellen bewahrt. Das Licht, sagt er, könnte sogar das Trägermedium des Bewusstseins sein. Den Menschen umgibt ein Biofeld.

Paracelsus (1493-1541) behauptete: ›Die Lebenskraft ist nicht im Menschen eingeschlossen, sondern umstrahlt ihn wie eine leuchtende Kugel und kann in die Ferne wirken. In diesen halbstofflichen Strahlen kann die Vorstellungskraft eines Menschen gesunde oder krankmachende Wirkungen hervorrufen.‹ Die Gewissheit, dass Paracelsus recht hatte, verdichtet sich ...

Spin-Verschränkung besagt, dass zwei Photonen aus einer gemeinsamen Quelle, die mit Lichtgeschwindigkeit in entgegengesetzte Richtungen sausen, so miteinander verbunden bleiben, dass die Bestimmung der Schwingungsebene des einen Photons ohne Zeitverlust auch die Schwingungsausrichtung des anderen bestimmt, auch wenn die beiden Lichtjahre voneinander entfernt sind. Raum und Zeit sind aufgehoben. Die Spin-Verschränkung kann bereits in Glasfasernetzen umgesetzt werden und soll in Zukunft in der Datensicherung Anwendung finden (Baz

Nr. 198). Die gleiche Aufhebung von Raum und Zeit finden wir beim Fernheilen, Gebetsheilen sowie in der Telepathie – Phänomene, zu denen viele wissenschaftliche Studien vorliegen. Wenn die Mediziner wieder an die Physiker glauben, wird sich die Medizin radikal neu orientieren.«

Soweit Jakob Bösch.

Probleme der Effizienzmessung

Bleibt die Frage: Wie ist es überhaupt möglich, dass ein Mensch – direktiv – in das Leben eines anderen Menschen, in seine Einstellungen und sogar seine Körperfunktionen eingreifen kann, wie es rituell in der üblichen schamanischen Behandlung passiert?

»Dass durch seelische Einflussnahme seelische und somatische Umstellungen mannigfacher Art möglich sind, weiß man aus Glaubensheilungen und aus Hypnosewirkungen. Im heilenden Glauben, in der Hypnose, in der Suggestion werden offenbar Kräfte geweckt und Möglichkeiten psychophysischer Umschaltungen aufgetan, die sonst brachliegen,«

sagt Christian Scharfetter (2006). Und diese Auswirkungen könnte man empirisch messen.

Nach der dialogischen Philosophie von Martin Buber (1966) (*»Alles wirkliche Leben ist Begegnung ... Der Mensch wird am Du zum Ich.«*) und den Forschungsergebnissen besonders der personenzentrierten Therapierichtung (z. B. in Hansjörg Schild, 1975) steht die heilende Wirkung echter, wertschätzender und einfühlender Begegnung außer Zweifel und stellt wohl, wie der Placeboeffekt, einen der Wirkfaktoren auch der schamanischen Behandlung dar.

Laut Psychotherapie-Wirkungsforschung scheint ein befriedigender Abschluss einer Therapie oft weniger mit der Anwendung bestimmter Methoden zusammenzuhängen als mit der emotionalen Qualität der therapeutischen Beziehung. Auch Klaus Grawe (1994) nannte in einem Vortrag 1994 die therapeutische Beziehung als erstes der drei Haupt-Wirkkriterien – neben der Überzeugung des Therapeuten von seiner eigenen Richtung und dem Glauben des Klienten an die Wirksamkeit der Therapie.

Ganz ähnlich finden E.F. Torrey und Stanley KRIPPNER (1999), die sich bemühten, typische Muster schamanischer Heilung zu entdecken, folgende vier Faktoren für deren Effektivität maßgeblich:

1. Eine gemeinsame Weltsicht: Schamane und Patient haben dasselbe Konzept des Übernatürlichen.
2. Die persönlichen Qualitäten des Schamanen, z. B. erworben durch die positive Bewältigung einer schweren Krankheit oder eines Schicksalsschlags.
3. Positive Erwartung des Klienten, Hoffnung und Vertrauen, was, wie schon erwähnt, auch bei Erfolgen der westlichen Medizin und Psychotherapie eine eminente Rolle spielt.
4. Dass der Klient bestärkt wird und lernt, sein Leben selbst zu meistern und seinen eigenen Fähigkeiten zu vertrauen, weiteren Problemen vorzubeugen, etc.

In unserer Kultur, die Zahlen und Statistiken so liebt, wären handfeste Untersuchungen von Vorteil. Bei allen Problemen der Erfolgsdefinition und der Messmethoden – ich würde es begrüßen, wenn schamanische und sonstige spirituelle Heilarbeit vermehrt empirisch auf Wirksamkeit, über den Placeboeffekt hinaus, überprüft und dadurch mehr als bisher anerkannt würde und im Gesundheitswesen seinen Platz fände.

Eine Reihe von Untersuchungen legt einen Kausalzusammenhang zwischen Glauben und Gesundheit nahe, wie Kurt OSSWALD (2003) berichtet oder Eckart R. STRAUBE (2005), der eine Menge an Studien zusammengetragen hat.

»Der Wissenschaftler untermauert seine Thesen immer wieder mit handfesten empirischen Daten. Dadurch kann er unter Umständen auch hart gesottene Naturwissenschaftler in Staunen versetzen. Und der Laie wird nach der Lektüre vielleicht etwas offener sein: offener gegenüber Phänomenen, die naturwissenschaftlich noch nicht erklärbar sind,« würdigte die WDR-Sendung »Leonardo - Wissenschaft und mehr« Straubes Arbeit.

Larry DOSSEY (1995) veröffentlichte v.a. Fallstudien unter dem Titel »Heilende Worte. Die Kraft der Gebete und die Macht der

Medizin«, Larissa VILENSKAYA (2005) berichtet über den Stand russischer Forschungen. Der Schweizer Arzt Beat SCHAUB (2004), Autor von »Schulmedizin in der Sackgasse«, leitet ein Projekt zur Erfolgskontrolle alternativer Heilweisen. Bemerkenswert sind auch die vergleichenden Studien in der Jahrbuchreihe für Transkulturelle Medizin und Psychotherapie von Walter ANDRITZKY (2001), die 1999 eingestellt wurde, und die Arbeit von ETHNOMED, dem Institut für Ethnomedizin in München (institut-ethnomed.de, Abruf am 2.3.2006). Über Forschungsergebnisse zum Thema »Macht Glauben gesund?« berichtet »Psychologie heute« im Heft 6/1997 sowie in 6/2001 und 3/2005).

Dagmar EIGNER, die 2001 eine Forschungsarbeit über nepalesischen Schamanismus schrieb, empfindet die rein quantitativen Forschungen schamanischer Phänomene als zu simplifizierend.

HARNER/TRYON (2002) konnten nachweisen, dass die Immunabwehr durch Trommeln und schamanisches Reisen verstärkt und unangenehme Gefühle wie Angst etc. reduziert werden konnten.

Wie sich Sandra INGERMANS »Konfiguration«, das ist v.a. das Einswerden des Behandlers mit dem Göttlichen (ohne sonstige Aktivität und Absicht), auf herzkranke Patienten auswirkt, wurde von der Universität von Michigan/USA wissenschaftlich untersucht: Healing the Heart: A Randomized Pilot Study of a Spiritual Retreat for Depression in Acute Coronary Syndrome Patients. (http://www.explorejournal.com/article/S1550-8307(11)00099-1/abstract, Abruf 3.8.2013). Eine Liste ähnlicher Untersuchungen findet sich im Internet z. B. unter »Mindfulness -Based Interventions for Physical Conditions«.

Wenn, wie ich höre, erfolgreiche Heiler ausgerechnet bei einer vergleichenden Testreihe versagen, könnte das auch mit der Auswirkung der Beobachtung zusammenhängen, auf die uns die Quantenphysik gerade bei subtilen Vorgängen seit Jahrzehnten hinweist. Oder, wie ein indigener Schamane es ausdrückte: Die Geister sind beleidigt, wenn man ihnen misstrauisch auf die Finger schaut, statt ihnen zu vertrauen. Faktum ist, dass manche schamanischen Heilrituale ausschließlich in absoluter Dunkelheit vollzogen werden.

SchamanInnen, die nur bestimmte Patienten akzeptieren und hoffnungslose Fälle von vornherein ablehnen, steigern so ihre Erfolgsquote – was ihren Lebensunterhalt und in manchen Gegenden auch ihr Leben sichert, das sie dort sonst verlieren, wenn ihnen ein Patient stirbt.

Sieht man allerdings Leid und Krankheit, Schicksalsschläge und Katastrophen als zu unserer irdischen Existenz gehörig an und ahnt man – über das Aktuelle hinausblickend – den Zusammenhang und den Sinn des Ganzen, führt dies zu einer Aussöhnung mit solchen Ereignissen, mit Schmerz und Tod. Natürlich ist leichter darüber geredet, wenn einem gerade nichts weh tut. Aber im Nachhinein, das ist wahr, wird aus den schlimmsten Ereignissen oft ein Segen für das weitere Leben – wie in der Kompostierung gerade aus faulenden Abfällen die beste Humuserde wird.

Dem Patienten ist es meist egal, durch welche Methode er geheilt wird, wenn nur die Krankheit verschwindet. So sucht er – oft als letzte Möglichkeit nach einer langen Reihe medizinischer und anderer Heilungsversuche – jemanden auf, der in seiner Behandlung beim spirituellen Aspekt einer Krankheit ansetzt.

Ähnlich wie in der psychotherapeutischen Arbeit, z. B. mit Träumen oder Bildern, kommt es auch hier immer wieder vor, dass weder ich noch der Patient verstehen, wie die Visionen zu deuten sind. Das Unbewusste hat aber offensichtlich verstanden, wenn anschließend die Symptome verschwinden. Das reicht. Ich gehe davon aus, dass mein Verstand schon mitkommen wird, wenn es für die Problemlösung von Bedeutung ist.

Das ist für uns naturwissenschaftlich Erzogene natürlich ärgerlich, die wir doch gewohnt sind, hinter jeden Stein zu schauen und allen Geheimnissen auf den Grund zu gehen. Das ist ja unsere Stärke. Bescheidener Weise muss man allerdings eingestehen, dass wir bislang nur einen winzigen Teil der Wirklichkeit erklären können. Und es scheint, dass sich gerade das Wesentliche unserem intellektuellen Verstehen entzieht, was der mystischen Tradition ohnehin selbstverständlich ist.

»Vertrauen ist eine Oase im Herzen,
die von der Karawane des Denkens nie erreicht wird.«
Kahlil Gibran (†1931)

Meister Eckharts »ane warumbe« (»Ohne Warum«) lässt Raum für das Unbeantwortbare (Andreas SCHÖNFELD, 2002). Ebenfalls im 14. Jh. schrieb ein anonymer Autor in England ein Buch mit dem bemerkenswerten Titel »The cloud of unknowing« (»Die Wolke des Nichtwissens«, neu aufgelegt u.a. von Wolfgang RIEHLE, 2004) und hundert Jahre später nennt Nikolaus von Kues (†1464), ein Hauptvertreter der »Negativen Theologie«, sein Hauptwerk »De docta ignorantia« (»Vom belehrten Nichtwissen«, beschrieben z. B. von Kurt FLASCH, 2004).

Der Cusaner betont:

»Die aber, die durch das wissende Nichtwissen vom Hören zur Schau des Geistes gebracht werden, freuen sich darüber, das Wissen des Nichtwissens durch sichere Erfahrung erlangt zu haben.«

Es zahlt sich auch in der schamanischen Arbeit aus, sich von dem Dogma zu lösen, dass nur wirksam ist, was der Verstand begreift.

»Das Wissen ist ein Punkt, aber die Ignoranten haben ihn vergrößert,« sagte ein alter Sufi-Meister.

Die Frage »Warum?« gehört zu den Stärken unserer westlichen Kultur – und ist zugleich unsere Schwäche. Wir analysieren viel lieber, als uns anzuvertrauen. Unser Kopf stellt sich ungern in den Dienst des Herzens. Das Analysieren zerstört aber oft den Zauber und verhindert gerade das Erkennen im ganzheitlichen Sinn.

»Man sieht nur mit dem Herzen gut.
Das Wesentliche ist für die Augen unsichtbar,« sagt der Fuchs zum kleinen Prinz im gleichnamigen Buch von Antoine de Saint Exupéry (†1944). Und in der Tradition spricht man vom »blinden Seher«, der gerade deshalb viel erkennt, weil er seine Augen dazu nicht benützen kann.

Wenn der berühmte Mathematiker David Hilbert (†1943) meinte: »*Wir müssen wissen. Wir werden wissen*«, möchte man schon ergänzen: Vielleicht. Vielleicht auch nicht. Dennoch gehe ich davon aus, dass wir eines Tages mehr verstehen und erklären können als heute.

Erste Ansätze zeigen sich ja in der erstaunlichen Affinität von Erkenntnissen der Quantenphysik und der jüngeren Gehirnforschung zur Intuitionsforschung und zu spirituellen Erfahrungen, beschrieben z. B. von Fritjof CAPRA (1984), Jeremy NARBY (2001), DÜRR/ÖSTERREICHER (2001), OBERMAYR-BREITFUSS (2005), Volker J. BECKER (2006) oder auch in dem reißerisch aufgemachten, aber inhaltlich seriösen Film und Buch »Bleep« von ARNTZ/CHASSE/VICENTE (2006), wobei vor kurzschlüssigen Gleichsetzungen zu warnen ist.

»Der Neurologe und Hirnforscher erklärt, was passiert,
und der Psychologe und Theologe deutet
und interpretiert das Geschehen,« sagt der Theologe und Psychoanalytiker Eugen Drewermann. Wie sollte der Arzt, der die Auswirkungen eines Blitzschlages bei einem Patienten behandelt, mit seinen Methoden erkennen können, dass es sich hierbei um eine spirituelle Berufung handelt? Als die Anthropologin und Soziologin Ina RÖSING (1990) während eines Forschungsaufenthaltes bei den Kallawaya in den Anden beiläufig erzählte, dass sie vor Jahren von einem Blitz getroffen worden sei, erstarrten alle vor Ehrfurcht: »Vom Blitz getroffen, aber nicht getötet zu werden ist ein Zeichen der Götter, dass ein Mensch heilen soll.«

Winfried PICARD (2006) schreibt in seinem beachtenswerten Buchabschnitt »Hilfreiche Erklärungen aus der Neurophysiologie«:

»Traditionelle Schamanen
würden sich über die komplizierten Erklärungen
dieses Kapitels totlachen.
Oder sie würden mich auffordern, ihnen diesen
Blödsinn zu ersparen …
Vielleicht würden sie mir ein Heilritual anbieten.«

Und er fährt fort:

»Für den Gläubigen der Neurologie mag es hilfreich sein …«

Obwohl schamanische Heil- und Problemlösungsarbeit zielgerichtet auf Effizienz aus ist, ist auch auf schamanischem Weg nicht alles heil- und lösbar. Manchmal muss ich dem Patienten mitteilen, dass seine momentane Lebensaufgabe darin besteht, mit dieser Krankheit leben zu lernen. Manchmal soll ich jemanden nicht zum Leben, sondern zum Sterben begleiten.

Man könnte formulieren: Ziel ist nicht, dass es gut ausgeht, sondern dass alles gut ist, wie es ausgeht.

Schamanismus
hilft nicht immer, das Problem zu lösen,
aber sich vom Problem zu lösen.

Es stellt sich die Frage: Was ist überhaupt das Therapieziel? Woran messe ich, ob die Behandlung erfolgreich war?

Felix Gopala SCHUMACHER (2006), der eine Fallstudie über ältere Menschen mit Demenz machte, die er mit »Seelenteilrückholung« behandelte:

»Behandlungsziel des Schamanen ist allerdings nicht die Wiederherstellung des alten Zustandes, sondern das Hinüberbegleiten zu etwas Unbekanntem. Die Krankheit wird also nicht als ein zu eliminierender Zustand gesehen, sondern als Weg zu etwas Neuem genutzt.«

»Jedes Kranksein ist ein Überschreiten einer Schwelle in ein neues Leben,« betont Carlo ZUMSTEIN (2001).

Das primäre Ziel schamanischer Behandlung ist also nicht das Verschwinden der Symptome, sondern dass der Behandelte wieder in Einklang kommt mit der gesamten Ordnung der Natur und der spirituellen Welten – mit oder ohne Krankheit. Faktum ist, dass es z. B. auch in der christlichen Tradition eine ganze Reihe kranker, aber hochbegabter MystikerInnen gibt. In der schamanischen Tradition spricht man vom »verwundeten Heiler«.

Skeptiker werden dies als Ausrede empfinden und als Möglichkeit, sich einer einfachen Effizienzprüfung zu entziehen. Auch ich selbst bin da gespalten. Andererseits ist in allen spirituellen Richtungen das Verschwinden von Krankheiten und Problemen nicht das oberste Ziel, sondern nur, wenn es dem Wohl des Einzelnen und dem Wohl des Ganzen dient. Und das bestimmt nicht der Mensch, der ja lernen soll, sich hinzugeben und führen zu lassen. Behandelt wird ja üblicherweise die spirituelle Wurzel der Krankheit. Wenn dies erfolgreich gelingt, reagieren oft auch die Symptome – durch Rückbildung oder Verschwinden, aber nicht immer.

Wenn die krebskranke Adelheid eine Woche vor ihrem Tod noch mitteilte, dass sie sich körperlich extrem schwach fühle und sich nicht mehr aus dem Bett bewegen könne, dass sie aber in sich große Ruhe und Frieden spüre, ist dieses umfassende Ziel erreicht und die Patientin in diesem Sinn als geheilt zu bezeichnen. Ich hatte bereits zwei Jahre vorher gesehen, dass sie dem Tod entgegengeht und sie dabei unterstützt, vor allem ihren Groll auf ihren Expartner und die Sorge um ihre (erwachsenen) Kinder loszulassen, die sie noch am Sterben gehindert hatten.

Im Wiener Wilhelminenspital wurden vor ein paar Jahren im Rahmen einer Untersuchung einem Teil der Krebskranken von einem bekannten Geistheiler, dem anderen Teil von einem Schauspieler, der den Heiler imitierte, die Hände aufgelegt. Dass bei beiden vergleichbare positive Erfolge festgestellt wurden, wundert mich nicht, da ich ohnehin davon ausgehe, dass jeder Mensch in unterschiedlichem Ausmaß diese heilenden Fähigkeiten hat.

1980 wurde von der Weltgesundheitsorganisation (WHO) dem Schamanismus in der Behandlung von psychosomatischen Krankheiten dieselbe Bedeutung zuerkannt wie der westlichen Medizin. Inzwischen werden, wie ich höre, an verschiedenen Unikliniken Deutschlands schamanische Methoden wissenschaftlich begleitet und erforscht. An der Universität Wien wurde von Roland Urban (2007) in Psychologie eine Diplomarbeit geschrieben, in der verschiedene Erklärungsansätze schamanischer Phänomene aus Bewusstseinsforschung und Psychotherapie dargelegt werden.

Auch ärztlicherseits wird die Offenheit zunehmend größer: In Wien gibt es die »Gruppe94«, einen Verein zur ganzheitlichen Beratung und Unterstützung von Krebspatienten und deren Angehörigen, der auch eine ärztlich-schamanische Ambulanz eingerichtet hat. Eine schöne Zusammenarbeit von Ärzten, Psychotherapeuten und spirituellen HeilerInnen.

Was die materielle Medizin betrifft, genieren sich Pharmafirmen und westliche Medizin ja schon lange nicht, das Kräuterwissen der Medizinfrauen und Schamanen zu nutzen. Einzelne Konzerne scheuten sich nicht, alte Pflanzenrezepturen patentieren zu lassen und sie damit dem Zugriff ihrer Entdecker rechtlich zu entziehen.

Eric De Rosny (1999) berichtet aus Kamerun:

»Man interessiert sich zur Zeit für die nganga, weil man von ihnen Medikamentenlisten und die zugehörigen Gebrauchsanweisungen erhalten will. Aber man glaubt, ohne die Initiation auszukommen. Die Anwendung dieser Rezepturen außerhalb ihres psychokulturellen Rahmens lässt aber große Enttäuschungen und kritische Urteile hinsichtlich der fehlenden Wirksamkeit der traditionellen Medizin erwarten.«

Kann man als PsychotherapeutIn schamanische Heilarbeit in die Praxis integrieren?

Soweit ich das überblicke, machen die KollegInnen, die beide Berufungen haben, dies vorwiegend getrennt und hintereinander; z.B. werden manchen Patienten aus der Psychotherapie zwischendurch eine oder mehrere schamanische Heilbehandlungen angeboten oder umgekehrt.

Die über Strecken unterschiedlichen Ansätze und Vorgangsweisen machen es manchen schwer. Eine schamanisch begabte Spitalsärztin beklagte sich bei ihren Geistführerinnen: »Warum schickt Ihr mich ausgerechnet ins 21. Jh. nach Westeuropa? Wie geht das zusammen mit allem, was ich bisher gelernt habe?«

Ihr Arbeitsbereich sind Narkoseverfahren und die hochtechnisierte Intensivmedizin. Später schrieb sie mir:

»Ich kann immer mehr erkennen, wie alles gar nicht so weit voneinander entfernt ist, wie ich zunächst dachte. Ich kann immer besser auf zwei Beinen stehen, ohne dass es sich wie ein Spagat anfühlt. Ich arbeite daheim zunehmend schamanisch mit den Menschen, bei denen es sich herumgesprochen hat, dass ich damit Hilfestellung geben kann,

und mir kommen dabei die Erfahrung aus 20 Jahren ärztlicher Arbeit zugute und ganz im Stillen fließen meine schamanischen Kenntnisse und Verbindungen in die Arbeit im Krankenhaus ein.«

Gemäß dem Gestalt-Prinzip »Heilend ist immer das Fehlende, das man vermeidet,« verweigere ich manchen, die auch sonst ihre Verantwortung auf andere abschieben möchten und keine eigenständigen Schritte setzen, eine schamanische Behandlung und rate ihnen dringend zu einer handfesten Psychotherapie, wo sie lernen, ihr Leben selbst in die Hand zu nehmen. Wogegen ich anderen, die glauben, alles alleine schaffen zu müssen und anderen nicht vertrauen können, eine schamanische Behandlung angedeihen lasse, wo sie sich nur auf Empfangen und Geschehen-Lassen einstellen müssen und von mir und der Gruppe beschenkt werden.

Insbesondere bei schwierigen und undurchsichtigen Fällen oder wenn sich in der Therapie unerklärlich wenig bewegt, auch bei suizidalen oder schizophrenen Patienten, schlage ich oft eine schamanische Behandlung vor, woraufhin dann z. B. durch Auflösung einer Besetzung die weiteren Therapiesitzungen besser greifen.

Für viele KlientInnen der Psychotherapie öffnet das Kennenlernen des schamanischen Weltbildes und eine beginnende Meditationspraxis das Tor zu neuen Welten und wird zu einem Wendepunkt in ihrem Leben. Vor allem die Erfahrung der Eingebundenheit, das Dazugehören und das Bewusstsein, Teil einer kosmischen Ordnung zu sein, sowie das Vertrauen, verlässlich von guten Mächten geführt zu sein, sind für viele eine tief berührende und umwerfende Erfahrung mit Auswirkungen nicht nur auf das Denken und Gefühlsleben, sondern auch auf die Gesundheit und das Verhalten in Beruf und Beziehungen.

Diese Auswirkungen zeigen sich nicht nur bei der schamanischen Behandlung, wo ich mit einer Gruppe für jemanden in Trance gehe, sondern auch, wenn jemand selbst lernt und übt, schamanisch zu reisen.

Manche Kollegen verlangen für schamanische Behandlungen nicht das übliche Therapiehonorar, verwenden dazu ihr Schamanengewand und ihre sonstigen rituellen Gegenstände wie Kristalle,

Kerzen und Räucherwerk und nehmen nur freiwillige Spenden und Geschenke an. Ich verwende gemäß meiner Initiation nur die Musik, aber keine rituellen Gegenstände und verlange auch mein übliches Honorar.

Beim Psychotherapieren bin ich übrigens genauso mit den guten Mächten verbunden und schöpfe aus den gleichen Quellen. Ich lasse dazu nicht nur den Klienten oft die Augen schließen, damit die Aussagen wesentlicher und verlässlicher werden, sondern bin auch selbst oft leicht weggetreten, um genauer spüren zu können, worum es bei diesem Klienten geht, um genau am Punkt zu bleiben und ihn so effizient wie möglich begleiten zu können. So unterscheiden sich meine psychotherapeutischen Sitzungen de facto wenig von schamanischer Heilarbeit, weil sowohl der Klient wie auch ich selbst beim Therapieren auf die unendlichen Ressourcen zurückgreifen, die unserer Welt zu Grunde liegen. Wiewohl die äußere Form verschieden ist. Zum Beispiel: hüpfe ich während einer Psychotherapie nicht trommelnd oder singend in Trance herum und es erscheinen mir meist auch meine verbündeten Geistwesen nicht, sondern ich lasse mich von meiner Intuition führen.

Im Übrigen sind auch viele SchamanInnen an den Erfahrungen westlicher Psychologie interessiert. So fragten mich Schamanen aus Tuva/Sibirien interessiert, wie wir an bestimmte Krankheiten psychotherapeutisch herangehen. In Kysyl, wo wir, europäische und einheimische Schamanen, 1995 tagelang Behandlungen durchführten, kamen täglich auch Patienten und Ärzte vom nahegelegenen Spital zu uns. Warum sollten moderne Medizin, westliche Psychotherapie und Schamanismus nicht nebeneinander und zusammen praktiziert werden? Es wäre doch ineffizient, eines davon auszuschließen.

Neo-Schamanismus?

Natürlich hat der Schamanismus, wie ich ihn verstehe und praktiziere, eine persönliche Färbung und ist geprägt von der christlichen Tradition, von westlicher Psychologie und von unserer städtischen Lebensform; – ähnlich wie z. B. der Schamanismus in ganz Zentralasien wesentlich durch den tibetischen Buddhismus beeinflusst und verändert wurde und in vielen Weltgegenden oft ein Lokalkolorit die Färbung mitbestimmte.

Warum sollte nicht auch unsere Kultur – nach Kopernikus (†1473), Darwin (†1882), Freud (†1939) und Einstein (†1955) – eine eigene Form des Schamanismus hervorbringen, geprägt von dem, was wir inzwischen erkannt und erlebt haben? In einer Gesellschaft, die die Aufklärung passiert hat, naturwissenschaftliche Erkenntnisse und technische Errungenschaften schätzt. Soll es denn z. B. keine Auswirkungen haben, dass wir durch die Schrift nicht mehr auf mündliche Überlieferungen angewiesen sind und inzwischen für viele von uns die internationale Vernetzung durch das Internet eine Selbstverständlichkeit geworden ist?

Der Schamanismus hat sich wohl auch deshalb Jahrtausende erfolgreich gehalten, weil er sich immer wieder an die aktuellen Bedürfnisse der Menschen angepasst hat. Schamanismus schafft die Welt immer wieder neu, das ist ja gerade sein Grundprinzip.

Das bedeutet aber, dass in unserer westlichen Kultur teilweise auch andere Symbole notwendig sind, denn Rituale müssen von denen verstanden werden, für die sie entwickelt wurden. Z. B. wird in unseren Breiten das Heraussaugen einer Krankheit, bzw. des »Eindringlings«, der sie verursacht hat, als durchaus nachvollziehbar empfunden und ernst genommen. Aber die Visualisierung des spirituellen Vorganges, indem man an einem roten Tuch saugt, das man zwischen Mund und Körper nimmt, und dann rote Fasern in einen Napf spuckt, löst z. B. in Nepal wohl Schaudern, bei uns aber ein Schulterzucken aus.

So wie Michael Harner (1994) den Schamanismus nicht nur erforschte, sondern ihn auch in westlich leicht verständlicher Weise –

als »Core-Shamanism« unterrichtet, stellt auch der Schamane und Psychologe Serge Kahili KING (1991) den Huna-Schamanismus aus Hawaii in westlicher Färbung dar. Ebenso wie Alberto VILLOLDO (2002), der z. B. Übungen der südamerikanischen Laika, der Erdenwächter, vorstellt und auch westliche und fernöstliche Ideen einfließen lässt; oder der Schweizer Psychologe Carlo Zumstein, Gründer und Leiter von The Art of Bridging TAOB Foundation, der ebenso einen zeitgenössischen Schamanismus praktiziert und psychologische Kenntnisse u.v.a. darin einbaut.

Das ist m.E. legitim und war immer so: Bei allem, was weltweit gleich ist, hat der Schamanismus in jeder Kultur unterschiedliche Formen gefunden – ganz abgesehen von der jeweiligen individuellen Fähigkeit und Berufung. Es geht ja nicht um die Frage, wer Recht hat, sondern: Wie kann das alte Wissen so vermittelt werden, dass ein moderner Mensch es verstehen kann? Es geht ja nicht darum, die Asche weiterzugeben, sondern das Feuer.

»*There are as many shamanisms as there are shamans,*« schreibt Michael OPPITZ (1999).

Und das Faktum, dass wir Stadtschamanen nicht die vielfältigen Funktionen für unsere Gesellschaft ausüben wie die Stammesschamanen in ihrer? Auch dort gibt es Arbeitsteilung und Spezialisierung je nach der individuellen Berufung und meist macht nicht jeder alles.

Ich bin gegen den Ausdruck »Neo-Schamanen«, weil es wie »Neu-Gotik« etc. nach Nachmachen des Eigentlichen und Echten klingt. Außer, wenn man damit ausdrücken wollte, dass wir diese typisch menschlichen Fähigkeiten in unserer Gesellschaft wieder n e u entdeckt und zu schätzen gelernt haben. Für mich ist es schön zu wissen, dass meine Heilarbeit in einer langen Tradition steht; aber es geht nicht um Aufwärmen oder Import des Ethno-Schamanismus in unsere Kultur, sondern um die Verwirklichung unserer eigenen Fähigkeiten.

Die Menschen in unserer Kultur würden wohl weniger depressiv sein und mehr Boden unter den Füßen spüren, wenn sie z. B. im Zuge des Erwachsenwerdens durch eine Visionssuche die tiefe

Verbundenheit mit der übrigen Natur und der transzendentalen Welt erlebt hätten.

Während in unserer westlichen Kultur schamanische Denk- und Heilweisen zunehmend gefragt sind, macht die Verstädterung und der zunehmende Einzug westlicher Denkweisen indigenen Schamanen zu schaffen. Eine bemerkenswerte Folge der Globalisierung. Eric De Rosny (1999) über die Duala in Kamerun:

»Die Initiation der Kinder aber, also ihr gesellschaftlicher Übergang ins Erwachsenenalter, wird im Land der Duala schon seit langem nicht mehr praktiziert. Die Altersklassen, die dem Leben der Gesellschaft einen ordnenden Rahmen gaben, werden kaum noch erwähnt, außer in der Erinnerung der Allerältesten. Die Strukturen der modernen Gesellschaft haben die der alten überlagert und sie quasi erstickt. ... Neben dieser abgesonderten Lebensweise ist Dins schlimmster Feind der Zweifel. ... Der nganga (örtliche Bezeichnung eines Heilers, Anm. Thalhamer) *kann sich nicht mehr mit dem gleichen Erfolg wie früher auf eine Gesamtheit von Zeichen und Glaubensüberzeugungen verlassen, an denen er persönlich immer noch festhält, an denen aber nicht mehr alle seine Patienten ebenso intensiv teilhaben. ... Und dennoch habe ich selten einen Menschen getroffen, der sich, allem Anschein nach, seiner Kräfte so sicher ist. ... Wenn Sie ihn fragten, woher er dieses Vertrauen hat, dann antwortet er Ihnen, ohne zu zögern, dass er es den Wassergeistern (miengu) verdankt.«*

Der Heiler Din versteht sich als »der, der offenbart, was im Verborgenen liegt«. Er sieht in das verborgene Herz der Wirklichkeit, Ahnen und Geister sagen ihm, ob eine Krankheit behandelbar ist oder nicht. *»Din nimmt auch die Medizin der Weißen für sich und seine Familie in Anspruch, denn er ist Realist. Aber das Röntgen ist nicht in der Lage, gewisse Befindlichkeitsstörungen an den Tag zu bringen, die man maya ma bobe (schlechtes Blut) beziehungsweise mbeu'a nyolo (Unglück) nennt, und die vom ngada mudumbu (dem Gewehr des Mundes) oder von dieser gefährlichen Schlange, die nyungu heißt, hervorgerufen ... werden. Treten diese Arten von Verhextsein auf, dann weiß Din, dass die Familie nicht das Opfer zum Krankenhaus bringen wird, sondern sich an ihn, den Gegenzauberer, wenden wird.«*

Ich überlasse es den KlientInnen, ob sie sich der psychologischen oder der schamanischen oder einer religiösen Sprache und Bilderwelt bedienen wollen. Meiner Erfahrung nach, macht es für die Wirkung ohnehin keinerlei Unterschied.

»Für den Seminarleiter ist es von größtem Vorteil,
wenn er durch keine dogmatische Weltanschauung beengt ist,
sondern wenn er auch im spirituellen Bereich offen für das ist,
was (wer) sich zeigt und was (wer) hilft,«

sagt Reinhard WALTER (2004). Abgesehen davon, wie es die Heilpraktikerin Roswitha Rohlfing ausdrückt, dass die verschiedenen Heilmethoden ohnehin wie russische Matrjoschka-Puppen ineinander passen.

Während in den meisten Traditionen der Mystik nicht nur Gedanken, sondern auch bildhafte Vorstellungen etc. losgelassen werden sollen, arbeitet der Schamane genau mit diesen Eingebungen – und zwar in einer Mischung von Zielstrebigkeit und Ausrichtung auf Effizienz und andererseits von Demut und Bereitschaft, sich führen zu lassen, die Meister Eckharts »abgescheidenheit« nahe kommt und dass man »bloz geistes« sein solle. Mystik hat nicht die Heilung anderer zum Ziel, ist aber trotz der augenscheinlichen Inaktivität nicht in ihrer heilenden Ausstrahlung und Auswirkung auf ihre Umgebung zu unterschätzen, wenn man z. B. an Breema denkt, dessen Hauptwirksamkeit auf den Behandelten in einem still und leer Werden besteht – sozusagen: dass man nur entspannt und eins mit sich beim Patienten sitzt. In jedem Fall muss man, um diese Ressourcen kontaktieren zu können, das Getöse des Denkens loslassen und still werden.

Auch der Schamanismus ist nicht eine Sammlung von Techniken, sondern eine Lebenseinstellung. Irdisches und Himmlisches werden nicht mehr – dualistisch – als getrennt erlebt, sondern als Dimensionen des EINEN. Das »Ich« wird dabei aufgehoben – in dem dreifachen Sinn des Wortes: erhöht und bewahrt und aufgelöst.

Aber wie bringe ich das fertig? *»Jeder Handlung ist eine mehr oder weniger große Portion Eigennutz beigemischt,«* berichtet Lorenz MARTI (2006) von einer Erfahrung, die jede/r kennt: *»Die reine Handlung* *gibt es ebenso wenig, wie es den reinen Menschen gibt.«* Und er zitiert den Eremiten Barsanuphius (ca. †540), der in der Nähe von Gaza gelebt hat und vor Perfektionismus warnt:

»Gib dir keine absoluten Vorschriften, denn sie bereiten dir nur Konflikte und Ängste. Prüfe stattdessen, was im Augenblick zur Verfügung steht.«

»Die Angst, den eigenen Idealen nicht zu genügen,« fährt Marti fort, *»ist letztlich auch ein Zeichen, dass ich mich viel zu wichtig nehme. Barsanuphius rät zu Demut und Geduld und gibt auch offen zu, dass er diesbezüglich immer wieder zu lernen hat: ›… Ich gebe dir Rat und bin doch selber schwach.‹«*

Und ich kann für mich selber hinzufügen: Wäre schön, wenn ich selber alles fertig brächte, wovon ich hier geschrieben habe. Aber ich bin nur ein Lernender und ein Schüler. Barsanuphius weiter: *»Aber deswegen verzweifle ich nicht. Ich habe einen Meister, der liebevoll seine Hand nach den Gestrauchelten ausstreckt, bis zu deren letztem Atemzug.«*

Die Übung, das Ritual, die Technik ist nicht das Ziel, sondern nur das Mittel, das Fahrzeug zum Ziel. Es geht darum, durchlässig zu werden, im Einklang zu sein. Und so gesehen unterscheidet sich der Weg des Schamanen wenig von anderen transpersonalen Wegen, deren ältester er ist.

P.S.

Istrien, September 2006. Während sich Rita für den Abend fertig macht, sitze ich noch in der Abendsonne am Meer und mache mir Sorgen, ob denn dieses Buch ausreichend interessant, informativ und gut genug sein würde. Da höre ich: »Das Buch ist nicht wichtig!« Ich argumentiere dagegen, aber sie wiederholen immer wieder: »Das Buch ist nicht wichtig!« Es dauert eine Weile, bis ich verstehe: »Ich muss nicht brillieren.« Dann kehrt Ruhe ein. Zufrieden schaue ich aufs Meer und lausche dem Flüstern seiner Wellen.

***

Einem indischen Meister kommt zu Ohren, dass einer seiner Schüler über den Fluss gegangen sei. Er denkt sich: »Das gibt es nicht! Der ist doch der dümmste unter meinen Schülern.« So lässt er ihn rufen und fragt ihn: »Du bist über das Wasser gegangen, höre ich?«
Der Schüler antwortet ehrfürchtig: »Ja, Meister!« »Aber wie hast Du das gemacht?« »Meister, das verdanke ich nur Dir: Ich ging ans Wasser, faltete die Hände, dann habe ich Deinen heiligen Namen angerufen und immer wiederholt, und schon war ich drüben.«
Der Meister ist verblüfft und denkt sich: »Unglaublich! Ich wusste gar nicht, welch wunderbare Kraft von meinem Namen ausgeht. Toll!«
Und als keiner hinschaut, geht auch er ans Wasser und erinnert sich angestrengt: »Was hat der Schüler gemacht? Ach ja, die Hände falten und meinen heiligen Namen anrufen.« So setzt er, ohne zu zögern, den Fuß auf das Wasser. Dazu ruft er mit frommer Inbrunst: »Ich, ich, ich ...«
Und versinkt in den Fluten.

Nach Lorenz Marti

Literatur

ACHTERBERG, Jeanne/ DOSSEY, Barbara/ KOLKMEIER, Leslie: Rituale der Heilung. Die Kraft von Phantasiebildern im Gesundungsprozeß.- München, 1996, Goldmann

ALEXANDER, Franz: Psychosomatische Medizin.- Berlin, 1951, de Gruyter

ALLIONE, Tsultrim: Den Dämonen Nahrung geben. Buddhistische Techniken zur Konfliktlösung.- München, 2009, Arkana

ALLWOHN, Adolf : Magie und Suggestion in der Heilpraxis. In: BITTER, Wilhelm (Hrsg.): Magie und Wunder in der Heilkunde. Ein Tagungsbericht.- Stuttgart, 1959, Klett

ANDRITZKY, Walter (Hrsg.): Jahrbuchreihe für Transkulturelle Medizin und Psychotherapie.- (1999 eingestellt) www.vwb-verlag.com/reihen/Periodika/jb_trans.html, Abruf vom 14.8.2001

ANDRZEJEWSKI, Boleslaw: Mensch und Natur: Ein Beitrag zu der Theorie des »Homo Universus«.- http://www.bu.edu/wcp/Papers/Anth/AnthAndr.htm#top, Abruf vom 12.2.2007

ARNTZ, William/ CHASSE, Betsy/ VICENTE, Mark: Bleep. An der Schnittstelle von Spiritualität und Wissenschaft: Verblüffende Erkenntnisse und Anstöße zum Weiterdenken.- Kirchzarten, 2006, VAK

ASSAGIOLI, Roberto: Psychosynthese.- Reinbek, 1993, Rowohlt

AUEL, Jean M.: Ayla und das Lied der Höhlen.- München, 2011, Heyne

AUGUSTINUS, Aurelius von Hippo: Über den Gottesstaat (14.Buch/6).- http://www.unifr.ch/patr/bkv/kapitel.php?ordnung=5&werknr=91&buchnr=198&abschnittnr=1932, Abruf vom 2.10.2006

BACHMANN, E. / BÖSCH, Jakob: Schamanismus und Psychotherapie im Vergleich.- http://www.jakobboesch.ch/texte/texte.php?id=125, Abruf vom 12.2.2007

BAUER, Joachim: Prinzip Menschlichkeit. Warum wir von Natur aus kooperieren.- Hamburg, 2006, Hoffmann und Campe

BECKER, Volker J.: Gottes geheime Gedanken. Was uns westliche Physik und östliche Mystik über Gott und Geist, Urknall und Universum, Sinn und Sein sagen können. Ein philosophischer Exkurs an die Grenzen von Wissenschaft und Verstand.- Norderstedt, 2006, Books on Demand

BERGER, John: Hier, wo wir uns begegnen.- München, 2006, Carl Hanser

BETZIG, Laura: Männliches und weibliches Prinzip.- http://www.wedernoch.de/thesen/z_prinzipien.htm, Abruf vom 14.2.2006

BONHOEFFER, Dietrich: Widerstand und Ergebung. Briefe und Aufzeichnungen aus der Haft. Hrsg. v. Eberhard BETHGE.- München, 1966, Chr. Kaiser

BÖSCH, Jakob: Quantenphysik und neue Medizin. Neuorientierung der Medizin mit neuem Welt- und Menschenbild.- http://www.jakobboesch.ch/texte/texte.php?id=241, Abruf vom 12.2.2007

BÖSCH, Jakob: Spirituelles Heilen und Schulmedizin. Eine Wissenschaft am Neuanfang.- Halblech, 2002, NLG

BRUNNER, Hellmut: Die Weisheitsbücher der Ägypter. Lehren für das Leben.- Düsseldorf, 1998, Artemis & Winkler

BUBER, Martin: Ich Und Du.- Köln, 1966, Jakob Hegener

BURGSTALLER, Ernst: Felsbilder in Österreich.- Spital a.P., 1989, Österreichisches Felsbildermuseum

CAPRA, Fritjof: Das Tao der Physik. Die Konvergenz von westlicher Wissenschaft und östlicher Philosophie.- Bern, 1984, O.W. Barth

CASTANEDA, Carlos: Die Lehren des Don Juan. Ein Yaqui-Weg des Wissens.- Frankfurt am Main, 1998, Fischer

CHUNG, Hyun Kyung: Schamanin im Bauch – Christin im Kopf. Frauen Asiens im Aufbruch.- Stuttgart, 1992, Kreuz

CÖLLEN, Michael: Heilende Partnerschaft. Paartherapie als Seelendialog.- Reinbek, 1993, Rowohlt

COWAN, Tom: Die Schamanen von Avalon. Reisen in die Anderswelt der Kelten.- Kreuzlingen, 1998, Ariston

COWAN, Tom: Schamanismus. Eine Einführung in die tägliche Praxis.- Kreuzlingen, 1997, Ariston

DAHLWEID, Janine: Glaube, Wissen, Liebe – Wertsysteme auf der Reise vom Mittelalter zur Moderne in Tankred Dorsts »Legende vom armen Heinrich«.- 2003, http://www.hausarbeiten.de/faecher/vorschau/45627.html,
Abruf am 12.2.2007

DALAI LAMA: Das Herz aller Religionen ist eins: Die Lehre Jesu aus buddhistischer Sicht.- Hamburg, 1967, Hoffmann und Campe

DAVIS, Wade: The Art of Shamanic Healing. In: *SCHENK*, Amélie/ *RÄTSCH*, Christian (Hrsg.): Was ist ein Schamane? Schamanen, Heiler, Medizinleute im Spiegel westlichen Denkens.- Berlin, 1999, *VWB*

DAWKINS, Richard: The God Delusion.- London, 2006, Bantam Press

DE JONG, Theresia Maria: Glaube, Hoffnung, Heilung. In: *PSYCHOLOGIE HEUTE* (Zeitschrift), 3/2005

DE ROSNY, Eric: Die Augen meiner Ziege. Auf den Spuren afrikanischer Hexer und Heiler.- Wuppertal, 1999, Hammer

DETHLEFSEN, Thorwald/ *DAHLKE*, Rüdiger: Krankheit als Weg. Deutung und Be-Deutung der Krankheitsbilder.- München, 1983, Bertelsmann

DIRNBECK, Josef: Gott lässt seiner spotten. In: *KIRCHE IN* (Zeitschrift), 3/2007

DONNER, Florinda: Shabono. Eine Frau bei den Schamanen Südamerikas.- Wien, 1983, Zsolnay

DOSSEY, Larry: Heilende Worte. Die Kraft der Gebete und die Macht der Medizin.- Südergellersen, 1995, Martin

DÜRR, Hans Peter/ *ÖSTERREICHER*, Marianne: Wir erleben mehr als wir begreifen. Quantenphysik und Lebensfragen.- Freiburg im Breisgau, 2001, Herder

EIGNER, Dagmar: Ritual, Drama, Imagination. Schamanische Therapie in Zentral-Nepal.- Wien, 2001, Facultas

EINSTEIN, Albert: Mein Glaubensbekenntnis.- 1932 http://www.einstein-website.de/z_biography/glaubensbekenntnis.html, Abruf vom 3.8.2013

EKD: - Evangelische Kirche in Deutschland: Elija. Gottes tolle Typen.- In: http://www.ekd.de/gottestypen/elija.html, Abruf vom 10.10.2006

ELIADE, Mircea: Schamanismus und archaische Ekstasetechnik.- Zürich, 1954, Rascher

ELSCHENBROICH, Donata: Weltwissen der Siebenjährigen. – Wie Kinder die Welt entdecken können.- München, 2002, Goldmann

EMOTO, Masaru: Wasser und die Kraft des Gebetes.- Burgrain, 2005, KOHA

FAULSTICH, Joachim: Das innere Land. Bewusstseinsreisen zwischen Leben und Tod.- München, 2003, Droemer Knaur

FEYERABEND, Paul: Wider den Methodenzwang, Skizze einer anarchistischen Erkenntnistheorie.- Frankfurt/Main, 1976, Suhrkamp

FLASCH, Kurt: Nicolaus Cusanus.- München, 2004, Beck'sche Reihe

FOX, Mathew/ *SHELDRAKE*, Rupert: Engel. Die kosmische Intelligenz.- Augsburg, 2001, Bechtermünz

GAGAN, Jeannette M.: Reisen zum Selbst. Wo Schamanismus und Psychologie sich begegnen.- München, 2000, DTV

GEBSER, Jean: Ursprung und Gegenwart.- München, 1992, *DTV*

GOLDBERG, Philip: Der zündende Funke. Die Kraft der Intuition.- Reinbek, 1988, Rowohlt

GRAWE, Klaus/ *DONATI*, Ruth/ *BERNAUER*, Friederike: Psychotherapie im Wandel. Von der Konfession zur Profession.- Göttingen, 1994, Hogrefe

GROF, Stanislav: Die Abenteuer der Selbstentdeckung: Heilung durch veränderte Bewusstheitszustände. Ein Leitfaden.- München, 1987, Kösel

GROF, Stanislav: Topographie des Unbewussten. *LSD* im Dienst der tiefenpsychologischen Forschung.- Stuttgart, 1978, Klett-Cotta

GRÜN, Anselm: Der Himmel beginnt in Dir. Das Wissen der Wüstenväter für heute.- Freiburg i.Br., 1999, Herder

GUTTMANN, Giselher/ *GOODMAN*, Felicitas: Wenn die Schamanin ins Labor geht.- Tonbandabschrift eines Vortrages, gehalten am 15.4.1991 an der Universität Wien http://www.focus.at/pdf/fg_schamanismus.pdf#search=%22Guttmann%20 goodman%22, Abruf vom 2.10.2006

HABERMAS, Jürgen: Ein Bewusstsein von dem, was fehlt. Über Glauben und Wissen und den Defaitismus der modernen Vernunft. In: Neue Zürcher Zeitung, 10.2.2007, http://www.nzz.ch/2007/02/10/li/articleEVB7X.html, Abruf vom 12.2.2007

HAETTA, Odd Mathis: Die alte Religion und der Volksglaube der Samen.- Alta, 1994, Alta Museum

HÄMMERLE, Wolfgang: Die Heilungsmatrix. Zur Psychologie von Kranksein und Heilung.- Wien, 2005, ibera

HAMPEJS, Heinz Valentin: Die Geheimen Schlüssel des Schamanismus.- Wilson, 1995, Abya-Yala (Digitale Volltextversion der bemerkenswerten Arbeit gratis bei: valentin_shamanism@gmx.net)

HARNER, Michael: Der Weg des Schamanen. Ein praktischer Führer zu innerer Heilkraft.- Genf, 1994, Ariston

HARNER, Michael: Science, Spirits, and Core Shamanism. In: Shamanism, Journal of the Foundation for Shamanic Studies, 1999, Vol. 12, No 1 http://www.shamanism.org/articles/article10.html, Abruf vom 27.1.2007

HARNER, Sandra *D./ TRYON*, Warren W.: Psychoimmunological Effects of Shamanic Drumming.- In: *HOPPÁL*, Mihály/ *PENTIKÁINEN*, Juha: Northern Religions and Shamanism.- Budapest, Helsinki, 1992, Akadámiai Kaidó; Finnish Literature Society

HAWKING, Stephen/ *MLODINOW*, Leonard: Der große Entwurf: Eine neue Erklärung des Universums.- Reinbek, 2011, rororo

HAWKINS, David R.: Die Ebenen des Bewusstseins. Von der Kraft, die wir ausstrahlen.- Kirchzarten, 2002, VAK

HELLINGER, Bert: Ordnungen der Liebe. Ein Kursbuch.- Heidelberg, 1994, Carl-Auer

HESSE, Hermann: Siddharta. Eine indische Dichtung.- Frankfurt a.M., 1981, Suhrkamp

HILDEGARD VON BINGEN: Der Sturz Luzifers (Ausschnitt aus dem Buch Heilwissen - Causae et Curae, mit Kommentar).- http://www.hermes-trismegistos.com/luzifer.htm, Abruf vom 10.11.2006

HÖHN, Hans Joachim: Zukunftsfähigkeit. Religion an den Grenzen der Moderne. In: Comenius-Institut (Hrsg.): Handbuch Religionsunterricht an berufsbildenden Schulen.- Gütersloh, 1997, Gütersloher, http://www.brumagazin.de/*BRU*-Handbuch/K3_A.doc., Abruf am 12.2.2007

HOPPÁL, Mihály: Schamanen und Schamanismus.- Augsburg, 1994, Pattloch http://www.schamanismus-information.de/schamanismus/mystik.htm, Abruf vom 14.7.2005

INGERMAN, Sandra: Auf der Suche nach der verlorenen Seele. Der schamanische Weg zu innerer Ganzheit.- Kreuzlingen, 1998, Ariston

INGERMAN, Sandra: Heilung für Mutter Erde. Wie wir uns und unsere Umwelt verwandeln können.- München, 2002, Econ

JÄGER, Willigs: In jedem Jetzt ist Ewigkeit. Worte für alle Tage.- München, 2003, Kösel

JONAS, Hans: Gnosis: Die Botschaft des fremden Gottes.- Berlin, 2008, Verlag der Weltreligionen im Insel Verlag

JUNG, Carl Gustav: Das symbolische Leben. In: Ges. Werke, Bd. 18.- Olten, 1995, Walter

JUNG, Carl Gustav: Symbole der Wandlung. In: Ges. Werke, Bd. 5. Olten, 1995, Walter

KAISER, Rudolf: Gott schläft im Stein. Indianische und abendländische Weltansichten im Widerstreit.- München, 1990, Kösel

KALWEIT, Holger: Der Schamane im Kraftfeld von Geist, Energie und Natur.- In: *SCHENK*, Amélie/ *RÄTSCH*, Christian (Hrsg.): Was ist ein Schamane? Schamanen, Heiler, Medizinleute im Spiegel westlichen Denkens.- Berlin, 1999, *VWB*

KALWEIT, Holger: Die Seele des Schamanen, Sternengötter und der Ursprung der Religion.- In: *SCHARFETTER*, Christian/ *RÄTSCH*, Christian (Hrsg.): Religion - Mystik - Schamanismus. Welten des Bewusstseins. Band 9.- Berlin, 1998, VMB - Verlag für Wissenschaft und Bildung

KALWEIT, Holger: Die Welt der Schamanen. Traumzeit und innerer Raum.- Frankfurt a.M., 1988, Fischer

KAUFMANN, Rolf: Das Gute am Teufel. Eigenen Schattenseiten und Abgründen begegnen.- Düsseldorf, 1998, Walter http://www.opus-magnum.de/download/kaufmann teufel.pdf, Abruf am 2.2.2007

KEUTH, Herbert: Karl Popper: Logik der Forschung.- Berlin, 2013, Oldenbourg Akademieverlag (jetzt De Gruyter)

KHARITIDI, Olga: Das weiße Land der Seele.- München, 1996, Paul List

KING, Serge Kahili: Der Stadt-Schamane. Ein Handbuch zur Transformation durch Huna, dem Urwissen der hawaiianischen Schamanen.- Freiburg i.Br., 1991, Alf Lüchow

KOECHLIN, Florianne: Ich folgte dem Gesang und begann zu fliegen. Das Wissen der Schamanen.- In: Wochenzeitung Freitag, 28.3.2002 http://www.freitag.de/2002/14/02141601.php, Abruf vom 26.9.2002

KRIPPNER, Stanley: Close Encounters of the Shamanic Kind: From Meetings to Models. In: *SCHENK*, Amélie/ *RÄTSCH*, Christian (Hrsg.): Was ist ein Schamane? Schamanen, Heiler, Medizinleute im Spiegel westlichen Denkens.- Berlin, 1999, *VWB*

KUBY, Clemens: Unterwegs in die nächste Dimension. Meine Reise zu Heilern und Schamanen.- München, 2003, Kösel

LAUTENBACH, Fritz: Der keltische Kessel. Wandlung und Wiedergeburt in der Mythologie der Kelten.- Stuttgart, 1991, Urachhaus

MADEREGGER, Sepp: Dämonen. Die Besessenheit der Anneliese Michl im Licht der Analytischen Psychologie. Ein Beitrag zur Diskussion über die Personalität des Teufels.- Wels, 1983, Ovilava Libri

MAHR, Albrecht: Wie Lebende und Tote einander heilen können. In: Praxis der Systemaufstellung (Zeitschrift) 1/1999

MAHR, Albrecht: Konfliktfelder - Wissende Felder. Systemaufstellungen zur Friedens- und Versöhnungsarbeit.- Heidelberg, 2003, Carl-Auer

MARTI, Lorenz: Wie schnürt ein Mystiker seine Schuhe? Die großen Fragen und der tägliche Kleinkram.- Freiburg, 2006, Herder

MARTINM: »Naturvölker«: mehr Morde als in der Bronx.- http://martinm.twoday.net/stories/1719099/, Abruf vom 28.2.2007

MASLOW, Abraham H.: Psychologie des Seins. Ein Entwurf.- Berlin, 1982, Kindler

MAYER, Elizabeth Lloyd: Extraordinary Knowing: Science, Skepticism, and the Inexplicable Powers of the Human Mind.- New York, 2008, Bantam

MEERSMANN, Hartmut: Besorgt um den Menschen. Der Philosoph Jürgen Habermas will Aufklärung und Religion miteinander ins Gespräch bringen. In: Publik-Forum (Zeitschrift) 4/ 2007

MICHEL, Peter: Upanishaden: Die Geheimlehre des Veda.- Wiesbaden, 2006, Marixverlag

MIETH, Diethmar: Meister Eckhart. Mystik und Lebenskunst.- Düsseldorf, 2004, Patmos

MILTON ERICKSON GESELLSCHAFT FÜR KLINISCHE HYPNOSE: In: Hypnose und Kognition (Zeitschrift) 4/ 1989, Bd. 6 (1)

MOOS, Ute: Spirituelles Heilen. Der andere Weg zur Gesundheit.- Wien, 1999, Ueberreuter

MORGAN, Marlo: Traumfänger. Die Reise einer Frau in die Welt der Aborigines.- München, 1995, Goldmann

MORGAN, Marlo: Traumreisende.- München, 1998, Goldmann

NARBY, Jeremy: Die kosmische Schlange. Auf den Pfaden der Schamanen zu den Ursprüngen modernen Wissens.- Stuttgart, 2001, Klett-Cotta

NARBY, Jeremy: Intelligenz in der Natur. Eine Spurensuche an den Grenzen des Wissens.- Baden, 2006, At-Verlag

NIEWIADOMSKI, Jozef : Ich sah den Satan vom Himmel fallen wie einen Blitz.- http://theol.uibk.ac.at/leseraum/predigt/497.html, Abruf vom 2.12. 2004

NYANATILOKA, Mahathera: Dhammapada: Des Buddhas Weg zur Weisheit und Kommentar.- Uttenbühl, 1999, Jhana

OBERMAYR-BREITFUSS, Regina: Intuition. Theorie und praktische Anwendungen.- Norderstedt, 2005, Books on demand

OBRECHT, Andreas J. (Hrsg.): Die Klienten der Geistheiler. Vom anderen Umgang mit Krankheit, Krise, Schmerz und Tod.- Wien, 2000, Böhlau

OBRECHT, Andreas J.: Die Welt der Geistheiler. Die Renaissance magischer Weltbilder.- Wien, 1999, Böhlau

OPPITZ, Michael: From One Shaman to the Next. In: *SCHENK*, Amélie/ *RÄTSCH*, Christian (Hrsg.): Was ist ein Schamane? Schamanen, Heiler, Medizinleute im Spiegel westlichen Denkens.- Berlin, 1999, VWB

ORNISH, Dean: Die revolutionäre Therapie: Heilen mit Liebe. Krankheiten ohne Medikamente überwinden.- München, 2001, Goldmann

OSSWALD, Kurt: Glaube macht gesund. Warum diese Aussage stimmt. In: Christliches Zeugnis 1/2003 – http://www.christlicheszeugnis.ch/a01-3kurt_osswald.htm, Abruf vom 14.7.2005

PASSIE, Torsten: Ist Schamanismus Mystik?- http://www.schamanismus-information.de/schamanismus/mystik.htm, Abruf vom 14.7.2005

PERLS, Frederick S.: Gestalt-Therapie in Aktion.- Stuttgart, 1974, Ernst Klett

PICARD, Winfried: Schamanismus und Psychotherapie.- Ahlerstedt, 2006, Param

RÄTSCH, Christian: BewusstSein durch Zauberpflanzen.- www.christian-raetsch.de/showArticle.do?id=16, Abruf vom 2.10.2006

REIMERS, Andreas: Wissenschaftliche Ansätze zum Verständnis schamanischer Heilrituale.- In: Verein Pacha Mama (Hrsg.): Gesundheit & Spiritualität. Dokumentation des Kongresses.- Wien, 2005, pro literatur

REVENSTORF, Dirk: Hypnose in Psychotherapie, Psychosomatik und Medizin. Manual für die Praxis.- Berlin, 2000, Springer

RIEDL, Rupert: Biologie der Erkenntnis. Die stammesgeschichtlichen Grundlagen der Vernunft.- Berlin, 1981, Paul Parey

RIEHLE, Wolfgang: Die Wolke des Nichtwissens. Worin die Seele sich mit Gott vereint.- Einsiedeln, 2004, Johannes

RITTER, Werner *H./ WOLF*, Bernhard (Hrsg.): Heilung - Energie - Geist. »Heilung« zwischen Wissenschaft, Religion und Geschäft.- Göttingen, 2005, Vandenhoeck & Ruprecht

RÖSING, Ina: Der Blitz: Drohung und Berufung. Glaube und Ritual in den Anden Boliviens.- München, 1990, Trickster

ROTH, Erich: Heilung läuft über die Emotion. In: Schamanismus (Zeitschrift der Foundation for Shamanic Studies Europa) 1/ 2007

ROTH, Erich: Trance – alles nur Neurochemie?- Wien, 2005 http://www.fss.at/studien/artikel.asp?id=48&typ=Thema, Abruf vom 27.1.2007

SATIR, Virginia: Selbstwert und Kommunikation. Familientherapie für Berater und zur Selbsthilfe.- München, 1975, Pfeiffer

SCHARFETTER, Christian/ *RÄTSCH*, Christian (Hrsg.): Religion - Mystik - Schamanismus. Welten des Bewusstseins. Band 9.- Berlin, 1998, VMB Verlag für Wissenschaft und Bildung

SCHARFETTER, Christian: Schamanismus und Psychotherapie. In: www.schamanismus-information.de/schamanismus/psychotherapie.htm, Abruf vom 30.3.2006

SCHAUB, Beat: Schulmedizin in der Sackgasse.- Diedorf, 2004, Ubooks

SCHENK, Amélie: Eine Legende in der Geburt: Vom Werden der Schamanin. In: *SCHARFETTER*, Christian/ *RÄTSCH*, Christian (Hrsg.): Religion - Mystik - Schamanismus. Welten des Bewusstseins. Band 9.- Berlin, 1998, VMB Verlag für Wissenschaft und Bildung

SCHENK, Amélie: Einleitung. In: *SCHENK*, Amélie/ *RÄTSCH*, Christian (Hrsg.): Was ist ein Schamane? Schamanen, Heiler, Medizinleute im Spiegel westlichen Denkens.- Berlin, 1999, VWB

SCHILD, Hansjörg: Empirische Befunde zum Einfluss von Psychotherapeutenmerkmalen auf den gesprächstherapeutischen Prozess. In: GwG (Hrsg.): Die klientenzentrierte Gesprächspsychotherapie.- München, 1975, Kindler

SCHMIDBAUER, Wolfgang: Psychotherapie. Ihr Weg von der Magie zur Wissenschaft.- München, 1971, dtv

SCHOLL, Norbert: Gott neu denken. In: Christ in der Gegenwart, 19. Januar 2014.

SCHÖNFELD, Andreas: Meister Eckhart. Geistliche Übungen. Meditationspraxis nach den »Reden der Unterweisung«.- Mainz, 2002, Grünewald

SCHULTZ, Johannes Heinrich: Das autogene Training. Konzentrative Selbstentspannung. Versuch einer klinisch-praktischen Darstellung.- Stuttgart, 1970, Georg Thieme

SCHUMACHER, Felix Gopala: Versuche zu einer alternativen Behandlungsform bei älteren Menschen mit Demenz.- Köln, 2006 http://www.quja.de/unter/diplomarbeit_demenz.pdf, Abruf vom 27.1.2007

SCHÜTZENBERGER, Anne Ancelin: Oh, meine Ahnen. Wie das Leben unserer Vorfahren in uns wiederkehrt.- Heidelberg, 2003, Carl Auer

SELIGMAN, Martin E.P.: Erlernte Hilflosigkeit.- Weinheim, 1995, BeltzPVU

SHAMANISM AND HEALING e.V.: Was verstehen Schamanen unter Krankheit.- http://www.schamanismus-und-heilen.de/1_was_ist_scha/was_ist_scham.html, Abruf vom 14.7.2005

SHELDRAKE, Rupert: Das Gedächtnis der Natur. Das Geheimnis der Entstehung der Formen in der Natur.- München, 1993, Piper

SILVA, José/ *STONE*, Robert: Der Heiler in Dir. Techniken und Übungen, sich selbst und andere zu heilen.- München, 1990, Goldmann

SLOTERDIJK, Peter: Der Zauberbaum. Die Entstehung der Psychoanalyse im Jahr 1785.- Frankfurt a.M., 1985, Suhrkamp

SMITH, Amy: The Shamanic Archetypal Complex: The Universal Shamanic Experience as a Reflection of Our Inherent Psychic Terrain. In: *SCHENK*, Amélie/ *RÄTSCH*, Christian (Hrsg.): Was ist ein Schamane? Schamanen, Heiler, Medizinleute im Spiegel westlichen Denkens.- Berlin, 1999, VBW

SOMÉ, Malidoma Patrice: Vom Geist Afrikas. Das Leben eines afrikanischen Schamanen.- München, 1996, Diederichs

SOMÉ, Malidoma Patrice: Weisheit Afrikas. Rituale, Natur und der Sinn des Lebens.- München, 2001, Diederichs

SOMÉ, Malidoma Patrice: Ritual und Systeme stellen. In: Praxis der Systemaufstellung (Zeitschrift) 2/ 2006

SPARRER, Insa/ *VARGA VON KIBÈD*, Matthias: Ganz im Gegenteil. Tetralemmaarbeit und andere Grundformen Systemischer Strukturaufstellungen – für Querdenker und solche, die es werden wollen.- Heidelberg, 2000, Carl Auer

STARK, Heinz: Die wirk-lichen Toten. In: Praxis der Systemaufstellung (Zeitschrift) 2/ 2000

STORM, Hyemeyohsts: Sieben Pfeile.- Paderborn, 1990, Wilhelm Fink

STRAUBE, Eckart R.: Heilsamer Zauber: Psychologie eines neuen Trends.- Heidelberg, 2005, Spektrum Akademischer Verlag

THALHAMER, August: Politik & Spiritualität. Über Projektion und andere Unannehmlichkeiten. Eine persönliche Anmerkung zur aktuellen Weltlage.- Linz, 2003, www.thalhamer-haase.at, Abruf vom 1.2.2007

THALHAMER, August: Schamanismus und Familienstellen. Übereinstimmungen und Unterschiede aus der Sicht eines Therapeuten, der beides praktiziert.- Linz, 2001, www.thalhamer-haase.at, Abruf vom 1.2.2007

THALHAMER, August: Sein oder nicht Sein. Die Toten in der Familienaufstellung vs. beim schamanischen Heilritual.- Linz, 2000, www.thalhamer-haase.at, Abruf vom 1.2.2007

THALHAMER, August: Shamanic Counseling und Autogenes Training. Ein Vergleich.- Linz, 1999, www.thalhamer-haase.at, Abruf vom 1.2.2007

THALHAMER, August: Sind Schamanismus, christliche Mystik und westliche Psychotherapie kompatibel?- Linz, 1996, www.thalhamer-haase.at, Abruf vom 1.2.2007

TRÜBSWASSER, Gerhild: Der »Wahnsinn« am Rio Cocco. Eine interethnische Studie über eine Form der »Besessenheit« bei zwei indigenen Völkern in Nicaragua.- 2005, http://www.truebswasser.com/pdf/wahnsinn.pdf, Abruf vom 12.10.2006

UCCUSIC, Paul: Der Schamane in uns. Schamanismus als neue Selbsterfahrung, Hilfe und Heilung.- Genf, 1991, Ariston

UCCUSIC, Paul: Heilen mit der Kraft der Liebe, mit der Macht des Geistes.- Genf, 1984, Ariston

ULSAMER, Berthold: Fakten und Deutungen in Aufstellungen. In: Praxis der Systemaufstellung (Zeitschrift) 2/ 2003

URBAN, Roland: Rückkehr zum inneren See. Schamanismus, Bewusstsein, Psychotherapie.- Diplomarbeit an der Universität Wien/ Psychologie, 2007

UTSCH, Michael: Religiosität und Spiritualität. In: *AUHAGEN*, Elisabeth Ann (Hrsg.): Positive Psychologie: Anleitung zum »besseren« Leben.- Weinheim, 2008, Beltz

VAN DAM, WILLEM: Satan existiert. Erfahrungen eines Exorzisten.- München, 1994, Pattloch

VAN KAMPENHOUT, Daan: Die Heilung kommt von außerhalb. Schamanismus und Familien-Stellen.- Heidelberg, 2001, Carl Auer

VAUGHAN, Francis: Intuitiver leben. Zur Entwicklung des inneren Potentials.- München, 1991, Fischer

VILENSKAYA, Larissa: In Pursuit of Wonder Tales.- www.resonateview.org/places/writings/larissa/, Abruf vom 10.2.2005

VILLOLDO, Alberto: Die vier Einsichten: Weisheit, Macht und Gnade der Erdenwächter.- München, 2002, Goldmann

VON AVILA, Teresa: Sämtliche Schriften der heiligen Theresia von Jesu, 6 Bde., Bd.5: Die Seelenburg der heiligen Theresia von Jesu. Übersetzt u. bearb. v. Aloysius Alkofer.- München, 1960, Kösel

VON BRÜCK, Michael: Medizin im Kontext der Kulturen.- http://www.culturelife.de/html/artikel/brueck_mik_d.html, Abruf vom 8.2.2004

VON LÜPKE, Geseko: Altes Wissen für eine neue Zeit – Gespräche mit Heilern und Schamanen des 21. Jahrhunderts.- München, 2008, Kösel

WALCH, Sylvester: Dimensionen der menschlichen Seele. Transpersonale Psychologie und holotropes Atmen.- Düsseldorf, 2002, Walter

WALSH, Roger *N./ VAUGHAN*, Frances (Hrsg.): Psychologie in der Wende. Grundlagen, Methoden und Ziele der Transpersonalen Psychologie.- München, 1985, Scherz

WALSH, Roger N.: Der Geist des Schamanismus.- Olten, 1992, Walter

WALTER, Reinhard: Seelische Wirklichkeiten in der Aufstellungsarbeit zu Wiedergeburt, Besetzung, Spiritualität. In: Praxis der Systemaufstellung (Zeitschrift) 1/2004

WEBER, Andreas: Tiere geben unseren Gefühlen einen Namen. Warum wir Delfin und Tiger nötig haben wie frisches Wasser. In: Publik-Forum (Zeitschrift) 5/2007

WEBER, Gunthard (Hrsg.): Zweierlei Glück. Die systemische Psychotherapie Bert Hellingers.- Heidelberg, 1993, Carl Auer

WEIL, Andrew: Spontanheilung. Die Heilung kommt von innen.- München, 1995, Bertelsmann

WIKIPEDIA: Edler Wilder.- http://de.wikipedia.org/wiki/Edler_Wilder, Abruf vom 28.2.2007

WILBER, Ken: Das Atman-Projekt. Der Mensch in transpersonaler Sicht.- Paderborn, 2001, Junfermann

WILBER, Ken: Integrale Psychologie. Geist, Bewusstsein, Psychologie, Therapie.- Freiamt, 2001, Arbor

WILLIAMSON, Marianne: Rückkehr zur Liebe. Harmonie, Lebenssinn und Glück durch »Ein Kurs in Wundern«.- München, 1995, Goldmann

WITTMANN, Ulla: Leben wie ein Krieger. Die verborgene Botschaft in den Lehren des Yaqui-Zauberers Don Juan.- Interlaken, 1991, Ansata
www.resonateview.org/places/writings/larissa/, Abruf vom 10.2.2005

ZEILINGER, Anton: Quantum Experiments and the Foundations of Physics.- www.quantum.univie.ac.at/zeilinger, Abruf vom 3.5.2006

ZERIN, Edward: Karl Popper on God. The Lost Interview, Brandeis University, 1969. In; Skeptic 6, no. 2/1998

ZUMSTEIN, Carlo: Der schamanische Weg des Träumens.- Kreuzlingen, 2003, Hugendubel

ZUMSTEIN, Carlo: Reise hinter die Finsternis. Aus der Depression zur eigenen Schamanenkraft.- München, 1999, Hugendubel (Ariston)

Zum Autor

August Thalhamer
geboren 1943, ist Dr.phil., röm.kath. Theologe, Psychotherapeut, Wirtschaftspsychologe und Stadtschamane in freier Praxis in Linz an der Donau. Er befasst sich seit Jahren mit den Zusammenhängen zwischen christlichen, psychotherapeutischen und schamanischen Heiltraditionen. www.thalhamer-haase.at